昭和史百冊

平山周吉

草思社

昭和史百冊

平山周吉

はじめに

昭和史本の読書案内で一冊の本を作りませんか。

草思社から、意表をついた提案があったのは、二〇二二年（令和四年）のゴールデンウィークに入る直前だった。

格別に魅力的な企画ではあるが、いざ書くとなると難渋すること間違いない。単なる一読者として、そういう本を買って、読むほうが気楽でいい。その著者の昭和史本のセレクションを色々あげつらったら、さぞ愉しいだろう。本の評価に賛成票を投じたり、異議を唱えたり、こんな本が存在していたのかと驚いたり。

草思社が企画を思いついたのは、田島道治『昭和天皇拝謁記――初代宮内庁長官の記録』についての私の書評を読んだからだという。その書評で私は、「掛け値なしの昭和史の超一級史料である。原本を初めて手にしたNHKの記者も、本書の編集委員である研究者も、衝撃と驚きの声を挙げているが、ページをめくる私も随所で驚きと、さらに戸惑いに襲われた。昭和史の書き換えは本書の完結と同時に必至だろう」（「週刊ポスト」二〇二二・二・四）と書いている。誇張は一切なく、正直な読後感（正確には読中感）を記したまでだった。

「昭和史の書き換え」というのが大袈裟なら、「昭和史の更新」といえば適切か。私が昭和史に本格的に関心を持ったのは平成の半ば頃だから、新参者である。そんな人間が、こんな大それたことをしていいのか。ただ、昭和史本を漫読していると、やはり一つの区切りがかつてあったことは、はっきりしている。平成に入ってすぐ、「文藝春秋」平成二年（一九九〇）十二月号に掲載された『昭和天皇独白録』の出現だ。敗戦の翌年（昭和二十一年）に天皇自らが側近たちに語った「玉音」ならぬ「肉声」の昭和史である。

田島道治宮内庁長官の『拝謁記』の出現は、質量ともに『独白録』の衝撃をはるかに上回る。必然的に「更新」なり「書き換え」なりが必要になる。そうした混乱期なのだから、むしろ今までの昭和史の成果を、一度整理してみるのは有意義ではないか。

草思社の提案は、私が「週刊ポスト」と「新潮45」に書いてきた書評のうち、昭和史関連のものを集める。それでは百冊に足りないから、さらに書下ろしの書評を加えて百冊にする。私が書評を書き始めたのは二〇一二年（平成二十四年）なので、それ以前の必読書、名著は書評とは別に、リストのように列挙して紹介する、というものであった。「役に立って、しかも読んで面白い読書案内になればと思っています」。

私は二〇一二年の夏から「新潮45」で、翌年からは「週刊ポスト」でも定期的に書評を書いている（ただし「新潮45」は二〇一八年に残念ながら廃刊）。本選びは自分でするので、この十年間は自分の興味の範疇に入る新刊書には目を配ってきたつもりだった。それでも見落としはたくさんある。これはと思っても書評の機会がなかった昭和史本も同様にたくさんあった。新たに書下ろす分は、書評の体裁をとってはいるが、リアルタイムでの書評ではない。その点は勘弁していただきたい。

問題は二〇一二年以前に出された本である。ひとまず敗戦の年から数えると、それだけでも六十七年分もあり、その間に出版された昭和史本は数えきれない。その中からいま読んでも十分に通用する本を厳選する作業は並大抵のことではない。ここは蛮勇をふるって、選んでいくことにした。

本書は全体を十章に分けている。

その各章の前半に必読書リストを発展させた「定本コーナー」を設けることにした。その「定本」選びが難題である。自分の記憶に頼るだけではおぼつかないので、あらためて本を再読したり、大事な洩れはないかと、九段の昭和館四階にある図書室の開架図書を眺め直したりした。「定本コーナー」の昭和史読書案内には茫然となるしかなかった。そこで方針をある程度決めた。概説書も選ぶが、それよりは当事者の証言本、同時代の空気を伝える本、普通は昭和史本としては扱われない本であっても大事ではと思える本も取り込む。アカデミズム、ジャーナリズムの区別にはこだわらず、日曜歴史家の本、自費出版の本も含め、なによりも読みやすい本を優先する。高価な本はなるべく避ける、などである。

そうやって絞り込んでいくうちに、これって何だ、書評をする時の本のセレクションと同じではないかと気づいた。自分の身の丈にあった選び方、書き方しかないのだ。

そう決まるまでにずいぶんと時間が経ってしまった。それでもなかなか書き出せないので、今日の日付をもって強引に書き出すことにした。今日とは二〇二二年十二月八日である。真珠湾攻撃から既に八十一年が過ぎた。私は昭和史の中では、無謀ともいえるアメリカとの戦争をなぜ始めたのかに最大の関心を持っている。三百万人以上の日本人が命を落としたのはなぜだったのか、そんな犠牲を強いる必要はなかったのではないか、という問いでもある。

そうした疑問や問いかけを抱えて、本の森へと匍匐前進する。

凡例

・取り上げた本は、著者名、書名、出版社名の順に記した。なるべく入手可能な本をと心がけた。入手不可能な本は書名の脇に＊印をつけ、電子書籍ならば入手可能な本には☆印をつけた。
・年号表記は原則として昭和を優先する。平成と令和では西暦を優先とした。昭和の年に＋25すると、西暦の下二桁となる。たとえば昭和二十年は、＋25で一九四五年となる。
・固有名詞は必ずしも統一されていない。例えば「東条」と「東條」など。
・書評の初出については、そのつど書名の次行に明記した。初出表記のないものは書下ろしである。
・「新潮45」の書評は他よりもかなり長いが、原稿の長短は本の評価とは関係しない。

目　次

第一章　まずは十二冊で昭和史を摑む

◆定本コーナー

本書を手に取る方ならば、まずはほとんどが既に読んでいると思われるのが、「昭和史の語り部」半藤一利の『昭和史1926―1945』『昭和史　戦後篇1945―1989』（ともに平凡社ライブラリー）であろう。「昭和史入門」とするなら、やはりこの二書となる。二十代からずっと雑誌記者として昭和史探求を続けてきた「歴史探偵」半藤一利が、若い世代のために語り下ろした寺子屋授業である。半藤自ら「ときに張り扇の講談調、ときに落語の人情噺調と、生徒たちを飽きさせない」工夫が施されている。流れるが如き名調子だが、授業の準備は怠りない。地図、写真、関連年表、多めのルビも、読者を確実に昭和史へと導いてくれる。

半藤昭和史でも顕著であるが、昭和史の焦点はひとつが天皇及び宮中、もうひとつが陸軍である。升味《ますみ》準之輔『昭和天皇とその時代』（山川出版社）は昭和の政治を天皇を軸に描く。升味は都立大教授だった政治史学者で、敗戦時は陸軍二等兵だった。升味政治史は史料をたっぷり引用しながら、エピソードを豊富に紹介するので臨場感に富む。『昭和天皇独白録』を天皇の「回想と弁明」と捉え、開戦と終戦を見る。天皇は「立憲的ロボット」ではなかった。戦争回避の努力はしたが、それは天皇が

「平和主義者」だったからではない。「帝国主義指導者の行為基準は、理念的な戦争か平和かではない。この戦争に勝てるか否かである」として開戦過程を見ている。戦時期と占領期を中心とした、大正十五年（一九二六）生まれの「戦中派」による同時代史として書かれている。

陸軍については、**伊藤正徳『軍閥興亡史（全3巻）』**（光人社NF文庫）をあえて選んだ。「あえて」というのは、陸軍に関してはたくさんの批判の書がある中で、戦前から「海軍記者」として著名だった伊藤正徳の本にしたからだ。伊藤は戦後のベストセラー『連合艦隊の最後』で知られるが、時事新報の記者時代にはワシントン会議で世界的スクープを出し、後には軍事評論家として鳴らした。伊藤は「明治軍閥」を山県有朋、大山巌、桂太郎、児玉源太郎に代表させ、「大正軍閥」を宇垣一成と田中義一に代表させる。では問題の多い「昭和軍閥」はといえば、「統制力を有する将帥は一人もなく、実権は大・中佐級の幕僚に帰し、その過誤を叱正し得る大将はなくて、それに引きずられる大将のみが残った」と書く。大物記者であったから、とっておきの秘話も時々混じる、読物的な大河陸軍史である。

伊藤の本は昭和三十年代に書かれたので、いささか古い情報も混じる。その点で、日進月歩の昭和史研究が手軽に読めるのは、**筒井清忠［編］『昭和史講義』**シリーズ（ちくま新書）である。現在までに九冊出ている。テーマ別、人物別になっていて、簡単な文献案内もある。知りたいことの輪郭が、最新研究の成果を含めてわかる。**秦《はた》郁彦『昭和史の謎を追う（上下）』***（文春文庫）は、東大法学部の学生時代から昭和史にのめりこんだ著者による昭和史の「謎」への粘り強い探求で読ませる。田中上奏文から三島事件まで、主要な五十の「謎」が網羅されている。

「定本」としてどうしても欠かせないのは、**テレビ東京［編］三國一朗［聞き手］『証言・私の昭和史（全6巻）』***（旺文社文庫、文春文庫）である。東京12チャンネル（現テレビ東京）の開局記念として昭和三十九年（一九六四）から始まった名物番組を書籍化したもので、毎回、事件の当事者が登場して証言をする。当事者が多数健在だった時期に作られた豪華メンバー出演の「映像による昭和史」で、書籍化にあたっても工夫が施され、誰でもが知りたい昭和史になっている。二・二六事件を四回にわたってやる一方、軟派な話題である「天国に結ぶ恋」「東京音頭」「のらくろ」もある。ひょっとすると、この六冊がいちばん昭和史への近道かもしれない。

アカデミズムでもジャーナリズムでもない昭和史もある。**大杉一雄『日中戦争への道』**☆、**『日米開戦への道（上下）』**☆（ともに講談社学術文庫）は、銀行員だった著者による執念の書だ。著者は大正十四年（一九二五）生まれなので、これも戦中派による昭和史か。アジア経済研究所に出向という履歴があるので、セミプロといえよう。著者のモチーフは、「あの戦争を避ける選択肢はなかったのか、そのために当時の人々はどのような努力をし、しかもなぜ失敗したのか」にある。『日米開戦への道』では九つの選択肢があったとする。記述は一貫して冷静にして明快で、史料調査の範囲も広く、さらには論壇での議論にまで目配りしている。

本書では、小説や映像は扱わないが、例外として「NHKアーカイブス」でいつでもタダで見ることのできる**「日本ニュース」**だけは紹介しておきたい。「日本ニュース」は昭和十五年（一九四〇）から制作されたニュース映像で、当時は映画館で上映された。国策によってニュース映画会社各社は日本映画社（日映）に統一された。「NHKアーカイブス」の「日本ニュース」はナレーションが文字起こしされているので、理解を助けてくれる。

私たちの頭に残っている戦争の映像の出所の多くは、この「日本ニュース」である。当時の日本の映像を伝える貴重なフィルムだが、成立事情からもわかるように、ことごとくがプロパガンダ映像であることを念頭において見る必要がある。都合の悪い映像は原則としてない。「日本ニュース」記録委員会編『ニュースカメラの見た激動の昭和』（日本放送出版協会）には撮影ウラ話も載る。日米開戦の「大本営発表」を陸海軍軍人が読み上げる有名な映像は日本ニュース用に再現されたものだった。というのは、本物の記者発表時に日映スタッフはいなかった。陸軍省報道部の中尉が日映への連絡を忘れるポカを犯したためだ。日映は大本営に厳重抗議し、撮影用に記者発表が「再現」された。シンガポール陥落時、山下奉文《ともゆき》大将がパーシバル中将に「イエスか、ノーか」と無条件降伏を迫る有名な場面は、あいにく会談場所が暗かった。そのためカメラの回転速度を落として撮影するしかなく、山下が居丈高にパーシバルに迫る映像になってしまった、という。「日本ニュース」は敗戦後には、急に左旋回する。そこもまた見どころといえる。

ニュース映像を出したので、昭和史本でもリアルタイムによく読まれた本、秘かに読まれた本で、いま読める本を取り上げたい。戦前の転換点として、私は昭和十年（一九三五）の天皇機関説事件、昭和十一年（一九三六）の二・二六事件を重く見る。前者の当事者となった憲法学の権威・**美濃部達吉**の**『憲法講話』**（岩波文庫）は、全国の中等学校教員向けに大日本帝国憲法を解説した講演を本にしたものだ。大正と昭和一ケタの憲法理解がわかりやすく語られている。当初は一部で「我が国体の基礎を揺がさんとする危険思想を含む」と攻撃されたが、後には「健全なる立憲思想」の説と認められ流布する。それが国会で問題にされ、危険思想に逆戻りとなったのが天皇機関説事件である。本書は発禁処分となった本ではないが、それは事件当時には新版に切り替わっていたからだった。本書を引き継いだ『憲法撮要』『逐条憲法精義』が発禁となった。

北一輝『日本改造法案大綱』（中公文庫）は二・二六事件の蹶起《けっき》将校たちに影響を与えた書である。大正十二年（一九二三）に改造社から公刊されたが、官憲の手で大幅に削除されていた。青年将校たちが読んだのは西田税《みつぎ》（北と共に二・二六事件で死刑となる）が削除部分を復元した海賊版だった。中公文庫版では本文は改造社版だが、注で伏字部分が復元されている。

北一輝と並ぶ思想家で五・一五事件に関与した大川周明も逸せない。**大川周明『日本二千六百年史』**（毎日ワンズ）は紀元二千六百年（昭和十五年＝一九四〇年）の前年に第一書房から出版された五十万部のベストセラー日本史。毎日ワンズ版は検事局によって削除された三十八ヶ所を明示してあるので、当時何がタブーとされたかもわかる。たとえば平安時代の院政についてでは、「而《しこう》してその［院政の］弊害の最大なりしは、在位の天子と譲位の天子との感情の隔離であった」などは削除された。大川周明というと、東京裁判開廷の日に、同じ被告席にいた東条英機の禿げ頭をピシャリと叩く映像ばかりが有名だが、一流の学者という面もあった。

軍人では昭和陸軍の至宝といわれた永田鉄山の論考が読める。**川田稔［編・解説］『永田鉄山軍事戦略論集』**（講談社選書メチエ）は、永田の数ある論文、講演から代表的なものを選び、永田の考えを直接知ることができる。永田は『岩波講座教育科学』には「陸軍の教育」（本書には未収録）を発表しているインテリ軍人だし、陸軍省軍務局長だった昭和十年（一九三五）夏に斬殺されなければ、間違いなく昭和十年代の陸軍の指導者になっていた。陸軍軍人というと、どうしても荒木貞夫や東条英機のような武張《ぶば》ったイメージを持ちがちだが、永田は違う。在郷軍人を前にした講演「国家総動員」を読むと、永田の風貌が浮かぶ。在郷軍人は陸軍の大事な支持母体だからか、そつのない語り口で一貫し、「大層御耳だるいことを永々喋《しゃべ》舌り立てましたが」とへりくだる。講演は「はたして永久平和なるものが来るであろうか」という問いかけで始まり、「正義人道」は各国により違い、国際聯盟《れんめい》が「船頭が多くして船が山に上るというような悲哀に陥る虞《おそれ》が多い」ことなどを述べ、世界の戦争期と平和期の年数を調べ、「平和はむしろ戦争のための息抜き期間準備期間のようにも見」え、「今日戦争の避くべからざることはやむを得ない実際の事実」だとし、世界は国家総動員の時代に入ったと説く。代用品の必要を説くところでは、若槻禮次郎前首相のエピソードを出す。若槻に「理研酒」と「月桂冠」とを利き酒をして貰ったところ、酒豪の若槻は間違って「理研の酒を月桂冠と鑑定された」と。資源不足の日本にとって代用品研究が大事であること、さらには国内資源の不足を補うために「満蒙支那資源の利用についての研究」の必要にまで言及している。これは昭和二年（一九二七）の講演だ。

『軍事戦略論集』には、陸軍省新聞班が昭和九年（一九三四）に出したパンフレット「国防の本義とその強化の提唱」も収録されている。永田の主導で出され、通称「陸パン」として大きな反響を呼んだ陸軍の主張である。「陸パン」は国立国会図書館デジタル・コレクションやネット上でもいつでも読めるが、永田の論考と併せ読むのが一番だろう。冒頭は有名なフレーズ「たたかいは創造の父、文化の母である」だが、そのひらがなの「たたかい」（原文ではゴチック）とは、「国々相食《は》む、容赦なき兇兵」とか「覇道、野望」ではない。「野望、覇道の障碍《しょうがい》を駕御《がぎょ》、馴致《じゅんち》して、ついに柔和忍辱《にんじょく》の和魂に化成し、蕩々坦々の皇道に合体せしむることが、皇国に与えられた使命」だとのことなのだが。余談だが、「民族問題」のところでは、「三千万の人口を擁するウクライナ人のごときは機会だにあらば「ソ連より」独立せんとの希望に燃えている」といった記述もある。

宮中に近かった政治家として絶大な人気があった**近衛文麿手記集成『最後の御前会議／戦後欧米見聞録』**☆（中公文庫）は永田の論集と好一対である。永田の「国家総動員」論は第一次世界大戦以後の世界情勢の激変への対応策だった。近衛はパリ講和会議の全権・西園寺公望《きんもち》に随行を志願する。出発前に発表された論文「英米本位の平和主義を排す」から、昭和二十年（一九四五）二月に、「一日もすみやかに戦争終結の方途を講ずべきものなりと確信す」と述べた「近衛上奏文」まで、さらには日米避戦に邁進したと訴える弁明書「最後の御前会議」「平和への努力」などが読める。近衛自身にとって都合の悪い時期の回想が少ないのが難点だが、昭和の政治家のリアルタイムの証言録といえよう。

戦後になっての回想録は多く、書かれた時期を考慮に入れて読むことはどうしても必要だろう。そうした中で出色なのは、政治家では若槻禮次郎『明治・大正・昭和政界秘史――古風庵回顧録』（講談社学術文庫）、軍人では今村均『今村均回顧録（正続）』＊（芙蓉書房新社）を推す。若槻は慶応二年（一八六六）生まれだから夏目漱石より一歳年上だ。苦学生から大蔵省、憲政会、民政党と歩み、総理大臣を二度つとめた。重臣となっては日米開戦反対を鮮明にし、御前会議で東条首相によって発言を阻まれる様子なども書いている。今村は「聖将」といわれた陸軍の軍人で、敗戦後に服役、その後もずっと自らを三畳の部屋の中に「幽閉」して生きた。今村は「歴史というのは、私たちみたいな責任ある人間がきちんと全部しゃべらないと嘘ばかり残りますね」と半藤一利に語っている。

同時代のジャーナリズムの動向や空気を知るには、新聞の縮刷版や雑誌のバックナンバーを通読するのが一番いい。しかし、そんな暇はふつうはない。戦前の総合雑誌としては「中央公論」「改造」「文藝春秋」「経済往来」（途中から「日本評論」と改題）が四大雑誌である。どうしても一誌を選ぶなら「中央公論」だろう。山本義彦［編］『清沢洌《きよし》評論集』＊（岩波文庫）は自由主義の外交評論家だった清沢の時事評論のアンソロジーで、「中央公論」などが初出で、毒舌が冴える。清沢洌には戦時下の膨大な日記もある。清沢洌［著］橋川文三［編集・解説］『暗黒日記――戦争日記1942年12月〜1940年5月』＊（評論社）も必読だ。「東洋経済新報」の社長だった石橋湛山の経済評論を中心に編まれた松尾尊兊《たかよし》［編］『石橋湛山評論集』（岩波文庫）も自由主義の立場での論陣で、当時としては発言できるギリギリの線で書いている。文芸評論の「教祖」小林秀雄も昭和十年代は積極的に時事的な評論を「中央公論」や「改造」などに書いていた。小林秀雄『戦争について』（中公文庫）は、盧溝橋事件以後、戦時下にあった小林の緊張した精神を伝える発言や講演や紀行文をまとめて読める。

小林秀雄以外に、戦前の昭和を二十代、三十代で経験した著作家の戦後の代表作は、同時代としての「戦後」から発された考察ではあるが、戦前戦中の思索の結晶に匹敵する。ここでは四人を挙げる。**丸山眞男『超国家主義の論理と心理 他八編』**（岩波文庫、古矢旬編）は、表題作、「日本ファシズムの思想と運動」、「軍国支配者の精神形態」の三作が敗戦直後の思想界に大きな影響を与えた論文だった。東京帝大法学部助教授の時に召集され、陸軍二等兵で広島で被爆する。被爆の事実を隠して書かれた初期丸山論文は占領期の戦前昭和観を作ったといえる。いまでも戦中期を理解する基本軸として有効だが、むしろその熱度を感じるべきかもしれない。

丸山と親しかった作家の**武田泰淳『政治家の文章』***（岩波新書）は丸山批判として読める。宇垣一成、浜口雄幸、岡田啓介、荒木貞夫、芦田均、重光葵《しげみつまもる》、徳田球一らの文章から、近衛文麿の遺書までを読み漁る。丸山が右記三論文で、「メスの切れ味さわやかに」料理した政治家たちを、武田は「しばしば論理の矛盾をはらみ、時にはあまりに人間臭をむき出しにした」文章として読み直す。「私は彼らを批判するより先に、まず彼らに近づこうとした」。支那文学科出身の武田は、司馬遷が「史記」で「漢代の政治家の人間像を立体的に、全面的に記し伝えた」のに学ぼうとするのである。

三冊目は問題の書だ。**林房雄『大東亜戦争肯定論』**（中公文庫）は昭和三十八年（一九六三）から「中央公論」に連載され大反響を呼んだ。単行本は番町書房から出たが、今は文庫本が中公に入り、里帰りしている。「人騒がせな題名」と自認する如く、ＧＨＱによって使用を禁止された用語「大東亜戦争」を用い、さらにその戦争を「肯定」する。林は幕末の弘化年間に始まり、昭和二十年八月十五日に終結した戦争を「東亜百年戦争」だったとし、欧米列強の圧力と戦い続けたアジアの例外国家として近代日本を辿り直す（「東亜百年戦争」は「中共」が継承した、という驚くべき指摘もある）。東京裁判は当然のことながら認めない。しかし明治からは「武装せる天皇制」の時代だったのであり、「私は全被告とともに、全日本国民とともに叫びたい。『われわれは有罪である。天皇とともに有罪である！』と」叫ぶ。それではなぜ天皇制は残ったかにも考察は及び、日米戦争は両国にとって「無謀」で「実りなき戦争」であったとする。

林の立論に影響を与えている一人に中国文学者の竹内好がいる。その代表作を自選したアンソロジーがある。**竹内好『日本とアジア』**（ちくま学芸文庫）で、その中の「日本人のアジア観」「近代の超克」「戦争責任について」「戦争体験の一般化について」「日本のアジア主義」などは必読だろう。竹内の立場は、「大東亜戦争は、植民地侵略戦争であると同時に、対帝国主義の戦争でもあった。この二つの側面は、事実上一体化されていたが、論理上は区別されなければならない」（「近代の超克」）。「戦争体験の一般化について」には、「私などは、川端文学や小津映画のデカダンスに戦争の影をむしろ濃く感じる」といった深甚な一文もある。

日米戦争を大学生で迎えた大正後期生まれ世代は「戦中派」と呼ばれる。彼らの中からはここでは東京帝大法学部の優等生と、慶大文科のぐうたら劣等生を代表として選んでおく。後者は「第三の新人」と分類された作家・**安岡章太郎『僕の昭和史』**（講談社文芸文庫）で、具体的な記憶をいきいきと再現した、実感的昭和史の名著であり大著だ。前者の**吉田満『戦艦大和ノ最期』**（講談社文芸文庫）は沖縄に特攻攻撃をした戦艦大和から奇跡的に生還した著者が敗戦直後に書き残した、文語体の戦闘の記録である。

◇書評コーナー

●田島道治『昭和天皇拝謁記——初代宮内庁長官田島道治の記録・第一巻』岩波書店

——「週刊ポスト」二〇二二・二・四

掛け値なしの昭和史の超一級史料である。原本を初めて手にしたＮＨＫの記者も、本書の編集委員である研究者も、衝撃と驚きの声を挙げているが、ページをめくる私も随所で驚きと、さらに戸惑いに襲われた。昭和史の書き換えは本書の完結と同時に必至だろう。

　ここまで具体的に昭和天皇と田島道治宮内庁長官の二人だけの会話が克明に記されているとは。田島は後にソニー会長となるのだが、この時点でテープレコーダーが存在していたと錯覚してしまう。息遣いや表情までが浮かんでくる対話録なのだ。この『昭和天皇拝謁記』をもとに作られたＮＨＫの番組での、田島役の橋爪功と天皇役の片岡孝太郎――二人の苦衷の名演技は、これだけの材料があったからかと納得させられる。

　宮廷の外部から招聘《しょうへい》された憂国の銀行家は宮中の意識改革、経済改革、それから昭和天皇の意識改造を担わされる。記録は宮内府長官となった昭和二十三年（一九四八）六月の八ヶ月後に始まる。やっと天皇との信頼関係が構築されたからなのだろう。記述は徐々に詳細になる。私が一番驚いたのは昭和二十四年（一九四九）九月七日だ。

「［終戦時の］自決者は大体戦争犯罪人［に］なるのがいやで自決したとの仰せ。田中静壹《しずいち》と阿南《あなみ》［惟幾《これちか》］だけは別、本庄［繁］も杉山［元《はじめ》］も皆戦犯となることを避けてだとの仰せ」

　遺族が耳にしたら何と思うだろうか、それこそ「胸が痛む」。この後、東京裁判の被告たちへの容赦ない寸評が続く。十二月十九日の感激する田島の「落涙滂沱」と併せ味わうべき「御言葉」である。

「小室圭問題」が頭にちらつくせいか、昭和天皇の皇女孝宮《たかのみや》と鷹司平通《たかつかさとしみち》との結婚、皇室の財政、内廷費で苦心する田島の苦労も身に沁みて読んでしまった。

　加藤恭子の評伝『田島道治――昭和に「奉公」した生涯』（ＴＢＳブリタニカ）によると、田島は長官としての交際費を捻出するために、田園調布や成城の土地を全部売った、とのことだ。孝宮の結婚が十六年後に不幸な結末を迎えると、責任を感じ、お詫びに参上している。

●堀田江理『1941　決意なき開戦——現代日本の起源』人文書院

戦前の昭和史を知ると、いまの日本とは別の国だなと思う時と、やっぱり同じ国だなと思う時がある。そのどちらもが正しく、どちらもが間違っているのだろう。

本書は、別の国（アメリカ）の読者に向けて同じ国（日本）の著者が書いた、一九四一年、つまり昭和十六年十二月八日にいたる八ヶ月間を日本側から追った開戦経緯の歴史書である。

原著は二〇一三年にアメリカのクノップ社から出た。クノップ社というと、谷崎、川端、三島、村上春樹の英訳を出した出版社として馴染みがある社名だ。アメリカ人にとっても同じだとすると、本書が出るにはうってつけの会社である。

原題は『日本1941——不名誉への秒読み』で、「不名誉」とは真珠湾奇襲を受けての、ルーズベルト大統領の議会演説からとられている。著者の堀田江理は英米で学んだ歴史学者で、アメリカ人に向けて、「感情的な弁解でも、糾弾でもなく」、「日本の振る舞いを、正当化するのとも違う」説明を試みた。

「何年も前に生きていた人々を、道徳的優勢の立場を気取って告発する」のではなく、「無責任な戦争が、何度もの会議を経て、どうやって自覚を持って始められたか」を問題にする。読者として想定しているアメリカ人の日本と日本史に関する知識は乏しいから、その基礎情報をきちんと提示しながら、「秒読み」は進む。想定された読者の知識はおそらく現代の日本人と五十歩百歩なので、日本人読者にとっても有難い読み物になっている。

「日本の運命を握っていた政策決定過程は、信じ難い煩雑さと矛盾とに溢れかえっている。ほとんどの指導者は、帰属組織への忠誠心や個人的な事情から、表立った衝突を避ける傾向にあった」。近衛文麿首相は「メランコリックなハムレット」に擬され、松岡洋右《ようすけ》外相は「誇大妄想に侵されたドン・

キホーテ」、「一般に日本人の美徳とされる謙虚さは、松岡の辞書には存在しなかった」と描写される。東条英機も、山本五十六も、木戸幸一も、永野修身も、スパイ・ゾルゲも、歴史の登場人物として躍動する。

細部の解釈については異論もあるが、昭和史の場合、それはお互い様で仕方ない。「ややこしい物語をどうやったら継ぎ目なく語れるか、という挑戦」に著者は成功している。日米双方が本書の記述を常識として、これからの議論が行われるのが望ましい。

巻末の「主要参考文献」は著者が依拠した本を正直に評価しつつ紹介してくれていて、著者の史料に対した素顔がよく見える。

●一ノ瀬俊也『昭和戦争史講義――ジブリ作品から歴史を学ぶ』人文書院

本書は埼玉大学教養学部における一ノ瀬俊也教授の戦争史講義を一冊にまとめたものである。講義形式による戦争史としては、加藤陽子東大教授によるベストセラー『それでも日本人は戦争を選んだ』(新潮文庫)がある。加藤先生が相手にしたのは、歴史好きのクレバーな中高生だったが、一ノ瀬先生が相手にするのはごくごく普通のいまどきの大学生のようだ。彼ら彼女らに興味を持ってもらうためか、スタジオジブリのアニメ映画を手がかりに、昭和史を学ぼうと趣向を凝らす。

みんなが見ている宮崎駿監督「風立ちぬ」と高畑勲監督「火垂るの墓」が話題の中心となる。「歴史ファンタジー」であるアニメ映画の「空白や背景を、近現代の歴史史料を用いながら埋めたり書き込んでいく」。半年間の全十五講で、「なぜ戦争は起こり、その結果どうなったのかを物語の展開に添って考える」。当該テーマへの理解を深めるため毎講義に本を三冊紹介する。たとえば第一講では中村隆英《たかふさ》『昭和史(上下)』(東洋経済新報社文庫)、北杜夫の大河小説『楡家の人びと』(新潮文庫、全三冊)、加藤聖文『国民国家と戦争──挫折の日本近代史』（角川選書）で、それぞれの理由は、歴史の理解には経済が不可欠、壮大かつ詩的に描かれた日本近代化の通史、「国民」視点に立つ戦争史、となる。

一ノ瀬先生のアニメ評価は、「あの時代はみんなが戦争に賛成だった。その怖さのほうこそ忘れちゃいけない」と生前語っていた高畑監督に高く、「風立ちぬ」の宮崎監督に厳しい。戦争は大嫌いだが、姿かたちの美しい軍用飛行機は大好きな宮崎監督の「矛盾」を衝く。

主人公たち飛行機設計者の「貧乏な国が飛行機をもちたがる。それで俺たちは飛行機をつくれる。矛盾だ」という言葉に、それは矛盾ではないと説明を加える。「当時の日本人の考え方とは、貧乏だからこそ戦争して外国から資源をぶんどり豊かになりたい、そのためには外国より強い飛行機を作るべきだ、というものだったと思います」と反論する。

「風立ちぬ」の主人公が「零戦」の設計者・堀越二郎をモデルとすることは広く知られている。当時の超エリートだった二郎たちは「自分は何をなすべきか」を知っていたはずだ。「零戦の流れるような優美さは、あくまでも堀越の対米戦争努力の副産物であり、崇高な美の達成自体が目的だったのではありません」。

アニメの「都合のいい」部分だけを剔抉《てっけつ》したわけではなく、アニメという入口から歴史の細部にわけいっていく。やさしい語り口なのに、ハードな講義となっている。

●鈴木聡司『映画「ハワイ・マレー沖海戦」をめぐる人々──円谷《つぶらや》英二と戦時東宝特撮の系譜』☆ 文芸社

昭和はいまでこそ「8・15」（昭和二十年八月十五日）がメモリアル・デイだが、むしろ運命の日は「12・8」（昭和十六年十二月八日）であった。その日から一年後に、「大東亜戦争開戦一周年記念作品」と銘打たれて公開され、一億人が見たとされる映画が「ハワイ・マレー沖海戦」である。

本書はそのたった一本の映画に五百数十ページを費やした。著者は学生時代に「円谷英二の研究を志した」というから、特撮マニアのおたく人生四十年の人ではないか。その情熱は一本の特撮映画を通して、戦中戦後の日本を映し出すところにまで到達している。マニア畏るべし。

円谷は開戦時には四十歳で、東宝の特殊技術課の課長職にあった。後の「特撮の神様」も、当時の社内では冷遇されていた。本書には円谷以外に、監督の山本嘉次郎、製作者（東宝映画取締役）の森岩雄と、主人公が三人いる。山本は三十九歳、森は四十二歳で、「そんな働き盛りの男たちが国家や軍部といった強大な力を有する相手を向こうに廻して、映画作りに奮闘する様子を追いかけていく」。

森は亀井文夫監督の反戦的記録映画の傑作「戦ふ兵隊」（上映禁止）により、業界の問題児と見做されていた。全国民の士気を鼓舞する映画は、リベラルなポーズをかなぐり捨て、企業人として嵐の時代を泳ぎ切る必須の企画であった。

山本監督は「国民の一人として」、フィクションにする気はなかったが、「こんな大変な戦争が始まってしまった以上、祖国の勝利のために少しでも協力するのは国民として当たり前だ」と森の依頼を受ける。海軍省から正式の許可が出たのは二月二十五日だったが、海軍側は取材には非協力的だった。真珠湾の様子や飛行機、艦船の形を知るのにも難儀する。

公開時の反響は絶大だった。日劇の支配人はモーニングの礼装で舞台挨拶する。満員の客席は攻撃隊発進や真珠湾望見のシーンに拍手喝采した。海軍とは仲の悪い陸軍は、兵隊が命がけで戦っている時に映画見物にうつつを抜かすとはけしからん、と怒り出した。

映画への高い評価に時局への迎合やおもねりがあると最初に気づいたのは円谷だったのではと著者は推定する。狷介《けんかい》で人嫌いな円谷は、「星［陸軍を指す］と錨［海軍を指す］と闇と顔」の時世には辟易していた。

「ハワイ・マレー沖海戦」の大ヒットは円谷、山本、森の戦中戦後の運命をも変えていく。バッシング、スケープゴート、追放処分、日本人のオポチュニズム。円谷が再び脚光を浴びるのは昭和二十九年（一九五四）の「ゴジラ」だった。

執筆にあたり、著者は当事者の証言や資料でも一度は疑ってかかる。その精神は徹底している。それゆえに見えてくる戦争映画製作を通しての昭和史である。「仮令《たとえ》このような稗史《はいし》を探る場合であっても」という著者の矜持が「稗史」という言葉に現われている。

●田辺聖子『田辺聖子　十八歳の日の記録』文藝春秋

「おせいさん」として親しまれた作家の田辺聖子の昭和二十年四月から二年間の日記が歿後に発見され、本になった。満十七歳から十九歳まで、田辺は大阪樟蔭女子専門学校（現、大阪樟蔭女子大学）国文科の二〜三年生だったが、その文才と観察眼は既にして尋常ではない。学徒動員、大阪大空襲、終戦、父の死、文学への夢という章立て通りに激変する時代に対する。一文学少女、一軍国少女として毅然として立っている。

「結婚するつもりはない」、小説を書き、「国文学を究める学者になりたい」。「たとえ戦争であったにしても私は私の行くべき道をしっかりと知っている」少女だった。一例だけ示そう。

「大統領ルーズベルトの奴め、脳溢血でくたばりやがった。ヘッ、ざまあみろ、と乱暴な言葉でも投げつけたくなるほど嬉しい。[昭和二十年四月]十三日発表があった。あの肥満した奴だから、そんなことであろう。地獄安着を祈る。針の山で痩せて生れる工夫でもしやがれ。醜敵アメリカはまた、十三日の夜に東京を爆撃して、畏れ多くも宮城《きゅうじょう》、明治神宮に投弾した。／一億すべてが憤激の渦巻にまきこまれた。ラジオは両陛下並びに皇太后陛下には恙《つつが》なくわたらせられると報道しているが、お父さんならこれを聞いたらきっと、／「そんなに報道するンなら、きっと何かあったンちがうか」／と変に気を回してインテリぶって敵の謀略にひっかかるんだろう。父は君主機関説［天皇機関説］で、この点が大いに私と考えがちがう。私はこれを憎む。と同時に父の元老中心政治の打破という点には同意する。全く日本くらい、実力もないくせに老人が威張りちらす国はない。（略）母も言う。／「特攻隊で若い人がどんどん死んではるのに、うまいこと行かんようになったら、辞職しよる。首相なんて勝手のええもんやな」」。

敵国大統領の死への憎まれ口は凄まじい中にもユーモアがあり、大阪の庶民の感覚が戦時下も健在だったことを伝える。父と母の街場の批判精神を受け継いでいるのだろう。田辺は「源氏物語」などの古典だけでなく、吉川英治『三国志』や漢文も愛し、大川周明『日本二千六百年史』も読了していた。

「終生忘れ得ない様な、傷手を与えられた」大阪大空襲や、「何事ぞ！／悲憤慷慨その極を知らず」と書き始められる終戦後の変化などは必読部分だが、ここでは自宅である田辺写真館の焼け跡からもう一例だけ引く。

「お父さんも、私が帰ったと聞いて、濡れしょぼれた恰好で向うからやって来られた。／「そうか、帰って来たのか、家、焼けたよ。ははっは。これも戦争じゃ戦争じゃ、仕様がないわい。しかしこれで皆、無事に揃うて、まず目出度いとせんならん」／とお父さんは、快活に言った。私はたとえ、それが不自然であっても、しおれた皆を元気づけようとする心がうれしかった」

その父は、終戦の年の暮れに病み衰えて四十四歳で死んだ。

この年の日記では、大正十一年（一九二二）生まれの医学生・山田風太郎の『戦中派不戦日記』が必読だが、六歳年下で昭和三年（一九二八）生まれの田辺聖子の『十八歳の日の記録』はそれに匹敵する。

早熟で、多感な少女は長じて、『私の大阪八景』や『おかあさん疲れたよ』といった小説にこの時代を書き、『欲しがりません勝つまでは』や『田辺写真館が見た〝昭和〟』でこの時代を回想した。

●小山俊樹『五・一五事件──海軍青年将校たちの「昭和維新」』中公新書

──「週刊ポスト」二〇二〇・七・一〇／一七合併号

尖鋭な問題意識と繊細な知性が、昭和史の謎を徹底的に追いつめていく名著である。

犬養毅首相が官邸で海軍の将校たちに暗殺され、政党政治に終止符が打たれた「五・一五事件」を多角的に、冷静に、リアルな息遣いで記述し、分析していく。実行者たちも、犬養家の遺族も、揺れ動く元老や重臣や政治家たちも、誰もが生きて苦悩する姿が臨場感を持って描かれている。コンパクトな概説書でありながら、第一級の歴史書であり、人間観察の柔軟さには第一級の文学作品の味わいもある。

「文学」として面白いといっても、中途半端な想像力は一切排されている。確実な史実に基づいて記述し、史料の「余白」部分は慎重な推理を提示しながら埋められていく。襲撃当日をドキュメンタリータッチで描く導入部はそのまま映像化できるほどだが、そこにもいくつもの疑問が埋め込まれている。「話せばわかる」とは一体なんのことか。「問答無用」なのか、「問答無益」なのか。

事件前に上海で戦死した首謀者・藤井斉《ひとし》、戦後まで影響力を残す三上卓（あの「昭和維新の歌」の作者でもある）といった海軍将校たちの内面に入り込む前半部はそれだけでも収穫だが、本書の本領はむしろ後半部にある。

極刑に処されて当然な被告たちが、国民の圧倒的な同情と支持で、死刑を免れ、恩赦もあって早々と復権する。その過程には、メディア・キャンペーンによる、あっという間の世論の変化があった。

「五・一五」を機に政党内閣は終わり、普通選挙の投票結果は政治を動かせなくなった。次期首相を決める「元老」西園寺公望は「憲政常道」の原則を持し、政友会総裁の鈴木喜三郎を推挙することに決めていた。それが「天皇の希望」によって、西園寺は「変心」を余儀なくされ、斎藤実「挙国一致」内閣が登場する。昭和天皇と側近たちが政党政治に引導を渡した。この刺激的な指摘には十分に説得力があり、「希望」の表明は結果的に昭和史の悲劇を生んでいく。

●多胡吉郎『生命《いのち》の谺《こだま》 川端康成と「特攻」』現代書館

――「東京新聞」二〇二二・四・九＋「東京新聞」二〇二二・四・一四夕刊

本書の表紙カバーに写るのは、ノーベル賞作家・川端康成の戦争中の姿である。軍帽をかぶってはいるものの、とてもお役に立ちそうもない。敗戦を目前にした昭和二十年（一九四五）四月、四十五歳の川端は、海軍報道班員として鹿児島県の鹿屋《かのや》航空基地へと派遣された。

一ヶ月間の滞在で、川端は数多の特攻機を見送り、最後の通信が途切れる音を地下壕の電信室で聞くことになる。蒲柳《ほりゅう》、病弱な川端にとって、初めての従軍は、過酷な戦争体験であった。しかし、川端はこの一ヶ月間をわずかな文章に残しただけだった。

著者の多胡吉郎は、最小限の手がかりから、川端と特攻隊員との、交流を調べあげる。もともとの連載が鹿屋市の同人誌「鹿屋文学」だったので、地の利は得ている。その徹底ぶりは自ら「現時点で接触可能な資料としては、尽くした」という著者自身の感懐の通りで、執念をさえ感じさせる。

川端の滞在中に特攻出撃は六回、百七十二名の特攻隊員が散華《さんげ》した。「川端はそれだけの数の若者たちが逝くのを見届け、その生命の残影を背負うことになった」。川端がエッセイの中で回想した何人かの特攻隊員を著者は特定していく。回想や記録、本人の日記や遺族の証言によって、「特攻」の実像にも肉薄する。

本書後半は、川端文学の中に特攻体験の痕跡を探していく作業となる。傑作短編「生命の樹」、長編『虹いくたび』(新潮文庫)に描かれるエピソードが、彼ら特攻隊員との交流をヒントに作られていたことがわかってくる。それどころか、戦後になっての『雪国』の改稿、川端文学全体への「特攻」の影響も視野に入ってくる。

本書の出現で川端文学の読み方は変わるだろう。それだけの衝撃力を秘めている本だ。しかも川端と特攻隊員の関係は主と従ではない。どちらもが主で、同じ重みを持つ。

川端は敗戦後すぐ、「私はもう死んだ者として、あわれな日本の美しさのほかのことは、これから一行も書こうとは思わない」と書いた。その言葉も本書を読んだ後では違って読めてくる。

***

没後五十年を迎える川端康成の作品を読み直していて最も心惹かれたのは、戦争中に東京新聞の文化欄に連載された「英霊の遺文」だった。生前は単行本未収録で、没後に出た全集に初めて入った。ほとんど知られていない読書エッセイで、多胡吉郎『生命の谺　川端康成と「特攻」』(現代書館)に教えられて、私は読んでみた。『川端康成全集』第二十七巻では四十五頁を占める。全集解題に、「著者は丹念に加筆した発表紙からの切抜を遺しているが、それはわれわれに著者のかなしみを一入《ひとしお》ふかく感じさせる」とあるように、多くの日本人に読まれて欲しいと思わせる切迫力がある。昭和十七年(一九四二)十二月八日の紙面で、川端はこんな風に書き出した。

「戦死者の遺文集を読みながら、私は十二月八日を迎える。新聞社から頼まれてのことだが、自分としても、この記念日にふさわしいことだと思う。しかし、これらの遺文について、あわただしい感想を書かねばならぬのは、英霊に対する黙禱のつつしみを失うようで心静かではない。ただ、強顔がゆるされるならば、こういう遺文集があることを、人々に伝えるだけでも、ともかく私の文章の意味はあろうか」

これだけでも川端の意は十分に伝わってくる。第一回が載った日は対米英戦争開始から一周年で、他には高浜虚子の俳句「この日」、尾崎喜八の詩「誓の日」、国語学者・山田孝雄の「正義に基く信念」と並ぶが、川端の声がひとり低く、口ごもりがちである。「英霊の遺文」は七回連載され、好評だったのだろう、翌年十二月に七回、敗色濃い翌々年（昭和十九年）十二月に六回とシリーズ化された。戦時下の名物企画となったのである。

当時、東京新聞の文化部記者だった頼尊清隆《よりたかきよたか》は川端自殺の翌年、東京新聞に連載した回顧録「思い出しながら　文芸記者三十三年」で、「英霊の遺文」成立の事情を明かしていた。頼尊記者はまだ入社三年目、文化部総がかりで遅筆の川端から原稿をとっている。最初に依頼に赴いたのは尾崎宏次（後の演劇評論家）、頼尊記者が鎌倉の川端の家に行くと、「やがて原稿を持って出て来られる川端さんの目は、真っ赤に充血して」いたという。

川端が読んだ遺文集は約四十冊で、多くは遺族や友人の追慕の思いがこもった、少部数の非売品であった。なかには山本五十六の『山本元帥　前線よりの書簡集』といった当時のベストセラーもあるが、国葬された元帥と一少年飛行兵（星野浩一兵曹）の出征時の言葉が、ひとしなみに扱われている。「英霊の遺文」を詳しく紹介するスペースがないので、数多ある川端の珠玉の言葉から、二つだけ引く。

「尚、支那の民衆に対しては無論、支那兵に対してまで、あわれを感じていることは、戦死者の遺文集にもいちじるしく、支那相手の戦記の特色だと、一言つけ加えておこう」
「幾多の英霊の遺文を読んで、結局なにを私が最も深く感じたかと言えば、それは「無言」ということである」

東京新聞文化部がこの企画の発想を得たのは、昭和十三年（一九三八）の川端の一文ではないか、と私は推測する（現在は講談社文芸文庫の川端『文芸時評』で読める）。そこで川端は、兵士の手記や家郷への手紙を、国家の事業として集めるべきと訴えている。「文字の上でも「万骨を枯れ」させぬように」という、取りようによっては刺激的な言葉を発しながら。

川端の戦後も、川端の自殺も、「英霊の遺文」から再照射すべきではないだろうか。

川端の「生命の樹」は『セレクション戦争と文学2アジア太平洋戦争』（集英社文庫）に収録されている。⁂印以降の後半は、「開戦記念日『英霊の遺文』をめぐって——川端康成没後五十年」として、書評に続けて「東京新聞」の文化欄に執筆したもので、書評から触発されて、当時の紙面によって、川端と戦争との深い関わりを知ることができた。竹内好が「私などには、川端文学や小津映画のデカダンスに戦争の影をむしろ濃く感じる」と書いていることは紹介したが、竹内の予感は正しかったのだった。

——「東京新聞」二〇二二・八・七

●堀川惠子『暁の宇品——陸軍船舶司令官たちのヒロシマ』講談社

『原爆供養塔』『戦禍を生きた演劇人たち』など、広島で生まれ育った著者・堀川惠子のヒロシマ物ノンフィクションはすでに定評があるが、本書はさらにグレードアップされた決定版的著書である。この本が与えてくれる感動は、けっして「チープ」な感動ではない。丁寧で、奥深い取材の果てに現われてくる無名の個々人の生き方と努力が、いつか報われるかもしれないという、ささやかな希望を与えてくれる。日本人も捨てたもんじゃないのでは、という感想も湧いてくる。

十年以上に及ぶ取材の過程で、著者の「ヒロシマ」は軍都「広島」となる。平和の象徴としてでなく、日米の戦争史の象徴都市として浮かび上がってくる。「ヒロシマ」を含みこんだ「広島」の歴史と悲劇が直視される。

本書の主要な主人公、田尻昌次と佐伯文郎は陸軍中将である。広島の宇品にあった船舶司令部を率いた将軍だが、名前も実績も知られてはいない。帝国陸軍にあっては完全な傍流である運輸畑を歩いたからだ。海外に派遣される兵士たちを船で運ぶ。危険をかえりみない敵前上陸や、戦地に食糧や弾薬を運ぶ任務だ。「補給と兵站《へいたん》」という日本軍がもっとも軽視した裏方仕事でもあり、「船員や工員ら軍属をふくめると三〇万人を抱える大所帯」だった。

アメリカが原爆投下候補の筆頭に広島を選んだのは、軍港宇品があったゆえだった。しかし、宇品は爆心地から外される。日米開戦直後にルーズベルト大統領が国際法違反の「無制限作戦」（非武装の輸送船を無警告で撃沈する）を発令したのと併せ、船員や市民の運命を変えた相手国の意思決定をも見逃さない。

田尻が行なった船舶需要から見た「南進」国策反対の意見具申とその報復としての罷免、佐伯が原爆投下直後、部隊をあえて市内へ向けて前進させ、救護活動を最優先させる決断、それらの重い意味を本書は描き出していく。

著者に三度も絶妙のアドバイスを与える原剛、齋藤達志という防衛省の新旧の戦史研究家の存在もまたシブくて、味わいを深くしてくれる。

●吉見直人《まさと》『終戦史――なぜ決断できなかったのか』NHK出版

「なぜなら、決断すべきときに必要な決断が下されず、それによって戦争終結が遅れ、それによって膨大な命が失われたからだ。終戦工作は完全な失敗だったのだ。／八月の二度の「聖断」を待つまでもなく、当時の日本に戦争を続ける合理的理由など何もなかった。国土は度重なる空襲で焼け野原、国力は疲弊、兵士も国民も飢え、「一撃」を与える戦力すらろくに残っていなかった」

本書『終戦史』の結論部分にある著者・吉見直人の憤りの噴出だ。本書は二〇一二年夏のNHKスペシャル「終戦　なぜ早く決められなかったのか」の書籍化である。我々がふつうに了解している「終戦」は、フィクションなのではないか。おあつらえの敵役「陸軍」を巨大な抵抗勢力として描き過ぎていないか。そうした強い疑いが本書を貫いている。

NHKの戦争関連番組は、日本人の戦争観、平和観、昭和史観を決めてしまいかねない。大袈裟に言えば、「国定教科書」並みの影響力があるのではないか。そうした番組の背後に本来必要とされる取材の厚みと問題意識をこれほど実感させる本はない。鈴木多聞《たもん》『「終戦」の政治史』（東京大学出版会）、山本智之『日本陸軍戦争終結過程の研究』（芙蓉書房出版）など若手の最新研究を貪欲に吸収しつつ、国内外に一次史料や関係者を探して取材を重ね、空白部分が大量にある昭和史の核心部分に斬り込んでいく。一本の番組には盛り切れない細部の事実とそれに基づく推論が、取材者の筆によって定着される。

本書の読みどころは多いが、私が吸い寄せられたのは、梅津美治郎《よしじろう》と東郷茂徳の二人だった。梅津は終戦時の陸軍参謀本部のトップ、東郷は開戦時と終戦時の外務大臣で、ともに東京裁判の被告となり収監中に死去した。終戦時の陸軍では自決する阿南惟幾陸相が印象に残るが、三期先輩の梅津が「当時の陸軍の実質的なリーダー」だった。「ポーカーフェイス」で無口、情報管理の徹底ぶりは今なら「コンプライアンスの権化」とのことで、「大元帥たる昭和天皇に対しては情報と意志の疎通をはかり」、輔弼《ほひつ》に徹する。その「有能な官僚」ぶりが、他のリーダーとの重大情報の共有を許さない。梅津は人事異動のたびに主戦派を陸軍中央から追い出し、終戦への地ならしはしていたのに。

昭和天皇が召集した昭和二十年六月二十二日の六人だけの秘密の懇談会で、梅津は「一撃講和論」を放棄する。つまり、「ギブアップ宣言」をしたにもかかわらず、その重大発言はスルーされる。梅津はおそらくここでの「聖断」を期待していた。

この時、梅津と東郷の間にあった「日本の継戦能力、残存戦力についての認識」の隔たりが埋まれば、もっと早く終戦できていたのではないか。東郷はまだ日本に余力があると思い込まされていた。「冷徹なソ連観」の持ち主だったのに、対ソ和平に賭ける（そのもうひとつ裏の仮説も本書には書かれている）。その東郷も梅津と共通した「本心を読みづらいタイプ」だった。

帝国憲法が抱えた欠陥のため、輔弼者同士の横の連絡が不足したままに昭和史は進んでいた。その悲劇は最後の最後まで改善されずに、繰り返されたのだった。

昭和の政治空間を占拠する、奇妙な「言語作法」と「コミュニケーション」がそのまま放置された代償は、とてつもなく大きかった。

●太田奈名子『占領期ラジオ放送と「マイクの開放」――支配を生む声、人間を生む肉声』慶應義塾大学出版会

――「週刊ポスト」二〇二一・五・六／一三合併号

東大に提出された博士論文をもとにした本書は、本来ならば週刊誌の書評欄にはふさわしくないかもしれない。それでも取り上げたいと思ったのは、テレビが出現するまでは最大の影響力を持つメデ

ィアだったラジオの、占領期の輝かしい「神話」に徹底的にメスを入れた一般書でもあるからだ。

八月十五日の玉音放送から始まったラジオの戦後は、「真相はこうだ」「真相箱」「質問箱」「街頭録音」といった名物番組を生んだ。そこではベートーヴェンの「運命」と共に日本の戦争の歴史が弾劾され、有楽町のガード下でパンパンたちの声が隠し録りされた。

少し冷静になれば、それらの放送のいかがわしさは想像できる。本書は新資料や貴重な音源を発掘し、執拗な分析を加えることで、占領軍主導により日米合作で作られ、「日本再建の方針を常に先廻りして」放送した番組であることが明らかにされる。マイクからの「洗脳」はいまだに残り、形を変えては今も続いているのではないか、と慄然とさせられる。

興味深い指摘は多い。なかでも第四章「「我々」の戦争責任を問う〈声〉」は、東京裁判の開廷に合わせて、「判決受け入れに向けた社会心理の形成」を目的に、「真相箱」では集中的に天皇と戦争に関する「投書」が取り上げられたと、核心を衝く。

「天皇陛下は真珠湾攻撃計画を御承知だったのですか」

「天皇陛下は平和を御軫念《しんねん》遊ばされたのに、我々は何故戦争に突き進んだのでしょうか」

開戦決定では東条英機と山本五十六がクローズアップされ、戦争に内心反対だった天皇は「国民の望み」に沿って開戦を容認した、と説明された。「軍閥」東条と国民を並べ、戦争責任と「ウォー・ギルド」を「我々」国民にまで拡散、転嫁させるレトリックであった。

本書は江藤淳『閉された言語空間――占領軍の検閲と戦後日本』のラジオ版である。なお第八章で、有楽町のガード下から発された「姐《ねえ》さん」の「人間」宣言は、もう一つの読みどころだ。

●波多野澄雄・赤木完爾・川島真・戸部良一・松元崇・庄司潤一郎・兼原信克『決定版　大東亜戦争

（上下）』新潮新書

書名が『決定版　大東亜戦争』とある。上巻の帯のコピーは、「「太平洋戦争」ではなく、なぜ「大東亜戦争」と呼ぶべきなのか。」と大書され、「イデオロギーを排した歴史研究の蓄積で見えてきた真実」と補われている。ついでに下巻のコピーも示そう。「亡国への歩みは止められなかったのか？当代最高の歴史家たちが描き出す近代日本の蹉跌。」

あの戦争を何と呼ぶか。戦争中は「大東亜戦争」だったが、敗戦の年の十二月八日からは「太平洋戦争」と変更になる。その日から新聞各紙でGHQ史観による「太平洋戦争史」が一斉に始まった。一時は満洲事変以降を一括して「十五年戦争」と呼ばれることも多かったが、いまは「アジア太平洋戦争」、「アジア・太平洋戦争」が学界では多数派のようだ。

その流れにあえて逆らって、学界の中心にありながら、「大東亜戦争」として、歴史を冷静に見つめようというのが本書の立場といえる。七人の筆者のうち、中心メンバーは波多野澄雄、戸部良一、庄司潤一郎だと私は判断している。波多野は筑波大名誉教授で、外務省の「日本外交文書」編纂委員長を長く務める。戸部は『失敗の本質』の著者の一人で、長らく防衛大学校教授だった。庄司は防衛省の防衛研究所の研究官を長く務めている。左右に関係なく、信頼されている温厚な研究者たちである。

本書は「大東亜戦争」を英米中ソ各国の戦争指導体制と比較し、外交や経済を重視した昭和史となっている。自国中心史観には立っていない。

戦時下の国民生活の悲惨を、各種の数字と情況から明らかにした第6章「財政・金融規律の崩壊と国民生活」は国民不在の戦争指導をこれでもかと教えてくれる。この章の筆者の松元崇は大蔵省出身で、安倍内閣時代の内閣府事務次官だった人だ。『恐慌に立ち向かった男　高橋是清』（中公文庫）、『持たざる国への道――あの戦争と大日本帝国の破綻』（同）といった著書があるから、単なる官僚ではないのだが。

総論的な「はじめに――なぜ、「大東亜戦争」なのか」を執筆した波多野によれば、「先の大戦」とは日米、日英、日中、日ソの四つの戦争の「複合戦争」だった。波多野は評論家・福田恆存《つねあり》の戦後日本批判を引用して、以下のように本書の意図を表明している。

「ともあれ、戦後日本は、「平和」を安易に語ることによって、戦争の悲惨さと平和の尊さを説こうとしてきたが、日本人が主体を賭した戦争を抽象化し、平和を声高に説くわりには、戦争のリアルな実相についての認識を持てなかったように見える。／「太平洋戦争」という言葉は日米同盟の深化とともに、やがてイデオロギー性を失っていったが、それに合わせるかのように、日本人が主体的意志をもって戦った「先の大戦」についての認識も薄れていった。敢えて「大東亜戦争」と冠した本書が、戦争の実相や奥深さを伝える第一歩となれば幸いである。「大東亜戦争」を復活させようというのではないが、少なくとも「顕教」と化して久しい「太平洋戦争」という認識だけは、いったん壊してみる必要があると思うのである」

第13章「戦争呼称の問題――「先の大戦」を何と呼ぶべきか」で、庄司はさまざまな呼称の由来を跡づけた上で、「結局のところ、戦争肯定という意味合いではなく、相対的に最も適切な呼称は原点に戻って、「大東亜戦争」に落ち着くのではないだろうか」と結論している。傾聴すべき意見であり、尊重するに値する立場ではないだろうか。そうなれば、昭和史は「歴史」として冷静に記述され、扱われ、議論される時代に入れよう。

●三谷太一郎『日本の近代とは何であったか――問題史的考察』岩波新書

近代日本が地球儀上にぽっかりと浮かび、拡大と収縮の活動をする姿が鳥瞰図として見えてくる。そんな鮮やかな歴史書である。西洋のインパクトに応えて生存するしかなかった日本の実像を、政党政治、資本主義、植民地帝国、天皇制の四つの視角から捉えている。まさに碩学の生涯の研究を凝集した一冊である。

——「新潮45」二〇一七・五

著者の三谷太一郎は東大名誉教授、日韓歴史共同研究の日本側座長、文化勲章受章者である。学統では南原繁、岡義武、丸山眞男の系譜に連なる「象牙の塔」の人である。この一年、三谷を俄然「時の人」にしたのは、〇六年から一五年まで宮内庁参与をつとめたことによる。天皇の「相談役」といえるその地位は、「学者としては小泉信三、団藤《だんどう》重光両先生に続く三人目であり、三谷先生に対する関係者の信頼の深さを示す事実です」（北岡伸一）。

昨夏、「生前退位」をめぐる「お言葉」が発されると、その「義解」者としての役割を果したのは「官」の三谷太一郎と「民」の保阪正康の両氏だった。言葉少ない天皇メッセージから我々がその意図をあれこれと忖度《そんたく》する際に、最も頼りになるのは、陛下の肉声（玉音）を親しく聞いている両氏の「模範答案」だったからだ。

三谷は本書では、十九世紀英国のウォルター・バジョットを参照しながら議論を進めてゆく。バジョットといえば明治以来、代表作『英国の国家構造』が論じられてきた。卓抜な君主論を含む代表作ではなく、三谷はあえて『自然学と政治学』という別の本を提示する。自然科学からの影響を受けたバジョットの「近代」概念は、「自由」に基づく政治、「議論による統治」である。福沢諭吉はこの本を深く読んでいた、と三谷は推測している。

慣習が支配する前近代が近代へと変革される促進要因は「議論による統治」だけではない。バジョットはさらに「貿易」と「植民地化」を「系概念」として強調する。東アジアで例外的に以上三つの「近代」を創出し、構築したのが日本という帝国の枠組みであったとして、三谷は近代を捉える。その先で、本書の中心的主題が登場する。「日本近代にとって政治的枠組の問題であるのみならず、それ以上に精神的枠組の問題でもあった」天皇制である。

明治憲法を起草した伊藤博文は、ヨーロッパにおいてキリスト教が果たしている役割を担い得るものを模索し、「我国にあって機軸とすべきは独り皇室あるのみ」という結論にいたる。「「神」の不在が天皇の神格化をもたらしたのです」と三谷は書いている。皇帝と天皇に対する彼我の意識の差を三谷は東京帝大法学部の歴代教授陣のエピソードで描いていく。民本主義の吉野作造の有名な論文、終戦時の東宮大夫《とうぐうだいぶ》（つまり今上天皇［明仁上皇］の教育責任者）穂積重遠の滞欧日記が引用される。穂積はドイツで、「新天皇陛下［大正天皇］は人望があるか」と聞かれて仰天し、「日本人はミカドを神視している」と答えて、相手に「ケゲンな顔」をされてしまったと日記に記していたのだ。

「神」となった天皇の過重な負担が近代史を捻じ曲げていったことは周知の通りだが、三谷は法学部の憲法学教授だった美濃部達吉の天皇機関説事件を天皇の「お言葉」という面から考察する。美濃部が機関説問題で攻撃された際の、決定的な論点は「教育勅語」の批判は自由かという点にあった（森友学園問題とは本書は無関係である。念のため）。天皇の「お言葉」である「勅語」には、大臣の副署があり、天皇は「無答責」となる。詔勅の内容を批判することは副署した大臣を批判することなのだから、批判は自由であるというのが美濃部の見解だった。しかし、例外的に副署がなかった勅語があった。教育勅語である。その点を美濃部は衝かれた。教育勅語という「お言葉」は、「天皇が国民に対して直接に自己の意思を表明するもの」、「社会に対する天皇の著作の公表」であって、したがって神聖不可侵の領域となったのだった。天皇機関説事件と勅語の関係を記した上で、三谷は重い問いかけを記している。

「象徴天皇制は将来に向っていかにあるべきなのか、天皇は自らの意思を主権者である国民に対して直接に伝えることが可能なのか、可能であるとすれば、それはいかなる方法によるべきなのか。（略）今やそれは現天皇の直面する問題であるとともに、主権者である国民全体の問題でもあるのです」

本書は全体に抑制された記述で一貫しているが、注意深く読むと、三谷が今まで「お言葉」について新聞、テレビ、雑誌で発言したトーンとは明らかに違う。「模範答案」を公表してきた自分の役割に懐疑が生じて、本書は書かれたのではないか。「あとがき」によれば、執筆の依頼は十四年前である。この本を「後世の読者にも読まれることを望みます」という一文も間接的な執筆意図を想像させる。昨秋に出版された『戦後民主主義をどう生きるか』（東京大学出版会）では、「戦後民主主義」の「終わりの始まりへの「哀歌」」という微妙な言い方をしている。NHKのスクープという不自然な「方法」ではじまり、あらかじめ「お言葉」の真意が、あたかも「大本営発表」であるかのように報道された。「自由」と「議論」なき、この一連の事態に直面すれば、宮内庁参与だった三谷が黙視できないと思っても不思議ではない。

私は本書を未来への「弁明」の書と読んだが、それではまだ不十分ではないか。原敬や吉野作造の研究者ならば、この一連の「生前退位」の不透明な流れにつき、自身の考えを速やかに表明すべきである。それが誠実な歴史家に課せられた重大な責務ではないか。

第二章　日本はなぜ開戦したか

◆定本コーナー

昭和史の中で、「ただ一日」を選ぶなら、いつになるだろうか。なんといっても昭和二十年（一九四五）八月十五日が筆頭の候補だろう。「終戦」の日である。二番目の候補は昭和十六年（一九四一）十二月八日になるのではないか。真珠湾攻撃の日、日米開戦の日である。「終戦」は「開戦」の結果なのだから、私は躊躇なく二番目の日を「ただ一日」として選ぶ。十二月八日の開戦から三年八ヶ月後はそうすると、「終戦」ではなく「敗戦」と呼ぶのがふさわしくなる。「終戦」ならば責任は曖昧となるかもしれないが、「敗戦」といえば責任の問題は消えようがない。

昭和十六年十二月八日。支那事変は四年半たっても、いまだ解決していない。日本の国力からすれば、それで手一杯なのに、新たに国力差十倍、石油産出量五百倍のアメリカをはじめ、イギリス、オランダをも敵にまわす戦争を決意するとは普通に考えれば誇大妄想以外のなにものでもない。しかし、為政者たちの全員一致により、開戦を決定する。開戦の第一報を多くの人は厳粛に受けとめ、緒戦の勝利の報に沸いた。そのリアリティも視野に収めつつ、なぜ「開戦」という結果的には愚かな選択を行なったかを考える必要がある。責任といっても、そう単純ではない。

昭和の戦争の起点をどこにおくか。それによって歴史の見え方は変わってくる。東京裁判（極東国際軍事裁判）では昭和三年（一九二八）の張作霖爆殺を起点とした。昭和六年（一九三一）の満洲事変を起点と考えるのはオーソドックスな見方であろう。謀略により満洲事変を起こした石原莞爾（当時は関東軍参謀で陸軍中佐）は、東京裁判の酒田法廷で訊問を受けた時、ペリーの黒船来航を起点とする持論をうそぶいた。アメリカの砲艦外交にまでさかのぼろうというのだ。昭和八年（一九三三）の塘沽《タンクー》停戦協定により日中の戦闘状態は一応終結しているので、むしろ昭和十二年（一九三七）七月の盧溝橋《ろこうきょう》事件からが泥沼の支那事変（日中戦争）となり、ここからは戦争の時代となる。それでもアメリカやイギリスと戦争をするという冒険を構想したのは少数派だった。「ポイント・オブ・ノーリターン」としては、昭和十五年（一九四〇）の日独伊三国同盟、昭和十六年（一九四一）の南部仏印進駐といった日本の政策が挙げられることは多い。

総合的な視点を忘れないために、まず六十年も前の本を挙げる。**日本国際政治学会太平洋戦争原因研究部［編］『太平洋戦争への道　開戦外交史』***（朝日新聞社）である。全七巻で別巻（資料編）もある大著だし、昭和の終わりに新装版が出たものの、今では市販はされていない。質量共に充実した基本図書で、私は全部は読んでいないから、エラそうなことはいえないが、確実な資料に基づく確実な議論の上に成った歴史書であることは間違いないからだ。共同研究者として名前が挙がる十四人は臼井勝美、島田俊彦、角田順、秦郁彦、細谷千博など、昭和史研究を開拓してきた人々である。

研究の中心となった角田《つのだ》順のあとがきを読むと、共同研究の開始から刊行までの事情がわかる。主唱者は角田の恩師・神川彦松（東大名誉教授）だった。最初の難関は資金面で、角田はまず事業の経済的基礎を確立するために財界人に寄付を仰ぎ（協力者の名前はあとがきに列挙されている）、数万枚の複写史料を集め（いまと違って、これだけでも大変な作業だったろう）、二年の間に、百七十回に及ぶ研究会及びヒヤリングを行なった。その上で各執筆者が自分の執筆部分に責任を負うという態勢をとっている。一大修史事業だが、「軍事・外交に亙る対外関係に限定」し、「内政・経済・社会・言論等の局面について自ら言及することとなる際にあってもこの本来の視野との必須の関連に止めて、本格的には他日それぞれの局面における開戦史の出現を俟ってそれらに譲ること」にしてある。

満洲事変は第2巻になっていて、第1巻は『満州事変前夜』で、ここではワシントン条約、ロンドン条約という二つの海軍軍縮条約からスタートしている。第7巻の『日米開戦』で、目からウロコの一例を挙げると、昭和十六年十月十七日、東條英機内閣成立の際の「白紙還元の御諚《ごじょう》」についての指摘がある。この「白紙還元」とは、九月六日の御前会議で決定された「対米戦争を辞せざる決意の下に十月下旬を目途とし戦争準備を完整す」という国策を一旦白紙に戻し再検討せよ、という天皇の思し召しである。角田順は、その不徹底にメスを入れる。内大臣の木戸幸一は、「東条首相〔兼陸相〕および辞職すべき及川〔古志郎〕海相という政府側にのみ取次いだ結果として、政府から独立する統帥部は公式に伝達を受けず、その拘束も蒙らず、むしろ感情的に反撥気味をしめすに至った」（傍点は角田による）と指摘する。開戦についての御前会議決定の最も重要なメンバーは内閣では陸軍大臣、海軍大臣、統帥部では陸軍の参謀総長と海軍の軍令部総長である。このうち、木戸は東条陸相、及川海相には重大事項を伝達したが（その伝達も不十分と角田は見ている）、杉山元参謀総長、永野修身軍令部総長には伝えなかった。大きなミステイクだ。東条内閣成立後、さっそく「白紙委任の御諚」に沿って「国策再検討」がなされたが、「白紙」はメンバーに徹底されないので、「再検討」が本気でなされるはずもなかった。この重大な指摘が六十年も前に書かれているのだった。

開戦に関する本は、第一章の「定本コーナー」で挙げた本の多くがやはり示唆に富む。見方を変えて、主要な人物をクローズアップするならば、東條英機、山本五十六、松岡洋右、近衛文麿、木戸幸一は主演級の登場人物として落とせない。東條については、東條の遺族や元部下にも取材して成った保阪正康の評伝『東條英機と天皇の時代』（ちくま文庫）が逸せない。「〈大日本帝国という御輿〉をかついだ最終走者」であり、「近代日本の制度的矛盾を映す〈鏡〉」として東條を描き、東條に「功罪をつきつけて葬る」という意欲で書かれている。

敗戦後、死にそこなった東條は東京裁判で被告席についた。東京裁判の審理中、もっとも注目されたのは昭和二十二年（一九四七）暮れから年明けに八日間行なわれた東條被告の「口供書」朗読、東條への弁護側尋問、キーナン首席検事の反対尋問、ウェッブ裁判長の尋問であった。そのうちの口供書を全文収録し、解説したのが渡部昇一『東條英機　歴史の証言——東京裁判宣誓供述書を読みとく』（祥伝社黄金文庫）である。弁護人の清瀬一郎、ブルーエットとともに東條が書き上げた昭和十五年（一九四〇）七月以降の、日本国の「弁明」である。この全文を文庫本で読めるのはありがたい。ただし渡部の解説は東條弁護に徹していて、「贔屓の引き倒し」の感が強い。東條の供述は、東京裁判の法廷にも捉われずに、批判の目で徹底して読むべきであろう。

山本五十六については、阿川弘之『山本五十六（上下）』（新潮文庫）を推す。阿川は学徒出陣組だが海軍びいき、その作家の手になる評伝（初出連載時は「史伝山本五十六」だった）である。海軍軍人から花柳界の女性まで取材をしているので、「人間山本五十六」が十二分に伝わってくる。山本が日米戦争に反対していたことは今では周知の事実だが、その山本が開戦直前、昭和十六年十一月三十日に日本を「日米避戦」に転換させる行動をとろうとしていたと推論したのが鳥居民『山本五十六の乾坤一擲』（草思社文庫）である。その日、高松宮が兄・昭和天皇に「海軍は戦争を避けたい」という情報を直接伝えたという史実は残っているが、高松宮の行動の背後には山本五十六がいた、とするのである。五十六ならば、やりかねない、破天荒な逆転劇である。

近衛文麿については、第二次及び第三次近衛内閣の内閣書記官長だった富田健治の『敗戦日本の内側――近衛公の思い出』（古今書院）が側近による回想録で、精彩に富む。その主要部分を収録したのが**川田稔［編］『近衛文麿と日米開戦――内閣書記官長が残した『敗戦日本の内側』』**（祥伝社新書）である。昭和天皇が昭和十六年九月五日（御前会議の前日）に、杉山たちを呼んだ。天皇からの御下問があった後、近衛は富田に洩らした。「陸軍というところはひどい所ですね。陛下からこのような「お叱りの」御言葉を頂いて、杉山参謀総長は恐縮するかと思いの外、御前を退下して、溜りの間に帰ってくると、親指を差し出して『これの機嫌は、今日はとても悪かったね』と言って赤黒い舌を出して見せた。ひどいものですね」。杉山の「親指」とは「お上」（大元帥陛下、天皇陛下）を指す。

松岡洋右については、本人の騒々しさも手伝って、毀誉褒貶《きよほうへん》はなはだしく、いまだ決定的な伝記は出ていないように思える。その中では、台湾生まれのアメリカ人の研究者**デービット・J・ルー［著］長谷川進一［訳］『松岡洋右とその時代*』**（TBSブリタニカ）がもっともまとまっている。なお、ルーの前著『太平洋戦争への道程――蘆溝橋より真珠湾へ』（原書房）は、松岡の長女・田島周子が訳している。田島周子の義父が、『昭和天皇拝謁記』の初代宮内庁長官・田島道治だ。

東條を首相に推戴した内大臣の木戸幸一については、遠慮がちに書かれることが多いのではなかったか。その中では、木戸本人が学習院の後輩たちを前にして存分に喋った記録が面白い。**金沢誠・川北洋太郎・湯浅泰雄［編］『華族――明治百年の側面史*』**（北洋社）に収録されている。身内相手で気が緩んだのか、自分が果たした「内大臣」の役割も露骨に説明している。「「重臣」会議といっても決をとるわけじゃない。内大臣は自己の責任で奉答するわけで、それに参考意見をつけてもらうことになる。だから全会一致で決まれば、これは最も良いが、決まらん場合は、ぼくがズーッとみていて、いいかげんの所で采配をふっちまうわけです。（略）最後は結局、みなさんの御意見は十分承ったから奉答しますということで、少し乱暴だけど、結局こちらの意見が通るということになってしまう」。
アメリカ側で開戦までを最も憂慮しつつプレーヤーの一人であったのは駐日大使のグルーだった。**ジョセフ・C・グルー［著］石川欣一［訳］『滞日十年（上下）』**（ちくま学芸文庫）は、アメリカでは一九四四年（昭和十九年）五月に刊行され、ベストセラーになった。親日派外交官による「開戦への道」である。グルー著を読むためには**中村政則『象徴天皇制への道――米国大使グルーとその周辺』**（岩波新書）の併読が必須である。グルーが交際した匿名の「穏健派」が樺山愛輔（白洲正子の父）や吉田茂であることを中村は明らかにしている。『滞日十年』の翻訳は昭和二十三年（一九四八）に毎日新聞社から刊行され、ベストセラーとなる。本書の前評判は高く、GHQのCIE（文化情報教育局）が競争入札を許可したため、本書は版権使用料36％という高率で落札された。グルーは印税を寄付して、一千万円のグルー基金もできた（佐藤亮一『翻訳騒動記』政界往来社）。

敗戦後、いちはやく開戦経緯を検討したのは海軍だった。昭和二十年（一九四五）十二月から一ヶ月の間に四回の座談会が行なわれ記録された。**新名丈夫《しんみょうたけお》［編］『海軍戦争検討会議記録――太平洋戦争開戦の経緯』**（角川新書）である。会議の提唱者は米内光政、出席者は永野修身、及川古志郎、吉田善吾、井上成美など二十九人とオール海軍生き残りメンバーである。記録を託され、三十年後に公開したのは毎日新聞の海軍記者だった新名丈夫だった。毎日新聞は海軍の情報に強かった。毎日は昭和十六年十二月八日朝刊の一面で、日米戦争勃発の記事を載せた。「東亜攪乱・英米の敵性極る」と大見出しを打ち、「世界平和を希求する帝国といえども、隠忍自重には自ら明瞭な限界がある、敵性諸国家の対日圧迫、攻勢が皇国の権威と存立を脅威するにおいては、わが平和愛好の利剣は一閃して破邪顕正の宝刀と化すであろう」と時代劇調の記事となった。**後藤基治『開戦と新聞――付・提督座談会』**（毎日ワンズ）は、このスクープに成功するまでのインサイドストーリーである。後藤記者は米内光政から阿吽《あうん》の呼吸で「帝国国策遂行要領」を見せられてから一ヶ月弱、取材を重ねて十二月八日の紙面となる。「正午過ぎ、編集局内で社員総会があり、高田元三郎主幹が「本日の紙面は真に他紙をア然とさせる出来映えであった」と挨拶、続いて高石真五郎会長の音頭で聖上万歳を三唱した」。『開戦と新聞』には、毎日新聞上海支局長の田知花信量が開戦目前に飛行機事故で遭難したことも出ている。田知花は開戦に備え大東亜に配置される百五十人の取材陣を指揮するため、十二月一日に広東に向かっていた。「この飛行機には、シナ派遣軍参謀が香港攻略に関する作戦書類を持って同乗していたため、一時大本営はパニックに陥ったらしい」。**吉村昭『大本営が震えた日』**（新潮文庫）は、この事故だけで百五十ページ近くを費やしている。墜落した飛行機「上海号」の搭乗者は十八名いたが、生存者は二人だけだった。二十五年後に、その二人を探し出して取材をした吉村の綿密な記述は、記録文学の手本だろう。敵の手に機密書類が渡ったなら十二月八日の作戦開始が洩れる。大本営陸軍部は「あらゆる手段をつくして、湮滅《いんめつ》をはかれ」と厳命する。「生存者の有無にかかわらず［上海号を］爆撃して消滅させる」。非情な命令は当然のことと受け取られた。吉村は書いている。「開戦のかげには、全く想像もしていなかった多くのかくされた事実がひそんでいたことを、私は知った。開戦の日の朝、日本国内に流された臨時ニュースは表面に突き出た巨大な機械の頭部にすぎず、その下には無数の大小さまざまな歯車が、開戦日時を目標に互いにかみ合いながらまわっていたのだ」。

真珠湾攻撃の記録では二人の本をやはり併せ読みたい。**中田整一［編／解説］『真珠湾攻撃総隊長の回想——淵田美津雄自叙伝』**（講談社文庫）と**高橋孟《もう》『海軍めしたき物語』***（新潮文庫）の二冊だ。真珠湾上空から「トラトラトラ」と打電した淵田中佐は真珠湾攻撃の総指揮官である。「やがて陽光が燦々として、あたりに輝き渡る。ちょうど軍艦旗が空一杯にひろがったようであった。私はこれを日本の夜明けだと受け取った。／この太平洋の旭日を見て、私は思わず、「グロリアス・ドーン」とうなった。英語であった。当時、日本では敵性語として、英語は追放であったが、私はアメリカと戦う以上、英語は必要だと、内々勉強していたので、つい出た次第だった」。英語は後になって役に立つ。淵田は昭和二十六年（一九五一）にキリスト教の洗礼を受け、翌年から何度もアメリカ伝道の旅を続けるからだ。淵田は原爆が落ちた日は広島にいるはずだったが、命令で広島を離れた。被爆直後の広島で三日間、被爆直後の長崎で丸一日、被害調査に従事した。淵田は真珠湾から帰還した時、「大元帥［天皇］陛下に、直接、真珠湾の戦況を奏上」する。「佐官級の軍状奏上とは、前代未聞」で、予定の三倍となる一時間半に及んだ。かかる光栄に浴した人間もいれば、真珠湾でもミッドウェーでも戦闘にはまったく関わりなく、戦艦霧島の艦内で飯炊きをしていた水兵さんが高橋孟であった。イラスト入りの『海軍めしたき物語』の真珠湾も忘れられない。その朝、高橋は烹炊所《ほうすいじょ》で味噌汁を作っていた。「普段なら下着一枚で作業するのに、第一種軍装の着用とあって、暑いのにうんざりしていたのである」。

最初に戻って、なぜ無謀な開戦を避けられなかったのか。昭和十六年（一九四一）八月に「総力戦研究所」による若手エリートたちの模擬内閣がシミュレーションで出した「日本必敗」の結論。それが無視されるまでをノンフィクションとして描いたのが**猪瀬直樹『昭和16年夏の敗戦』**（中公文庫）である。東條陸相は言う。「戦争はやってみないとわからない」。

◇書評コーナー

●森山優『日本はなぜ開戦に踏み切ったか――「両論併記」と「非決定」』新潮選書

――「新潮45」二〇一二・九

三百万の国民の生命が失われ、国土は焦土と化し、領土は縮小した――この悲劇の序幕である昭和十六年の日米開戦という「国策」は、主役不在のままに進行した。本書を読むと、その虚しさがよぎる。国策の決定者たちは、東條英機を含めて誰も大国アメリカと戦いたくはなかった。それにもかかわらず、全員一致で、粛々と、御前会議での決定はなされた。

開戦となれば戦闘の主役になる海軍は、悲観的見通しをもちながら、避戦を明言できなかった。支那事変長期化という自らの失敗に目をつぶる陸軍は、最大の懸案である中国撤兵を断固拒否して譲らない。近衛文麿は日米トップ会談にはかない希望を託すしかない。東條は小さな忠誠心に凝り固まって、悪しき小役人根性で形式的論理を振り回すばかり。

事態を開戦へと引っ張っていったのは、別に悪役商会といった連中ではなく、主役級の下にいた陸海軍中堅層というエリート集団だった。彼らは受験秀才であるばかりか、筋肉と恫喝《どうかつ》力を併せ持った、官僚中の官僚だった。著者の森山氏は彼らベスト&ブライテストの証言、日記などを丹念に収集し、時系列に並べて突き合わせてゆく。組織的利害を優先し、数字を操作し、辻褄を合わせ、問題は先送りし、と彼らお得意の手法は存分に駆使される。こうして起案し、調整し、折衝し、上司を納得させた「玉虫色の作文」が国策に仕上がっていく。

「開戦三年めからの見通しがつかない戦争は、どうなるかわからないにもかかわらず選ばれたのではなく、……どうなるかわからないからこそ、指導者たちが合意することができたのである」

159頁の表を見れば、希望的観測に縋った、いびつな選択であったことが一目瞭然である。

国難を引き受ける気概と大局観をもった人材が国家の中枢に不在だったのは今だけではなかったのだ。戦前はそこに、もうひとつの困難な条件が加わる。明治憲法体制では、天皇の下で各機関は横並びであり、たとえば首相が大臣を罷免することさえできなかった。制度上の不備を補うのは元老、藩閥などの創業者たちだったが、三代目の御世では、天皇の遵法精神が際立ってしまった。

本書にひとつだけ希望を述べれば、知恵袋として天皇を常時輔弼《ほひつ》した内大臣木戸幸一を主役級の一人に入れてもらいたかった。名著『太平洋戦争への道7　開戦外交史』（朝日新聞社）ですでに角田順が厳しく指摘したように、誰もが望んだ避戦の好機を優雅にやり過ごしたのが宮廷官僚の木戸であった。木戸が入ってこそオールスターキャストは完成する。

●牧野邦昭『経済学者たちの日米開戦――秋丸機関「幻の報告書」の謎を解く』新潮選書

「陸軍版満鉄調査部」という著者による表現は的を射ている。本書の登場人物たちが所属した通称「秋丸機関」とは、陸軍によるシンクタンクであり、正式名称「陸軍省戦争経済研究班」の名が示すように、日本の戦力を各国戦力と比較し、評価するチームだった。外部から呼ばれた学者たちには有沢広巳（戦後は日本学士院長）、中山伊知郎（戦後は一橋大学長）などがおり、陸軍主計中佐・秋丸次朗は東京帝大経済学部にも学び、満洲国の経済建設を進めた軍人だった。

有沢の戦後の証言では、「国策に反する」として、報告書はすべて焼却された、となっていた。時間の経過と共に「幻の報告書」は発見される。著者自身も英米経済抗戦力調査の一部を古書店で発見し、購入する。報告書はマクロ分析とミクロ分析により、各国の「弱点」を発見しようとするが、結論は「対英米開戦」が無謀である、と示唆される。

本書の議論は、それなのに無謀な戦争に突き進んだ、という方向には必ずしも進まない。秋丸たちは調査の概要や数字を当時の総合雑誌に発表していたという事実を明らかにする。公開情報でもあったのだ。著者はさらに、調査の結論は「南進論」を導き出すためのものだったのではないかと推理する。

「秋丸機関の報告書は当時の文脈でいえば、陸軍省軍務局の主張する「南進」を支持し「北進」を批判するための材料としての色彩を帯びたのである。（略）「対英開戦」の回避に役立ったとは残念ながら言えないが、日本がより悲惨な状態になったことは間違いない「対英米ソ開戦」の回避には役立ったのかもしれない」

ここからさらに著者は議論を進める。戦争論を抑えるために、事実や数字を捏造してでも、「三年後でもアメリカと勝負ができる国力と戦力を日本が保持できるプラン」を数字を出して明示し、時間稼ぎをしてもよかったのではないか、と。

「筆者は秋丸機関というのは、こうしたことが可能だったかもしれない組織だったと考えている。有沢広巳をはじめ多くの優秀な経済学者を動員し、また多くの統計を持っていたので必要であれば経済学を使った「ポジティブなプラン」をレトリックとして作り上げることができただろう」

メンバーだった武村忠雄が終戦終結のためのレトリック作りに貢献したことを踏まえての著者の議論である。しかし、昭和十六年当時にそんなことが可能だったとするのは、かなり無理があるのではないか。

それだけではない。「まず結論ありき」で数字を作る（捏造とまでは言えなくとも改竄する、イジる）ことによる弊害は、いまにも続いているのではないか。

●鈴木晟《あきら》『臨時軍事費特別会計――帝国日本を破滅させた魔性の制度』☆講談社

――「週刊ポスト」二〇一四・一・一／一〇合併号

国家の事業で一番のカネ喰い虫は戦争である。日露戦争の時に高橋是清が欧米を廻って必死にかき集めた戦費（外債）は八億円だった。日本はおカネが続かなくなり、賠償金ゼロでポーツマス条約をロシアと結んだ。

そのことを思い出せば、昭和十二年の支那事変勃発から敗戦までの八年間、よくぞカネが続いたものだと感嘆するが、そのカラクリを解明したのが本書である。

「臨時軍事費特別会計」という名の打出の小槌があった。日清、日露、第一次大戦の時にも便利に使われたこの制度が、昭和十二年九月に議会をあっさりと通る。条文はたったの二条。戦争終了までを一会計年度とする、というのが味噌である。ドンブリ勘定でどんどん金額は膨らみ、決算は先延ばしにされ、大蔵省主計局が査定しようにも軍事機密だからと詳しい内容は開示されない。国会も非常時ということで、実質審議なしで、五日ほどで通過してしまう。

使いに使った総額は一千七百億円。日銀の国債引受けで国債を発行し、捻出したカネがその八割以上を占める。戦時中のニュースや新聞を見ると「国債を買ひませう」の広告がやたらと目立つ。お国は金集めに血まなこだったのだ。

戦争は終わった。溜まりに溜まった国債や借入金は二千億円弱。昭和十九年に賀屋興宣《かやおきのり》蔵相が「国家が敗れましては、国債の元利償還などは問題にもならない」と答弁している。その通りになるのである。

外交史研究家で予備校講師の著者は本書の中でさまざまな興味深い数字を表にしている。それらは「加減乗除のみ」で出来るという。つまり、桁数こそ多いが、小学生でもできてしまう簡単な計算なのだ。「臨時」とか「特別」とかの隠れ蓑を使うやり口なら今でもありそうな現象である。

より広い視野から戦争とカネの問題を知るには、財務省出身で、現役の内閣府事務次官・松元崇の『持たざる国への道――あの戦争と大日本帝国の破綻』（中公文庫）という名著もある。

●服部聡『松岡洋右と日米開戦――大衆政治家の功と罪』吉川弘文館歴史文化ライブラリー

東京裁判の被告席で喋らせてみたかった随一のキャラクターは松岡洋右であろう。昭和十五〜十六年の外務大臣であり、喋り出したら止まらない雄弁家であった。惜しいことには開廷当初に登場しただけで、後は病篤く、雄弁の機会もなく死んでいる。本書はその松岡の外相時代を中心にして描かれている。

「松岡は、政治家として国際秩序の現状打破を志向したが、好戦的な軍国主義者や狂信的な反米主義者というわけではなかった」と著者がまず念を押しているのは、そう見られがちであるからだろう。昔のニュースフィルムに残る松岡はいかにも大仰で、「好戦的」「狂信的」に見えるからだ。

松岡はポピュリスト（大衆政治家）であり、強い出世欲もあったが、「現実主義者であり、むしろ日米戦争の回避を図っていたのである」と著者は見る。

「外相となった松岡は、思想や観念によって支配される無責任で空想的なアジテーターではなかった。十分な情報をもち、（松岡なりに）合理的な判断の下で冷徹に現状打破政策を追求したのである」

松岡には二つの難関があった。国内では陸海軍という軍部、国外では戦時国際政治である。「松岡が実現した政治主導の調停は、擬似シビリアンコントロールと表現することもできよう（大日本帝国憲法の下では、文民には軍に対する指揮命令権はない）。これは、外相としての松岡の大きな得点であり、もし松岡が調停を成功させなかったら、日米開戦は史実よりも早く発生していた可能性がある」と、著者は松岡に甘い。

その松岡に対抗するために、軍部は昭和十六年六月、「対英米戦争を賭するも辞せず」という強硬な文言を国策に挿入する。松岡外相の怒濤の反対論を封じ込めるための「方便」であった。松岡は軍部との論争の中で「致命的ミス」を犯す。「松岡は、胆力と巧みな弁舌で陸海軍を抑え込んでいたが、一人で巨大な官僚組織に立ち向かうには限界があった」。松岡の自信過剰、「後ろ盾」近衛首相との対立、そして天皇の「松岡だけをやめさせるわけには行かぬか」にまで至る。

本書は松岡外相登場までの日本外交についても、わかりやすく筆が費やされている。「その意に反して日米開戦の原因をつくってしまった」松岡は、悲劇でも喜劇でもない、悲喜劇のキャラクターなのだろう。

●川田稔『木戸幸一――内大臣の太平洋戦争』文春新書

戦前の官職の中で最もわかりづらいのが「内大臣」だろう。「大臣」とあるが内閣の一員ではない。内閣の「内務大臣（内相）」と混同しかねない。天皇陛下を、宮中にあって「常時輔弼《ほひつ》」するというのが内大臣（「内府」ともいわれる）だが、「宮内大臣」とも紛らわしい。本書『木戸幸一――内大臣の太平洋戦争』の著者・川田稔はこう説明する。

「昭和天皇に対しては、木戸は内大臣として、公的には表面に現れない、文字どおり影の存在だった。だが、政治全般について常時天皇を補佐するという任務をとおして、様々な助言をおこなっている。そのことは、国家の全統治行為を「親裁」する天皇を通じて、国政全般に軽視しえない影響を与えた。（略）この昭和天皇への常時輔弼という権限をもとに、木戸は、内大臣就任以来、太平洋戦争開戦過程から敗戦に至るまでの歴史に、軽視しえない足跡を残した」

短い引用部分の中に「軽視しえない」が二度出てくる。この表現には、川田の中の内大臣への「遠慮」も感じられる。「国政全般に重大な影響」「重大な足跡」と言ってもいいはずなのに。『昭和天皇独白録』を読むと、天皇の人物評価などに、木戸の評価や好悪と重なる部分がたくさんあり、この「天皇の影法師」の「軽視しえない」影響は明らかである。時には、主客が逆転して、天皇が「木戸の影法師」ではと見えてしまうことさえある。

木戸はその日記が東京裁判に提出され、その後も「木戸日記」は根本史料として活用されてきた。しかし、この日記がクセ者で、扱いが難しい。川田はたとえば、こんな風に書いている。

「木戸自身の意見や考え、感想などは記されていない」、「嶋田海相の姿勢転換についても、どのように木戸が考えたのか興味深いところだが、何らふれられていない。その後の回想などでも、連絡会議の経過や海軍の態度変化については、ほとんど言及していない」

東條内閣の海相となった嶋田繁太郎が「開戦容認」に転換するという重大な場面でさえ、木戸の日記や証言からは真実は霧の中なのだ。伝記や評伝が書きにくいという意味では、トップレヴェルの大物である。陸軍研究の第一人者である川田稔は、陸軍を「善導」するといいながら、陸軍に同調し、その「伴走者」となっていった内大臣像を慎重に描いている。これからの木戸評価の基礎に置かれる本である。

「天皇の聖断による戦争終結の方法を発案」し、終結に導いた「歴史的役割」だけでなく、日中戦争拡大に同調し、東條を首相に奏薦し、東條内閣を長く支援したという負の側面もあった。

「木戸の歴史的評価は、その両面からなされなければならないのではないだろうか」

「木戸の選択が、戦前昭和期の人々の、それぞれの生涯に与えた影響は、日本歴史に与えた影響とともに、決して軽いものではなかったといえよう」

——「週刊ポスト」二〇一七・四・二一

●岩井秀一郎『多田駿伝——「日中和平」を模索し続けた陸軍大将の無念』小学館

瞠目すべき書物の出現である。近年の昭和史物の収穫といえる傑作である。「多田駿」という名を聞いても、多くの人にはピンとこないだろう。動乱の昭和史にあって、最も重要な役割を果たそうとして、阻まれた無念の軍人である。ほとんど史料が残されていないと見られた多田の事蹟を発掘し、遺族の証言を引き出した。のみならず、徹底的な探索で、その高潔な生涯と思想を丹念に描いている。著者の岩井秀一郎がまだ三十歳の若者であり、会社勤めのかたわらの調査、執筆と知ると、瞠目は何重にもなった。

陸軍統帥部の事実上のトップとして、多田は支那事変の拡大を防ぎ、日中和平にもっていこうとした。昭和十三年（一九三八）一月のことである。政府は多田の強固な意見を無視して、「国民政府を対手とせず」声明を出し、中国大陸での泥沼の戦線にハマっていった。翌年八月に多田は陸軍大臣に決まりかけるが、昭和天皇の忌避により、その人事も立ち消えになった。昭和日本の滅亡を救い得たかもしれない二度の機会、その幻の主人公が多田駿である。

「支那通」軍人として大陸勤務が長かった多田は、中国人をよく知り、かの地での日本人の傲慢にも注意を怠らなかった。満洲事変を企図した石原莞爾は盟友であり、張作霖爆殺の河本《こうもと》大作は義兄であった。誤解を招きやすい人間関係はマイナスに働いたろう。支那事変不拡大を主張した時には、「弟宮」秩父宮が部下として支えていた。これも結果的にはマイナスだったかもしれない。

昭和十三年一月の大本営政府連絡会議で、内閣総辞職をチラつかせた米内光政海軍大臣に対し、多田は「明治大帝は朕に辞職なしと宣えり」と涙ながらに訴えた。その時の多田の真意を、著者は多田の孫から聞き出している。本書で是非読んでもらいたいところだ。

巷間言われてきた「男装の麗人」川島芳子との関係についても、珍しい写真を提示して新事実を発掘している。歴史を知る醍醐味をたっぷり味わえる本だった。

●西浦進『昭和陸軍秘録——軍務局軍事課長の幻の証言』＊ 日本経済新聞出版社

「オーラルヒストリー」という言葉がまだなかった時代の聞書きの一冊である。西浦進は陸軍大佐で終戦を迎え、戦後は防衛庁の初代戦史室長となった。明治三十四年（一九〇一）生まれだから、昭和天皇と同年にあたる。陸軍士官学校では秩父宮、二・二六事件で刑死する西田税《みつぎ》、詩人となった三好達治らが同期だった。

西浦には『昭和戦争史の証言　日本陸軍終焉の真実』（日経ビジネス人文庫）という著書もあるが、書く時には筆に抑制が利いてしまう。喋りだと、座談の味が出て、脱線気味となり、陸軍官僚の内実がかえってよくわかるのだ。

西浦は陸軍省軍務局という中心に長く務めた政治官僚で、多くの陸軍軍人に仕え、予算班でお金も扱ったので、秘話は多い。

「自分でほんとうの一銭一厘までの出し入れをやりましたのは、予算班でやったのが機密費と演習費です」。満洲事変当時の機密費は全部で十四万円だったが、後には膨大な臨時軍事費で億を超す。東条英機陸相は下には任せず、「機密費は絶対に離さなかった」。

西浦は東条が首相兼陸相となった時に、陸相秘書官に任命される。

「陸相、首相兼任は、これは武藤さん［武藤章軍務局長］の考えでもなんでもなくて、むしろ宮中からの考えではないのですか。最初は私なんかも、総理大臣が陸軍大臣を兼ねているなんてけしからん、という考えだったのですが、（略）陸軍大臣を辞めてしまった陸軍大将の総理大臣に、陸軍というものは決してつきませんからね」

「東条さんは総理大臣兼陸軍大臣で張り切っているのですよ。朝、誰も出勤しない時に陸軍省に出勤しているのです、朝七時か七時半頃にですね」

「大臣の議会での演説の草稿とかあんなものを持って来てくると、一応やっぱり秘書官が全部見て要すれば、むずかしい字——東条さんというのは誤読を平気でやるのですよ——漢字のそういうのにはカナをつけたりして、（笑い）いろいろそういう裏の努力をします」

西浦が仕えた十数人の陸相のうちで、一番聡明だったのは畑俊六だったという。人物月旦《げつたん》はかなりあけすけに話される。

聴き取りは「木戸日記研究会」という東大の教授陣が中心で行なわれた。続いて、岩畔豪雄《いわくろひでお》『昭和陸軍謀略秘史』（日本経済新聞出版社）が出たが、まだまだ出して欲しい。稲田正純、片倉衷《ただし》、鈴木貞一といった口の悪い傍若無人な連中の聞書きも残っているのだから。

——「新潮45」二〇一五・一一

●アントニー・ベスト［著］武田知己［訳］『大英帝国の親日派——なぜ開戦は避けられなかったか』*

中公叢書

歴史の見え方とは、外交交渉相手の側から見ると、こんなにも変わってしまうのか。中国や韓国といった、現に「歴史戦」を仕掛けてきている国家の見方が日本と対立するのはなんら不思議ではない。本書は日英同盟という、曲がりなりにも二十年の実績を積み上げてきた大英帝国が、同盟解消後の帝国日本をいかに厳しく評価していたかを、如実に描いて暗然とさせられる。

日英関係史が専門のアントニー・ベストの『大英帝国の親日派』は、人物列伝風な外交論、政治論である。一次史料に基づきながらも、エピソード豊富で読みやすく、堅苦しくない。人物の輪郭がくっきりと見え、人物月旦としては申し分ない。俎上に載せられるのは日英両国の十五人の首相、外相、大使などである。

その中で日本人は二人だけだ。吉田茂と重光葵。一九三〇年代の危機に際し、駐英大使となって意欲満々で赴任した大物外交官である。人選は妥当だ。訳者の武田知己が指摘するように、日英の妥協を積極的に模索した、穏健な「日英協調論者」であり、日本外交史の立場からは評価の高い二人である。その二人に対してさえ、という嘆息が思わず洩れてしまう。

著者はまず「太平洋戦争が本質的には日英戦争であった」こと、日英の重要な争点は、東南アジアの支配権と天然資源であったことの確認から始める。かつての同盟国が「いったい何を間違えたのか」。著者が挙げるのは中国に対する両国の評価の相違である。イギリスは中国が近代国家として成長し、有望な市場となることを望んでいたが、日本は「政治的・経済的に支配することができるような弱い中国を欲していた」。一時代前の中国観にとらわれ、一周遅れの帝国主義国家としてふるまったというのだ。日本はイギリスに親中国政策の放棄を迫り、イギリスは譲歩の末に、「日本と一戦交えることを厭わぬ」決心をしていく。

その間にあって、「日英同盟の信奉者」で、日英再同盟を模索した吉田茂と、東アジアにおける「日本の経済的政治的覇権」を認めさせようとした重光葵は、イギリス外務省からどう見られていたか。吉田は本国からの指示によらず、また外務省以外の有力者への働きかけを行なっていた。その「通常の外交儀礼に反する行為」をイギリス外務省は不快感をもってウオッチしていた。重光の場合は、外交公電が傍受され、重光が真の親英派ではないことを把握されていた。

イギリスの政局を見誤っていた、というのが著者のもう一つの見解である。重光は親米派と親ソ派が日英友好を妨げていると判断し、親日派に接近していく。そこで「イギリスの親日的傾向を過大評価しすぎ」、日本に対する道義的批判やイギリスの利害関係を見落とすことになったというのである。日本大使館があまりにも親日的な保守的グループの情報に依存し過ぎたゆえの観測の間違いであった。重光はハリファックス外相を「純正保守党系」と判断するが、実は、「日本が中国で市民に無差別爆撃を行ったことに唖然とし、対日強硬路線を主張し続けた人物」なのであった。満洲事変以後の日本の国策と軍隊の行動が、外交の選択肢を狭めていったのだから、その流れの中で光明を見出すのは確かに難しかったであろう。それにしても、ボタンの掛け違えがあり過ぎた。

吉田茂と重光葵にかかずらわり過ぎてしまった。本書の魅力はそれ以外のところにも多い。戦後、日本政府から勲一等瑞宝章を授けられたピゴット陸軍少将も本書の登場人物の一人だ。子供時代を日本で過ごし、大正天皇に英陸軍名誉元帥の称号を贈ることを提案し、駐在武官となって「心から日英両国の友好関係を信じ」たのがピゴットである。ピゴットはその回想録『断たれたきずな』が日本で読まれ、ロンドンのジャパン・ソサイエティの議長にまでなった一貫した親日派であった。

イギリスの外交官としてアーネスト・サトウ以来の知日派で、『日本史』『西欧世界と日本』などの著書があるジョージ・サンソムは、ピゴットと同じ時期に東京勤務をしていた。そのサンソムは、「ピゴットこそが『国家の危険』そのものだ」と断罪しているという（本書にサンソムの一章がないのは残念だ。サンソムの厳しい日本評価がイギリスの為政者に影響するところ大だったと書いてあるからだ）。ピゴットは太平洋戦争勃発時には、国土防衛法違反で逮捕することも検討された。「親日派」そのものが、イギリス本国では邪魔な存在と見なされてしまっていたのだ。

大英帝国である以上、チャーチルの一章は欠かせない。本書ではわざわざ日本人向けに書き下ろされている。チャーチルは『第二次世界大戦回顧録』で、日本に関する知識はほとんどなかったと書いている。ひたすら戦略的視点からのみ日本を見、一切のセンチメンタルな感情を持たなかった。植民地大臣だった時には、日英同盟継続は「渇きを癒すのに塩水を飲むようなもの」と反対した。「アメリカの強い反発」を恐れたためだ。ところが『回顧録』では、自らが同盟終焉に果たした役割には触れず、ワシントン会議で同盟が終わったことを嘆いてみせた。「世界平和に決定的な価値を有することなる多くの絆を断ちきることになった」と。このくらい厚顔でないと、国際政治場裡には立てないのだろう。

チャーチルは日本を「弱い国」と見ていた。ボールドウィン首相への手紙で、日本との戦争は、我々が生きているうちにはほとんどない、と断言していた。

●渡辺惣樹『アメリカの対日政策を読み解く』草思社

――「新潮45」二〇一六・六

いわゆる「東京裁判史観」に対する、静かで、強力な異議申立てとして、「草思社史観」というものがあるのではないか。渡辺惣樹の新刊『アメリカの対日政策を読み解く』を読みながら、あらためてそう思った。

草思社のオモテの顔としては、『間違いだらけのクルマ選び』『大国の興亡』『声に出して読みたい日本語』『銃・病原菌・鉄』などのベストセラーがある。その一方で、ウラの顔ともいうべき著作群が存在する。「太平洋戦争」への根本的な見直しを敢行する著者の本を徹底的に出し続けるのだ。英サセックス大学教授のクリストファー・ソーンと、市井の現代中国ウォッチャー鳥居民。故人となってしまった二人に続く「第三の男」が、昭和二十九年生まれの渡辺惣樹のようだ。

カナダ在住のビジネスマンで、「日曜歴史家」である渡辺の著書と訳書は、この七年間、すべて草思社から出ている。本書で十三冊目である。私はその半分も読んでいないが、本の内容の充実度からすると、超人的なハイスピードである。分厚い本が多い。資料を精査した後に、その成果を歴史物語へと描き上げてゆく。翻訳の場合、原書は七十年前、百数十年前のものもあり、渡辺独特の史眼によってセレクトされている。だから翻訳でありながら、「著作」でもある。守備範囲はペリー来航から

ＴＰＰまでと長く、その間の日米関係を、おもにアメリカ側の資料と視点で跡づけている。そうした渡辺の全貌を一冊で見渡せるのが、『アメリカの対日政策を読み解く』である。

Ｃ・ソーンの『満州事変とは何だったのか』以下の一連の研究を、政治外交史家の池田清は「太平洋戦争相互責任説」と要約している。鳥居民の未完に終わった超大作『昭和二十年』(既刊十三巻)を谷沢永一は「壮大な昭和史」と評した。谷沢とは立場が違う井上ひさしと丸谷才一をも驚嘆させたのは歴史の細部への目配りであった。鳥居民の史書には、資料の博捜に満足することなく、通説を疑い、資料の欠けた「空白」を凝視する眼力と執念にこそ本領があった。

「第三の男」渡辺惣樹のキーワードは「日米衝突」である。渡辺は、日本人の「近代史」「昭和史」を太平洋の反対側から見ていく。いつ、どこに「日米衝突」の根源や萌芽があったか。誰が重要な役割を演じたか。日本とアメリカという二つの国家の力関係からすれば当然なのだが、「日米衝突」の主役はアメリカであり、相手役として日本が、準主役として中国が、脇役としてフィリピンやイギリスが配される。

本書に収録されたインタビューの中で、渡辺は「私はあまり日本の歴史家の日米開戦時代を扱った本を読んでいません」と話している。「書くことについて別に遠慮する人はまったくないし、好きなことを書いていい立場」にあるとも言っている。いわば、戦後的反省からフリーハンドな位置と境地から、英語の一次資料を読み込んでいる。その結果に現われてくる歴史の姿を、渡辺は「あとがき」で、自身こう表現している。

「本書に纏めた論考は、いわゆる「歴史修正主義」と一般には揶揄されている考えに基づいている。(略)単純に言えば、ルーズベルトやチャーチルの進めた外交を懐疑的に見る史観である。戦前のドイツや日本が格別「良い国」であったとする主張でもない」

否定的評価である「歴史修正主義」を自ら名乗っている。というのは、現在のアメリカや日本で流通する史観を「正統」「正当」とは見做さず、彼らを「釈明史観主義者（アポロジスト）」に過ぎないと見ているからだ。渡辺が現在翻訳中の大著『裏切られた自由』はルーズベルトの前任者フーヴァー元大統領の著書なのだが、そこには双方の主義者の一覧表があるのだという。

「歴史修正主義はけっしてマイノリティーの見方ではない。ただ、ルーズベルトの後に続いた政権（民主党、共和党を問わず）やその意を受けたメディアがそうした史観の発表を妨害し、その著者を侮蔑した結果、マイノリティーと誤解されているだけである」

日米の破滅的な衝突への道は日露戦争直後から始まった、日米戦争の本質は「人種戦争」だった、ルーズベルトは内政にも外交にも見識のない史上最低の大統領だった等、著者の辿り着いた近代史は、「日本の戦後の歴史教育の教えとは全く違っている」。しかし、それは「合理的に歴史を理解したい」と思って、「多くの資料を読み込んだ結果」であって、重要な史実をスルーしている「釈明主義史観」はやがて劣勢に追い込まれるだろうと予言している。

日本という国がいまなお、アメリカの主流の歴史観に拘束されているのは周知の通りである。渡辺は「アメリカ人と仲良くするには喧嘩するのが一番よいのです」とも述べている。河野談話の継承を迫られる慰安婦問題であれば、証言した女性たちに「反対尋問」が行なわれなかったことをはっきり訴えるべきだという。北米社会には陪審制度が根づいているから、その点を衝けば、「反対尋問のない証言を証拠採用するのはおかしい」と誰でも納得できるのだという。

アメリカ人のロジックに沿って、きちんと反論し、議論していくことが、自縄自縛に陥っている「世界の警察国家」アメリカを、その国是や史観から解放する手助けになる。ビジネスの現場で生きてきた人らしいアメリカへの信頼である。日米開戦直前、八十三％のアメリカ国民が戦争反対だった事実を生かせなかった日本外交への渡辺の批判と、それは表裏一体である。

――「新潮45」二〇一七・一二

●オットー・D・トリシャス［著］鈴木廣之・洲之内啓子［訳］『トーキョー・レコード――軍国日本特派員日記（上・下）』* 中公文庫

平成の世を生きる日本人が、日米戦争直前の昭和十六年（一九四一）の日本に突然放り込まれたら、軍国日本はこんな風に映るのではないだろうか。別にタイムマシンを必要としない。文庫本上下二冊で足りるのだ。

本書『トーキョー・レコード』の著者トリシャスは、昭和十六年二月に東京に派遣された「ニューヨーク・タイムズ」特派員である。ドイツの専門家で、日本のことはよく知らない。日本語はまったくできない。日本の盟邦ドイツに長らく滞在したベテラン記者で、ナチス報道でピューリッツァー賞を受賞している。

トリシャスはアメリカ出発を前に、不測の事態に備えて、遺言書を作成した。服装は「天皇への拝謁と刑務所」という両方のケースに応じられる準備をする。東京は「かつてのような快適な場所」ではなくなっているらしい。特に新聞記者にとっては。

ガラ空きの客船は横浜港に到着する。横浜は中心部と山手地区を除けば、「掘っ建て小屋」と「煙を吐き出す煙突のある大工場」の町だった。東京は灯火管制下の暗い都市であり、あらゆる物資は不足している。「むかつくような腐りかけの魚の臭い」が充満している。道行く人々は「不安と覚悟の入り交じった」緊張感と警戒感をかもしている。「掘っ建て小屋」の住民たちは、炭の火鉢の周りに集まって暖をとるしかない。手足は温まるが、「背中は冷えたままだ」。

荷風の『断腸亭日乗』はこの非常時の市井を観察した名著だが、批評精神が研ぎ澄まされ過ぎているから、読む者を無意識のうちに、特権的な視点にいざなってしまう。歴史を俯瞰できるエリートの視点だ。荷風は例外者であり、人々は荷風のように「市隠」として観察者に徹することはできない。時代に影響され、流されていくしかなかった。知りうる情報も総力戦下で、極端に制限されていた。

日本に降り立ったトリシャスが感じる日本の習俗や思想の奇異、奇妙、さらには不自由、理不尽。トリシャスという異邦人の目が捉える日本への違和感は、いまの我々の感覚に近い。例えば「八紘一宇《はっこういちう》」という観念。この東洋の家族的同胞主義で、なぜ日本は「長兄」の座を占めるのか。これは世界征服の計略ではないのか。「万世一系」や「臣民の道」がなぜ日本人に真実と受けとめられているのか。違和感を解明するため、トリシャスは「古事記」「日本書紀」の神話の世界にまでさかのぼって勉強する。俄か勉強がそんなに簡単に身を結ぶはずもないが、その知的ヴァイタリティには恐れ入る。

記者本来の業務である現実の帝国日本の観察には優秀なチューターがついている。これは我々とは大きく異なるアドヴァンテージだ。前任者ヒュー・バイアス（『敵国日本』の著者）やアメリカ大使館のドゥーマン参事官といった日本通が助けてくれる。日米交渉が大詰めを迎える時期に、もっとも求められている仕事である。運命を決する日米関係が相手国側の目によってどう記録されているかは、本書の別の読みどころでもある。

昭和十六年の日本の主役の一人である松岡洋右外務大臣には日本到着早々に取材できた。「活発で、自信過剰、しかも饒舌」なのはよく知られる松岡そのものだが、日本人スタッフを遠ざけてからの松岡は豹変する。「驚くべき和平案の概要を披露」するのだ。ルーズベルト大統領が重慶政権の蔣介石に忠告して、自分と直接和平の話し合いをするよう提案してくれ、というのだ。平和が回復すれば日本人は中国から撤退する。「この戦争を止めるためには何かしなくてはならない」と明言する松岡は分である。

また、日米が手を組めれば、「世界を支配することだってできるのに」ともつぶやく。

これらがどこまで本音で、どこからが演技であり、どの部分がプロパガンダなのか。オフレコ発言であっても、どこまで記事にできるのか。記事にできなくとも、アメリカの政府に裏ルートで届くことを松岡は望んでいるのか。ジャーナリズムをも巻き込んだ「外交戦」の複雑怪奇が伝わってくる部分である。

特派員といっても松岡に会うといった機会はむしろ例外で、日常業務は日本の新聞の熟読という地味な作業である。政府の言論統制が進んで画一化された紙面から、各紙の特徴を勘案し、どこに政府や軍部の本音が潜んでいるかを探る仕事である。「戦いの太鼓を打ち鳴らす」す東京日日新聞（現在の毎日新聞）、「保守的で懐柔的な方針」の朝日新聞といった構図、評論家では「しばしば陸軍の代弁をする」武藤貞一、「松岡の政策全般の支持者」徳富蘇峰といった言論地図も描かれる。その蘇峰が「松岡と近衛が最早互いに目も合わせないことを暴露」する。松岡切り捨てはその記事の一ヶ月後だった。

外国特派員に対する活動制限は日本人記者の比ではなかった。常に監視がつきまとい、いつスパイとして挙げられるかわからない。記事の検閲はどんどん拡大される。電話で送る特電はまず検閲官に読み上げねばならず、そこで文面の変更や差し止めが行なわれた。トリシャスは開き直る。「検閲があるのなら、ナチスが特派員に課した自己検閲に比べれば、大っぴらで公的な検閲の方が私にははるかにましだ」。ドイツでは記者の自己責任となり、相手の機嫌を損ねない記事を書かねばならなかったからだ。――かくて十二月八日を迎える。部屋に飛び込んできたのは四人の私服警官だった。

刊行以来七十五年後に本邦初訳された日記から学べることは多い。文庫本なので定価もかなり抑えられていて助かる。

●平間源之助［著］平間洋一［編］『軍艦「鳥海」航海記――平間兵曹長の日記　昭和16～17年』イカロス出版

――「週刊ポスト」二〇一九・二・八

戦時下の日記は今までにたくさん出版されてきたが、この『軍艦「鳥海」航海記』は、後世の読者をも念頭に入れた、周到な編集がなされていて、ありがたい。

日記の主・平間源之助はノンキャリの海軍軍人である。水兵さん上がりの准士官で、海軍奉職十五年、横須賀の留守宅には愛する妻と二人の息子がいる。日米開戦直前の昭和十六年（一九四一）十一月十七日から丸一年間、博文館当用日記に几帳面に書き込んだ日々の艦上生活は、戦争と日常が同じ比重で一人の日本男児の中で同居していたことを我々に伝えてくれる。

海軍はあくまで就職先にしか過ぎない。しかし仕事を愛し、戦闘が近づけば死を覚悟し、家族に後ろ髪を引かれ、といった思いを率直に記していて、庶民のナマな声を聞く思いがする。建前抜きの自由な感想だからだ。

開戦前の航海上では、「月明の夜の当直、また何とも言われん無常をそそる」「ああ、思えば生物全部闘争の世界である。涙も出ない」。敵機の来襲を受け、さいわい被害がなかった時には、「今次戦争にて初めての爆撃を受く。あまり好感を持てるものじゃなし」。海軍中央で命令を発している連中らに対しては、「敵の飛行機はもちろん、敵を見たことなく、妻や子供とイチャイチャしてる幸運児もあり不公平だ」と、恨みの一言を堂々と書きつける。

同時期の海軍軍人の日記では、聯合艦隊参謀長という要職にあった宇垣纒中将の『戦藻録《せんそうろく》』が名高いが、軍服姿から溢れ出る「人間味」では、本書も引けを取らない。こちらは艦隊司令部が重巡「鳥海」に移ってくると、自分たちは寝室の移動を余儀なくされるので、ボヤく立場であるが。

日記の編者・平間洋一は著者の長男である。防大出身で、海上自衛隊の海将補も務めた軍事史の権威で、父よりずっと偉い「軍人」だ。日記の中では病弱で父の心配の種だった長男が、父の日記を翻刻し、本にする過程で、父の生前には碌々叶わなかった父子の対話を実現している。それも貴重だ。

●佐藤優『私が最も尊敬する外交官――ナチス・ドイツの崩壊を目撃した吉野文六*』講談社

――「新潮45」二〇一四・一一

外務省という組織にとっては裏切り者といっていいエリート外交官ＯＢが、この本の主人公である。吉野文六元アメリカ局長、勲一等瑞宝章受章者。国家に貢献大と認められた吉野は、〇六年、沖縄返還当時の密約の存在をついに認めて「国家の嘘」を証言し、元毎日新聞記者の西山太吉の名誉回復に一役買った。

吉野の家に通って、本書の話の引き出し役となったのが佐藤優。かつて「起訴休職外務事務官」なる肩書きを愛用し、外務省の裏とオモテに通暁する、強面のノンキャリ・佐藤優が、よりによって『私が最も尊敬する外交官』と題して、吉野の若き日にスポットを当てた。二人が共有したものは、「国民に嘘をつく国家は滅びる」という危機意識だった。吉野が直面した「国家の崩壊」は、外交官としての初任地だったナチス・ドイツである。

佐藤は入省前の吉野の経歴に、まずたっぷりページを割く。一高を目ざさず地元の旧制松本高校へ。松高時代の経験論やプラグマティズムへの傾倒、世界の動向欄を担当した東京帝大新聞記者の経験（文学者や評論家を輩出した大学新聞だ）、日米学生会議への出席、法学部緑会の懸賞論文で二席となる（三年前に丸山眞男も二席だった）等々。ガリ勉秀才ではない、余裕の教養主義青年像を紡ぎだす。外務官僚の回想録といえば、ほとんど「自慢話の羅列」で「読むだけ時間の無駄」なのだが、この本は違いますよ、と佐藤優の軽いジャブが入る。

昭和十六年、開戦の年の初頭に吉野は外務省に入省する。若き外交官の卵が接した、歴史上の外交当事者の横顔が印象深い。松岡洋右、野村吉三郎、奥村勝蔵。松岡外相は「外交官というのは辛い商売だ」「仕事のためにはなんでもしなきゃいかん」と気さくに話しかける、魅力的な人物だった。世評とは大違いで、吉野は今でも親しみを覚える。野村駐米大使は開戦半年前に、戦争の予感をポロリと洩らす。ワシントンの大使館で対米宣戦通告を一人タイプした奥村は、新車のスポーツカーを運転し、アメリカ式の生活様式をエンジョイする青年外交官だった。

吉野がワシントンに寄ったのは、ソ連の通貨査証が取れず、アメリカ経由でベルリンを目ざしたためだ。大陸横断列車のとある駅で吉野は不思議な体験をする。共産党員を名乗る男が近づいてきて「アメリカは原子爆弾を開発している」と耳打ちする。佐藤はこのエピソードに飛びつく。その男はＦＢＩ関係者ではないか。日本の外交官を監視、観察するインテリジェンス工作の一端だろうと。

佐藤は国際情報戦の最前線にことさら敏感である。それは本書のあちこちに顔を出し、読みどころとなる。インテリジェンスの目を導入することで、歳月のかなたの歴史が、なまぐさく動き出す。戦後はインテリジェンス軽視となった外務省だが、吉野から聞いた須磨彌吉郎スペイン公使の資金豊富なスパイ網づくりに佐藤は反応する。戦前の外務省のスパイ能力は英米に劣らなかった。須磨情報については、佐藤は既に左遷先の外交史料館で、暇にまかせて外交電報を読み漁っていたのだ。

吉野は昭和十六年五月末にベルリンに到着した。ヒトラー崇拝者の大島浩大使は、会話力の不足を豪快な酒で補う才能の持ち主だった。「外交の選択肢に戦争も含めて考えるべきである」というのが持論だった。「松岡がこないだ来た」と上司の大臣を呼び捨てにして非難した。大島はヒトラー周辺から正確な情報を得ていて、独ソ戦開始を予言する。

吉野が大島のもとで働くのはまだ三年先である。ドイツ各地の大学で大学生生活を送り、民情を知り、語学を鍛える。「吉野たち外務省研修生は同世代の日本人青年たちと比較して、遥かに恵まれた環境をあたえられ」て、エリートとしての自覚を持っていった。

本書の圧巻は、やはりベルリン大使館勤務になってから、それもベルリン陥落の日々である。修羅場では、その人間性が現われる。大島大使たちはドイツ政府の意向で、大使館を移転させる。吉野ら残留組へ出された指示には、ベルリンの邦人保護という大使館業務の最重要事項が欠けていた。それどころか「倉庫の酒と肴を避難先まで持ってこい」。命がけの、バカバカしい任務。若い吉野は二回もその任務についた。ねぎらいの言葉さえなかった。この程度の人物が「強引に日独の軍事同盟を推し進め、日本を戦争へと引きずり込む上で大きな役割を果たしていたという事実を歴史にきちんと刻み込んでおく必要がある」。

吉野は帰国途中、ハルビンで宮川船夫《ふなお》総領事に出会う。もうすぐソ連軍が来ると告げた宮川は、その一年前からソ連参戦を重光葵外相、東郷茂徳外相に伝達していた。ソ連の和平仲介に望みを託した政府と外務省は、宮川の意見に耳を傾けることはなかった。

宮川は佐藤にとって、もう一人の「私が最も尊敬する外交官」であろう。ロシア・スクールのトップの逸材であり、しかも、ノンキャリ。佐藤にとって最も共感するところの多い存在である。宮川の能力は国益のために活かされることはなかった。宮川はソ連に不当逮捕され、インテリジェンスに従事した外交官として、ソ連当局は「事実上、宮川を処刑した」。佐藤はモスクワにある宮川の墓に、毎年通っていたという。

佐藤は自らを「外務省の文化も熟知しているつもり」と書いている。その佐藤による「尊敬する外交官」という理想像を通しての外務省論でもある。外務省界隈の方々が読んだなら、隠されているメッセージに気づき、震えあがる内容なのかもしれない。

●井上寿一『戦争調査会――幻の政府文書を読み解く』講談社現代新書

「大東亜戦争調査会」(後に「戦争調査会」に改名)――このプロジェクトの中絶は、いくら惜しんでも足りないだろう。

昭和二十年(一九四五)十一月、時の幣原喜重郎《しではらきじゅうろう》内閣は、「大東亜戦争調査会官制」を閣議決定し、「敗戦の原因及実相」の調査に乗り出す。幣原は貴族院では、「戦争を主張し企図して、遂に開戦に至らしめた人々に対しまして、国民が公憤を感ずるのは尤《もっと》ものこと」と答弁している。

調査会の総裁ポストは勅命により、幣原自身が就いた。牧野伸顕と若槻禮次郎に就任を断られ、やむを得ずの措置であった。若槻の謝絶の理由は、首相として満洲事変の不拡大に失敗した責任を感じていたから、だった。誰もが多かれ少なかれ、スネの傷がまだ疼いている時期であった。

調査会は昭和二十一年三月から半年の間に四十一回と精力的に行なわれた。それを問題視したのは日本占領を管理する「対日理事会」だった。委員の中に旧軍人がいる、戦争を正当化する危険がある。遂には日本政府「自らの発意」ということで、解散へと追い込まれた。東久邇宮内閣時代に、「戦争犯罪人を我国に於て裁判することに付、お上[天皇]の御許しを得」てまでいたのだが、占領下の力学は容赦なかった。

本書は公刊された戦争調査会の資料を読み抜いたものだ。日本による「戦争の自立的な検証」のまたとない機会は、活発な発言があったようである。著者が紹介する斎藤隆夫、馬場恒吾、阿部真之助など戦中も大胆な言論を表明した政治家やジャーナリストもいた。幣原は、「悪いのは戦前の帝国憲法そのものではなく、帝国憲法の下での政治の運用」であり、「戦後の日本は帝国憲法の下で「デモクラシー」と協調外交を展開した立憲君主国に戻れば」よいという考えであった。

珍しいところでは、『明治天皇紀』の編修官だった歴史家・渡辺幾治郎の発言を知ることができる。渡辺は国粋主義、国家主義がどうして勃興したかを文書で調べよと述べ、日米開戦回避可能性は二度あったとも述べた。米内光政海相―山本五十六海軍次官のコンビがもっと続いていれば――。昭和十六年（一九四一）十月に東條内閣でなく、東久邇宮内閣が成立していれば――。こうした議論を知ると、東京裁判の枠組みに捉われずに、地に足の着いた議論がこの場では可能だったのかもしれない。

戦争調査会の事務方トップだった青木得三（元大蔵官僚）には『太平洋戦争前史』という大著があり、昭和二十七年（一九五二）に全六巻が完結した（私は図書館で目にしたことはあるが、読んだことはない）。この大著は意外にも、依拠したのは東京裁判関連の史料だった。「戦争調査会の資料を活用していない」ことを、『戦争調査会』の著者・井上寿一は惜しんでいる。同感である。

第三章　戦前日本社会へタイムスリップ

◆定本コーナー

「私の家のようにつましいしもたやでは、客もないのにてんやものをとることはなかったから、子供たちはなかなか好きなおすしを口に出来なかった」

名脇役にして名エッセイストだった沢村貞子の子供時代の回想で、時代は大正、場所は浅草である。お寿司というと、今なら回転寿司と高級店とに両極化しているが、沢村が書いているのは町のあちこちにあった「江戸前寿司」のことで、「一人前の小さい塗り桶にいろどりよく並べられたまぐろやエビ、タマゴやきなど」で出前されても来客用なので、子供たちはよだれを流すだけだった。「つましい」も「しもたや」も「てんやもの」も既に死語か。暮らし向きは地味で質素な勤め人や職人の家庭では、飲食店から出前をとるのも珍しかった。「出前」といっても、ウーバーイーツや出前館ではない。敷居は少し高かった。

週刊朝日［編］『値段の明治大正昭和風俗史（上下）』*（朝日文庫）は先頃、百一年の歴史に幕を閉じた「週刊朝日」の名物企画だった。沢村貞子のエッセイはその中の一篇で、全体は二百十八の物の値段を明治大正昭和と丁寧に調べあげて表にし、作家や著名人のエッセイと組み合わせている。「江戸前寿司」だと大正十年（一九二一）が十五銭、昭和十年（一九三五）が二十五銭、戦争中の昭和十八年（一九四三）から二十年（一九四五）は統制のために営業停止。戦後は二十七年（一九五二）が八十円、四十六年（一九七一）が三百円、五十六年（一九八一）が八百円となる。各種食べ物飲み物や生活必需品、運賃や料金、初任給や銀座の地価、ガソリン代にガス水道料金、パーマネント、はては芸者の玉代《ぎょくだい》、おみくじ、霊園の永代使用料、スキン代まである。近代日本の生活大百科となっていて、近々四十年分の値段も調べて、増補版を出版してもらいたいと思ってしまう。

かつての日本人の喜怒哀楽に、生きた数字を手がかりとして近づくのが『値段の明治大正昭和風俗史』だとすると、その時代背景の流れをきちんと知るには、**有沢広巳［監修］『昭和経済史（上）』***（日経文庫）がいい。「歴史的事実を流れとして捉え、物語風に記述する」という方針のもとに、安藤良雄、中村隆英、原朗らの経済学者が執筆している。

体験は人それぞれ、時代の見え方もその人のいた環境や境遇によって異なる。したがって、なるべく多くの多様な人々の「昭和史」を知るのが、タイムスリップの要領ではないだろうか。その場合、記憶力のいい人、日記などを書いていた人というのは頼りになる。第一章で大正九年（一九二〇）生まれ、戦中派の安岡章太郎の『僕の昭和史』を挙げた。安岡より一歳下の**山本七平**の自伝**『昭和東京ものがたり（1・2）』***（日経ビジネス人文庫）はそれに匹敵する。安岡は陸軍獣医の一人息子だったが、山本は両親が内村鑑三の弟子という無教会キリスト教徒の家に生まれた。二人とも現在の世田谷区で育つ。二人とも陸軍に「取られる」が命拾いした。「兵隊に取られる」という言葉についての山本の記憶と考察を聞こう。

「「納税・兵役・教育」は国民の三大義務といわれ、兵隊に行くとは、税金を払うより以上のつらい義務といった感じがあったからである。「うまく徴兵を逃れましてねえ」とか「ありゃ勉強が嫌いなくせに徴兵逃れで大学にいってね」といった言葉はよく耳にした。いわば「徴兵逃れ」という言葉はあっても「徴兵検査に及第できず残念です」という言葉は聞いたことがない。（略）民衆の使う何気ない言葉は、正確にその感情を表わしている。それだけに「兵隊に取られた」人には「気の毒に。御苦労さん」という気持があった。この場合も税金のように「取られた」のであって「職業軍人のように」就職したのではない。そして「取られた」以外の言葉はなく、少なくとも私は、生涯にただの一度もそれ以外の言葉を耳にしたことがなかった」

自分の日記を読み返しながら昭和という時代を書いた本としては、対照的な二冊を挙げる。**色川大吉『ある昭和史――自分史の試み』**（中公文庫）と**山本夏彦『「戦前」という時代』***（文春文庫）。色川は大正十四年（一九二五）生まれの左翼の歴史家で「自分史」の仕掛け人、山本は大正四年（一九一五）生まれの皮肉満載のコラムニストである。色川は陸軍幼年学校を二度受験するが失敗していた。田中絹代と上原謙（加山雄三の父）主演の大ヒットメロドラマ「愛染かつら」を見て、心境の変化をきたし、日記に書く。「映画館を出てすっかり憂鬱になってしまった！……『愛する事と愛される事とが人生最大の幸福である』という意味が明瞭にわかった。そして僕はとつぜん軍人なんか止めてしまえ、高等学校に進んで恋愛を試みよう、と思うにいたった」。色川のフェミニストに親和的で、艶福家の体質は、既にして芳ばしかった（？）。

『「戦前」という時代』の意図は挑発的である。「「戦前」というまっ暗な時代があって、それが十五年も続いたという文化人や史家がある。十五年というのは昭和六年の満洲事変から数えて昭和二十年までのことだろうが、その間じゅうただまっ暗だったというのは間違いでなければうそである。（略）私は「春秋に義戦なし」という教えをうけたものである。だから満洲国は傀儡《かいらい》政権だとはじめから思っていた。また鬼畜米英などと言われても彼が鬼畜なら我も鬼畜だろうと思っていた」。山本はお金と食い物に困らなかった東京人という稀有な人種だから、その辺は差し引く必要があるが、「戦前」観の見直しには有益といえる。昭和八年（一九三三）はひとつの「理想」だった、という。「昭和二十年代は昭和八年はよかったなあと官民ともに思った時代なのである。それがあとかたもなく忘れられたのは昭和三十年代に［昭和八年の水準に］追いついて、たちまち追いこしてしまったからである」。山本の日記によると、昭和十六年いっぱいは外で自由に飲んで食べられた、とのことだ。

大正十年（一九二一）生まれの**犬養道子**は、五・一五事件で暗殺される犬養毅の孫であり、日中和平の汪兆銘工作に関わった犬養健の娘である。二冊の自伝『**花々と星々と**』*（中公文庫）、『**ある歴史の娘**』*（中公文庫）を読めば、昭和史との関わりが深い少女だったとわかる。戦前日本のセレブの穏やかな生活と、彼らの政治生活を日常の延長上で知悉していた不思議な人生である。祖父の死に、「一家全員が、安らぎとも解放感ともつかぬ気持を味わうようになった」。初対面の汪兆銘のはにかんだ微笑と悠揚迫らぬ動作に、「きれいだ、何だかくちなしの花みたいだ」と感じる。木戸幸一は「木戸さんのパパ」であり、尾崎秀実《ほつみ》とは切手集めという趣味を通して年の離れた友達になってしまうのだ。

昭和四年（一九二九）生まれの**向田邦子**《むこうだ》のエッセイ集『**父の詫び状**』（文春文庫）は、著者の「記憶の過去帳」から出現する昭和という時代と無名な人々のさまざまが鮮やかに刻まれている。「戦前の夜は静かだった」、「その頃、兵隊さんは絶対的な存在であった」ことが向田の筆で回想される。向田の文章力は小学生の頃からだったようだ。戦地の兵隊さんに宛てた慰問文も紋切型では書かず、工夫をこらしていた。

「日支事変がはじまった頃で、学校で慰問文というのを書かされた。（略）ところが、受け取った兵隊達が、［戦地から］帰るとうちを訪ねてきた。／戦局もまだ激化しない頃だったから、転戦か一時帰国なのか、革と汗のにおいのする軍服が、うちの玄関に立って敬礼して、あの慰問文はとても嬉しかったといわれると、感激屋で外面《そとづら》のいい父は、よく料理屋へ招待をした」

向田のエッセイでいつも大活躍する「父」は給仕から出発して、会社で昇進していった。「父」の勤めた保険会社は「第一徴兵保険」といった。兵士に対する「父」の歓待ぶりは、その職業のゆえもあるだろう。なお、兵士たちは「転戦か一時帰国」ではなく、二年間の戦場での義務を了えての無事帰還だったと思われる。

職業軍人が書いた自伝的昭和史では、**末松太平『完本　私の昭和史──二・二六事件異聞』**（中央公論新社）が圧巻である。三島由紀夫は「人生の本」として本書を挙げた。「この本は、文章自体が、そこらの小説家が及ばぬほどの、淡々として正確で、しかも情感にあふれた天来の文章であるが、文章のよさ（軍人の本には稀なる事例）をとおして、はじめて私は永年探しあぐねていた、もっとも反文学的なるものの美に味到したと云ってよい」。末松は「昭和維新運動」に挺身した、陸軍の青年将校グループの中心メンバーだった。末松の連隊は青森だったため、昭和初年代の日本の惨状を、東北からの眼で見ていた。回想の中心は二・二六前史の陸軍士官学校事件と相沢事件である。昭和の思想史に詳しい橋川文三は、「本来の歴史家、詩人の文章」で、「何よりも眼を洗われる思いがしたのは、篇中をとおしてあらわれる相沢三郎の姿である」と書いたが、まさにその通りである。永田鉄山軍務局長を陸軍省内で斬殺した相沢中佐の行動は、狂気のテロリストにしか思えないが、本書を読むと、その相沢像はぐらつくだろう。末松は「私は体験したことだけを書くようつとめた。一木一草、風のそよぎ、空の色、花の色のうつろいにも、フィクションはないつもりである。（略）馬鹿の一つ憶えである」とし、「弁明の意図ははじめからない」と書いている。

相沢事件のあった昭和十年（一九三五）はターニングポイントの年である。その年を代表する事件といえば、国会で美濃部達吉博士がそれまでの憲法解釈を糾弾された「天皇機関説事件」である。「合法無血のクーデター」とされるこの事件については、**宮沢俊義『天皇機関説事件——史料は語る』**＊（有斐閣、全二冊）が広い展望を与えてくれる。宮沢は東大法学部の憲法講座を任された教授で、美濃部の後任だった。事件の余波で、自らも「天皇機関説」を封印しなければならなかった。

司馬遼太郎は『この国のかたち　一』（文春文庫）で、「美濃部にあってはその思想が非日本的でもなく、また反天皇的であったわけでもない」と書き、「昭和十年以後の統帥機関によって、明治人が苦労してつくった近代国家は扼殺《やくさつ》されたといっていい」と憤った。司馬いうところの統帥権という「魔法の杖」が跋扈する時代である。昭和十一（一九三六）、十二年（一九三七）の危機を**坂野《ばんの》潤治は『昭和史の決定的瞬間』**☆（ちくま新書）となった転換点とみる。衆議院の総選挙、その六日後の二・二六事件、広田弘毅内閣となり、次に大命降下した宇垣一成（陸軍大将）の組閣が陸軍によって阻まれ（昭和十二年一月）、代わりに登場した林銑十郎（陸軍大将）内閣の〝食い逃げ解散〟で、四月にまた総選挙となり、国民の期待を背にした近衛文麿内閣の発足直後、日中戦争が勃発する時期を指す。混迷する政局を予算の面からみれば、軍事費大膨張の時代となる。

その間にあって一番の貧乏くじを引かされたのは広田ではないだろうか。**服部龍二『広田弘毅——「悲劇の宰相」の実像』**（中公新書）は東京裁判で、文官としてただ一人死刑となった外交官政治家の伝記である。この時代は政党政治家の影響力が衰弱した時だが、民政党の**斎藤隆夫**の自伝**『回顧七十年』**（中公文庫）には、昭和十一年五月の「粛軍に関する質問演説」と昭和十五年（一九四〇）二月の「支那事変処理に関する質問演説」も収録されている。後者の演説のために、斎藤は衆議院議員を除名となった。除名に反対した議員はわずか七名しかいなかった。この演説の中で斎藤代議士は、「過去二年有半の長きに亘って我が国家国民が払いたるところの絶大なる犠牲」に言及する。「我軍の占領地域は実に日本全土の二倍以上に跨っている」が、「十万の将兵は戦場に屍を埋めている」。

日中戦争に動員された兵士たちは、都会や農村で働いていた男たちが多かった。予備役、後備役といった補充要員で、妻子持ちも多かった。兵隊らしくない兵隊、といえばいいのか。日本本土の日常生活の日々から突然、戦場に放り込まれた。首都南京が陥落しても、徐州戦線で勝利しても、武漢《ぶかん》三鎮《ちん》が陥落しても、蔣介石軍との戦争はいつまでも終わらない。「支那事変処理」とは、どうやって戦争を終わらせるのか、確かな見込みはあるのか、という斎藤代議士の問いかけだった。

戦場の兵隊たちが、どんな戦いをしているのか。それを広く国民に知らせることになったのが出征中の**火野葦平**が戦地で書いた『**麦と兵隊・土と兵隊**』（角川文庫）だった。小説というより、従軍の日記であり、戦地からの手紙なので、この定本コーナーに選んでいる。昭和十三年、十四年の大ベストセラーなので、是非読んでみてもらいたい。同じく出征した映画監督の小津安二郎からの手紙、戦地での日記が読める本がある。**田中眞澄《まさすみ》［編］**『**小津安二郎「東京物語」ほか**』（みすず書房）で、「ほか」の部分に「戦地からの手紙」と「従軍日記」が入っている。召集令状が来て、「ちょいと戦争に行ってきます」と出発はしたものの、「兵隊と云う奴は暇があれば腹をへらし暇があれば喰い物の事を考えている。胃袋が銃を持ち、巻脚絆《まきぎやはん》をまき、鉄兜を被《かぶ》っている。胃袋が突撃し、胃袋が戦死する」となる。

そうした疲れた戦場の兵士たちをドキュメンタリー映画にしたのが**亀井文夫**で、『**たたかう映画——ドキュメンタリストの昭和史**』*（岩波新書）には上映禁止となった昭和十四年の不運な傑作「戦ふ兵隊」の制作事情も書かれている。「兵隊は、名誉も勲章も欲しくない。ただ眠りたいだけだ」という字幕では刺激が強すぎると、「兵隊は武勲を語らない　名誉を思わない　ただ　大いなる事業を果した後の快い疲れを休めて　静かに楽しんでいる」と変えたが、そんな程度で検閲を通るわけもなかった。「戦ふ兵隊」はいま見ても、支那事変の戦場がリアルに伝わってくる必見の映画だ。当時の軍隊は男ばかりだったが、従軍作家となった林芙美子は、その中に跳び込んで兵隊たちと労苦を共にした。**林芙美子**の『**戦線**☆』（中公文庫）と『**北岸部隊——伏字復元版**＊』（中公文庫）は、『放浪記』の作家にしか書けない体当たり従軍記で、アジア版『戦争は女の顔をしていない』か。

佐藤卓己『**『キング』の時代——国民大衆雑誌の公共性**』（岩波現代文庫）は、昭和十五、十六年の出版の活況を伝えている。支那事変勃発により、雑誌は臨時増刊ブームとなり、「現地報告」がさかんに書かれた。巷の景気も回復した。戦時経済統制のためにかえって返品がなくなる。現地の兵隊さんの生命を代償にした戦争景気の到来である。『キング』の時代』は日本初の百万部雑誌となった、「活字よりもむしろ放送や映画に近かった」月刊誌「キング」を通して見た昭和史である。

「キング」や「少年倶楽部」「少女倶楽部」の講談社文化に対比される岩波文化は、インテリとその予備軍向けの出版文化で、東京帝国大学と京都帝国大学という二つの得意先を持っていた。**竹内洋**『**大学という病——東大紛擾と教授群像**＊』（中公文庫）と**竹田篤司**『**物語「京都学派」——知識人たちの友情と葛藤**』（中公文庫）は、東西両大学の戦前戦中の「苦悩」を物語として語っていて、学業には自信が持てない凡人が読んでも楽しめる人間喜劇になっている。東大の主人公は、お洒落な左傾助教授・大森義太郎と左右両翼批判の自由主義闘士の教授・河合栄治郎がつとめる。京大の主人公は西田幾多郎と田辺元という二人の「考える人」が、その独自な頭を酷使している。昭和という戦争の時代をくぐりぬけるとは、人間喜劇ではすまされず、いつか人間悲喜劇になってしまうことなのか。

——「新潮45」二〇一八・三

◇書評コーナー

●**筒井清忠『戦前日本のポピュリズム——日米戦争への道』**中公新書

正確にして、簡潔な「昭和史」を読みたい。新史料や新解釈で年々更新されているジャンルであるから、その望みが叶えられることはなかなか少ない。本書は「ポピュリズム」という機軸を設けて、コンパクトに「日米戦争への道」をたどった待望の書である。

『戦前日本のポピュリズム』の筒井清忠はまさにうってつけの著者である。二・二六事件の研究から始まって、その前後の史実に触手を拡げ、精力的に昭和の政治、軍部、社会を記述してきた。例えば『昭和十年代の陸軍と政治』（岩波書店）では、陸軍の政治力が巨大化したのは「軍部大臣現役武官制」であるという定説に、事実をもって強力な異議を唱えた。

筒井が編者となった『昭和史講義1〜3』（ちくま新書）『解明・昭和史』（朝日選書）の四冊は、まことに便利な座右の書である。信頼しうる研究者たちが得意の分野を分担執筆して、最新の知見を一般読者向けに提供したもので、ブックガイドも兼ね備えている。『昭和史講義』は英訳本が出始め、国際社会に発信する定本的「昭和史」の役割を海外で担う。

こうしたプロデューサー的資質にも恵まれた学者が、自らの仕事全体を「編者」として見直し、新たに単著として書下ろしたのが本書であろう。「大衆の人気に基づく政治」をポピュリズムというなら、「日本ではとうの昔、戦前にそれが行われていた」。それが日米戦争にまで至った大きな要因なのだった。「戦前の戦争への道の反省」とかがしきりに言われるのに、「戦前のポピュリズム」が扱われることはない。

その空隙を埋める本書のスタート地点は、賠償金なしに日露戦争講和となった軟弱外交を糾弾した「日比谷焼き打ち事件」である。民衆史では大きく扱われる明治三十八年（一九〇五）の騒乱を、日本初のポピュリズム現象と見るのだ。新聞のほとんどは講和に反対する。東京朝日は、日比谷公園の集会は禁止されても、「市民が公園内に入って遊ぶのは自由、という記事を出し煽動し」た。「二六新報」にいたっては、事件前に政府寄りだった徳富蘇峰の国民新聞社が襲われる挿絵を掲載したという。現実は、挿絵をなぞって、国民新聞社は襲撃された。

日比谷公園と皇居前は、日露戦争中に戦勝祝捷行列の集合地点と解散地点として定着していた。「日本に最初に登場した大衆は天皇とナショナリズム（それも「英霊」的なものによって裏打ちされたもの）によって支えられ」ていた。筒井は講和問題同志連合会の上奏文が「君側《くんそく》の奸《かん》」打倒を謳っていることに注目し、「日比谷焼き打ち事件は思想的には幕末武力倒幕派から二・二六事件に至る系譜の中間的結節点になる」とも書いている。

ポピュリズムは、昭和の普通平等選挙制時代を迎えて本格化する。「劇場型政治」の開始である。朴烈《ぼくれつ》怪写真事件、統帥権干犯問題、満洲事変、五・一五事件裁判、国際連盟脱退、帝人事件、天皇機関説事件など昭和史の最重要テーマが、「ポピュリズム」という視点から料理されていく。

週刊誌の役割も果たしていた新聞の暴露的スキャンダリズム、汚職を糾弾し、正義感に訴えた倒閣運動と、政策よりも大衆シンボル的要素が重要になっていく。政党政治への不信が高まり、元老による総理大臣選定のルールが動揺していく。

「マスメディアが絶えず「政党政治の暗黒時代」といった見出しで「既成政党」を批判し、「新勢力」への期待ばかりを言いつのってきた」ことによる弊害は大きい。政党への失望である。「軍部」「官僚」「近衛文麿」「新体制」といった政党外の勢力への期待ばかりが高まっていく。「政党内閣は野党によって倒されるのが健全」なはずなのに、「政党外の超越的存在・勢力とメディア世論の結合」が内閣打倒の枠組みになる。

制御不能に陥っていく「昭和史」を著者は嘆かない。対症療法があったのではないか、と冷静なクサビをいくつも打ち込む。どうすれば、戦争への滔々たる道へ呑みこまれずにすんだのであろうか、と。

健全な議会政治を望むなら、劇場型政治を忌避するのではなく、対応しなくてはいけない。統帥権干犯の攻撃を受けた時、浜口首相は「不答弁主義」をとり、憲法論議を避けた。浜口は憲法論議をやり政策論争もした方が国民の支持を得やすかったのではないか。

満洲事変の時の林銑十郎朝鮮軍司令官の国境無断越境こそは統帥権干犯であったが、若槻首相によって追認された。しかし、「事態落着後、昭和天皇による林朝鮮軍司令官の処分などが行われるべきであったことは間違いないであろう」。林は後に総理大臣へと出世してしまう。責任がうやむやになった典型例である。

国際連盟脱退については、連盟の勧告を無視して、連盟に留まればよかった。「非脱退論」は多くの有識者に支持されていた議論だったという。松岡洋右が尻をまくる必要はなかったのだ。ハル・ノートを突きつけられた時も、のらりくらりと、時の過ぎ去るのを待てばよかったのかもしれない。そんなことも考えさせられる読書だった。

本書では、「天皇シンボルのポピュリズム化」という問題も提起されている。その「肥大化」が、昭和史の大きな焦点であることが、何度も強調されている。著者には次には、「天皇シンボル」という機軸で昭和史を解明してもらいたい。史料の制約が大きいテーマだが、是非にと期待する。本書では『昭和天皇実録』にかなり懐疑的な評価を下している。

――「週刊ポスト」二〇二〇・一二・二五

●アンドレ・ヴィオリス［著］大橋尚泰［訳］『1932年の大日本帝国――あるフランス人記者の記録』草思社

モノクロ映像をカラー化することで、歴史は身近になるだろうか。庶民の記憶を語ることで未来の戦争は防止できるだろうか。かねがね疑問に思っていたのだが、本書を読み、こんな直截なやり方がかえって有効ではと思った。タイムマシンに乗るのである。

『1932年の大日本帝国』は、六十一歳のフランス人女性記者兼作家のヴィオリスが、昭和七年の日本に降り立つ。日本についての予備知識はまったくない（これは現在の我々と同レベルだ）。それでも協力者の力を借りて、たくさんの人間に会い、話を聞き、あちこちに出かける。たった三ヶ月間の日本滞在なのだが、まるでタイムマシンで九十年前の「異国日本」を訪れた昂奮を味わえる。

記者の特権とはいえ驚くのは、当時の外相・芳沢謙吉、陸相・荒木貞夫にすぐに取材できてしまう。これではまるで「ひとりリットン調査団」である。軍人、政治家、経済人にもどんどん会う。

この年、昭和七年は、満洲国建国があり、五・一五事件があり、農村は疲弊し、日本は世界の孤児になりつつあった。そういう教科書的記述では収まらない、好奇心の発露そのものの突撃取材の日々が続く。犬養首相の葬儀も観察の対象だ。

宿舎は帝国ホテル、所属する新聞は世界一の発行部数を誇っている。取材費も相当ある気配だ。還暦過ぎたインテリおばちゃんなのに腰が軽い。寒い朝に早くに起きだし、職業紹介所に行く。失業者の列には品格ある紳士が多く、身体を温めるため足踏みをしている。

天皇のお出ましがあると聞きつけて、二重橋前に行く。日本国民の熱狂を見ようとしたのだが、そこにいたのは五百人ほど。彼らは地面にひれ伏して、叫び声ひとつあげない。あらためて園遊会でそばから見た若い君主は、「深い倦怠の眼」をしていた。

このタイムマシンの有能な案内役は訳者の大橋尚泰である。訳者の親切な注と豊富な写真が理解を助け、バランスのとれた日本像が提供される。

●山崎雅弘『1937年の日本人――なぜ日本は戦争への坂道を歩んでいったのか』☆

――「新潮45」二〇一八・六　朝日新聞出版

八十年前の日本に「ホームステイ」して出来た本である。タイムマシンといった物々しさではなく、ホームステイというカジュアルな感覚で、歴史に触れるという試みである。

行き先に選ばれたのは1937年、つまり昭和十二年の大日本帝国である。場所は「儲かりまっか」の商都大阪、滞在先はごく普通の市民生活を営むご一家で、お母さんは「主婦之友」を愛読する専業主婦、子どもたちは「少年倶楽部」に夢中だ。一家を特徴づけているのは、お父さんの職業くらいだろうか。お父さんは「写真好きの陸軍将校」で師団司令部勤務だが、「中央公論」「改造」「文藝春秋」といった総合雑誌の読者である。コチコチ、コテコテの武張《ぶば》った軍人ではない。その証拠に、職業軍人ならば毎日新聞（「大阪毎日」）を読むのが一般的なはずなのに、反軍色が強いといわれる朝日新聞（「大阪朝日」）を宅配で読んでいる。それもかなりの愛読者らしい。

以上のホームステイ先ご一家のプロフィールから一篇の長編小説を創作するのは可能だろう。しかし、『1937年の日本人』の著者・山崎雅弘の興味は別のところにあった。ご一家の読む新聞や雑誌の紙誌面を覗き見し、当時の人になりすまして読んでみるという実験である。テレビもインターネットも存在しない昭和十二年であるから、これは大いに有効である。

著者の中にはおそらく八十年前と現在を重ね合わせて「戦前回帰」の現状を撃つ、といった官邸前デモの如き、景気のいい狙いがあったろうが、そうした単細胞な視点は抑えられている。そのために、様々な「読み」に誘う自由がこの本には確保されている。その「自由」こそが昭和十二年という年の紙誌面に慣れ親しんだ著者が貴重なものとして再発見したのではないだろうか。

1937年とは、支那事変が勃発した年である。この年の前半は日常を享受する平和があり、後半は窮屈な総動員体制へと向かう戦争の時代となる。宣戦布告があったわけではないから、平和から戦争へはグラデーションで移っていく。言論の幅はいつしか徐々に狭まっていく。

本書の「1937年」とは前年十二月の白亜の新国会議事堂での議会から始まり、翌昭和十三年三月の国家総動員法の成立までを指す。かなりの瀕死状態だった議会政治が事実上の機能停止となるまでの一年余である。その間に内閣は三つ半あった。広田弘毅、宇垣一成（陸軍の妨害で組閣を断念）、林銑十郎、近衛文麿である。そうした教科書的知識とは違う世相が本書からは伝わってくる。

七月七日夜の北京（当時は北平）郊外盧溝橋での日支両軍の軍事衝突についての解説記事には、「なぜ日本軍は中国の北平郊外で軍事演習をしていたのか」についての説明があるという。今日の日本人ならいざ知らず、当時の日本人もその点をよく理解できていなかった。少なくとも朝日新聞はそう判断して、条約に基づく「演習権」があったと解説する。

八月二十五日の紙面では、三年後の東京オリンピック有力金メダル候補が、今でいう強化選手からはずれたという発表記事が載った。ロサンゼルス五輪の英雄バロン西（西竹一《にしたけいち》陸軍大尉）らである。「時局の拡大はついに現役将校をしてオリンピックの準備訓練に専念することを許さない情勢に立ち至ったため」である。皇紀二千六百年に予定された東京五輪開催を辞退する一年前の決定である。

朝日主催の甲子園中等野球の記事では、戦時色強い見出しが競われた。「大陸の戦野を偲ぶ　果敢な〝白球爆撃〟」「〝玉砕〟の神髄　秋田中の対強敵戦法」「正に毒瓦斯《ガス》　呉港《ごこう》の時宜を得た重盗」等々、気分はもう戦場である。

十月二十七日の陸軍省発表では、日本軍の「尊き戦死者」は九千六百四十人という当時としては大きな数字に達していた。その多くは昨日まで会社勤めだったり農民だったお父さんであった。

事変終結の目安とされた首都南京の陥落は十二月十三日だが、その三日前には「南京ついに陥落す」「全城門、城壁に日章旗」と号外が出た。フライングの誤報である。陥落三日後の紙面では南京の近況を伝え、「便衣服に着替えて市中に潜伏するもの二万五千名と推定」とあった。便衣兵（ゲリラ）については陸軍将校団の機関誌「偕行社記事」が既に注意を喚起していた。この「偕行社記事」を読む必要上、ステイ先ご一家のお父さんの仕事はわざわざ陸軍将校に設定されていたようだ。

朝日を宅配で読むという設定についてなら著者ははっきり書いている。「政府の国策である戦争と向き合う姿勢において、日本で特に「振れ幅」が大きかった大手メディアは朝日新聞ではないか、という、筆者個人の認識」があったからである。

紙面の変化だけではなく、「アサヒカメラ」の戦場写真特集、「支那事変画報」といった戦場グラフ誌、「天声人語」の「中国人を見下すような文章」も見逃していない。会社全体としては、軍用機献納運動を起こす。朝日からの寄付金は社から二万、役員一同一万、従業員一同一万で計四万円。これが引き金となって五日間で寄付は百万円を突破した。いずれも池上彰の朝日紙面批評「新聞ななめ読み」の昭和史応用編でもあるのだ。

昭和十二年の朝日新聞には、時代を映す人気の連載小説があった。永井荷風の「濹東綺譚」と山本有三の「路傍の石」である。本書がこの二つの連載に触れていないのは残念である。

●鴨下信一『昭和のことば』☆ 文春新書

月刊誌「文藝春秋」の一頁コラムとして、二〇〇七年から一六年まで連載された。中身の詰まった一頁だった。著者の「鴨下信一」という名をなんとなく記憶している人は多いのでは。TBSの名ディレクターとして、長年「ドラマのTBS」を背負ってきた。「東芝日曜劇場」、山田太一の「岸辺のアルバム」「ふぞろいの林檎たち」、「高校教師」や「理想の上司」。

連ドラばかりでなく、昭和史の大作も演出している。倉本聰が書いた「歸國」、ビートたけし主演の「東條英機と日米開戦」と何でも手掛けている。日米開戦を撮るために昭和史の一等史料『杉山メモ』も読む。鴨下が気づいたポイントは、国策を決める大本営政府連絡会議でやたらと英語が乱発されている事実だ。世は英語排斥なのに、ディスカッション、チャンス、ストック、リスク、ボトルネック。「これではまるで、いま現在のわれわれの会議のようではないか」と苦笑する。

右の例は本書の中では例外的なもので、主眼はあたりまえの普通の日常語にある。昭和十年（一九三五）、東京下町生まれで、「文字通り昭和の時代を生きてきた」鴨下の耳と目が捉え、記憶してきた「昭和のことば」たちの墓碑銘だ。

その該博な知識、幅広い関心、耳の良さ、テレビ演出家的雑学、それらを総動員して、日常的なことばの変遷を、世の無常を見据えるかの如くに淡々と描き出す。誰もが書けそうで、誰にも書けない名著ではないか。ことばの本といっても、消えたことばといった決まりきった切り口ではない。普段着の言葉遣いの変遷を、記憶をもとに掘り起こす。本書にも登場する向田邦子のエッセイに通じるものがある。少し例を示そう。

「〔わが町〕、と口にしてみると、昭和のノスタルジイが立ち昇ってくる。／そういえば〈わが〇〇〉という言い方を本当にしなくなった。単語のレベルでの死語廃語を言うより、こうした〈ある言い方〉が無くなるほうが社会の変化をより写しているように思う。／日本人はこの言い方が好きだった」

わが町、わが故郷、わが母校などの「共同体的な〔わ〕」の語感には、一方で拒否感を覚える人々もいた。「司馬遼太郎がわが国を使わず『この国のかたち』と題したのは、考えさせられる事実だ」。

また、「小」のあるなし。「恥しい」と「小恥しい」の違い。「ぼくの育った戦前の下町ではよく大人たちが「コッパズかしい」といった。「小恥しい」のべらんめえ訛りである。こういう時の大人は「恥しい」という時よりも赤くなっていた」。

鴨下信一に言わせると、「昭和は偉大な〈日本語の保存庫〉」であった。

――「新潮45」二〇一四・一

●佐藤卓己『物語　岩波書店百年史2「教育」の時代』岩波書店

カバーの金の箔押しタイトルが眩しい『物語　岩波書店百年史』全3巻が書店に並んでいた。岩波書店創業百年記念の金ピカ本で、岩波茂雄が女学校の先生をやめて、神保町に正札販売の古本屋を開いてから既に一世紀が経過したわけだ。

第一巻はさておいて、佐藤卓己の書いたこの第二巻と、苅部直が書いた第三巻（『「戦後」から離れて』）が圧倒的に面白い。それぞれ独立した本として十分に愉しめる。「正史」は別途刊行の予定ゆえか、善くも悪しくも日本の文化をリードした岩波書店の歴史を、自由な発想で俎上に載せている。金文字タイトルの外見に反して、御祝儀感はまったくない。この内容をよしとする岩波書店の太っ腹は、創業者譲りの賜物なのだろうか。

佐藤卓己が対象としているのは、一九三〇年代から六〇年代までの岩波書店の絶頂期である。岩波文庫が戦場の兵士たちに読まれ、岩波新書が経営の根幹を支え、『西田幾多郎全集』発売に徹夜の行列ができ、「世界」が全面講和と安保反対を指導した時代である。それは、岩波茂雄が戦後初の文化勲章を受章し、社員の初任給が日本一となった時代でもあった。

佐藤はまず、出版受難の時代とされる満洲事変から昭和十七年（一九四二）までが、岩波にとっての「高度成長期」だったことを確認する。新宿のムーランルージュに岩波文子という踊り子が出現し、評論家の戸坂潤により秀才文化の別名として「岩波文化」が批判の対象にされる。それだけの拡がりをみせる岩波は、戦争景気の中で不良在庫を減らし、新刊は出せば売れ、本の買切制へと踏み切る。岩波茂雄は自らを「本の配達夫」と謙遜したが、一高―東京帝大の同窓会ネットワークを存分に駆使し、出版物を通じて、「帝国大学とともに『教育国家』の両輪を構成」する存在となり、国家権力の中枢にもアクセスできる稀有な存在となっていく。

当時の左翼出版物として今でも語られる『日本資本主義発達史講座』（講座派という言葉はここから生まれた）刊行に際しては、発行人を別の社員名義にし、発売禁止になった分は原稿料を払わないという覚書を野呂栄太郎ら編者と交わしている。あらかじめ内務大臣に相談して、検閲で支障のないようにも取り計らった。それでも発禁をくらうのだが、経済的損失は抑えている。検閲の目を逃れるための難解な悪文の影響が、「日本の社会主義文献から大衆性を奪った」という指摘も佐藤は忘れていない。

岩波茂雄が「筋金入りの皇室崇拝者であった」ことは、現在過小評価されている。それには、津田左右吉《そうきち》裁判で岩波が昭和十五年に起訴されたことが関係している。岩波から出ていた津田の四冊の著書が「皇室の尊厳を冒瀆し」たとして発禁押収された事件である。岩波は収監されることも視野に入れて、熱海に惜櫟荘《せきれきそう》という瀟洒な別荘を建て、体力と気力の涵養につとめたほどだった（一審は有罪、二審は時効により免訴となった）。

佐藤は津田事件を、従来のように単に暗い時代の言論弾圧の〝勲章〟とは見做さない。『西田幾多郎全集』の「日記」の記述からは、岩波側の政府への水面下の働きかけを発見する。津田自身は「政府が右翼の言論を抑えることができなかったから起きた」と認識していた。この場合の右翼とは、雑誌「原理日本」に拠った蓑田《みのだ》胸喜らを指す。

面白いことに、原理日本社は岩波とは浅からぬ縁があった。蓑田が師事した三井甲之《こうし》は岩波の学友であり、原理日本社創設メンバーの河村幹雄は岩波から日本主義的教育論のヒット作を出していた。蓑田の助手の一人は岩波に入社して『吉田松陰全集』を担当し、結婚の媒酌人は岩波だった。蓑田らを単純に敵役としてしまうのが躊躇われる人脈であり、そこに戦中の岩波の日本主義関係書の豊穣を重ねると、また違った岩波書店像も描けるのである（たとえば筧《かけい》克彦の『神ながらの道』の出版や、満蒙開拓移民の提唱者・加藤完治への肩入れなど）。

佐藤は一貫して、岩波と岩波文化人の戦時下の時勢への「抵抗線の所在を正確に確認」しようとつとめている。それゆえ、岩波にとっての不都合な事実をけっして見過ごすようなことはしていない。

その筆致は、戦後の岩波の歴史にも適用される。内心では戦争に反対しながら、とりたてて行動に移さず沈黙していた知識人の戦後の感情を、丸山眞男は「悔恨共同体」と名付けた。その象徴が「世界」であった。佐藤は評論家の河盛好蔵が「世界」に苦言を呈した言葉を拾ってくる。「同じ旋律ばかりを繰り返していると、平和とか自由とかという大切な言葉の持つ内容」が安っぽくなっていく、と。

岩波読者の多数派である教育関係者に向けては、岩波講座『教育』の編集委員で、日教組の指導者であった勝田守一東大教授の論文を検討し、「アジアを裏切った」罪は反省されても、少国民である「子どもを裏切った」罪が脱落していることをあぶりだす。こうして「良心的出版社」という像は、徹底的に再吟味されるのだ。ただし、愛情をもって。

私の枕元に積ン読中の本に岩波の『宮崎市定全集』があった。装丁の函は地味だが、布装の本の背文字は金の箔押しである。では、装丁のカバーが金文字の岩波の本は今まであったのだろうかと、神保町の岩波創業の地にある信山社（岩波ブックセンター）に出かけてみた。棚にざっと目を通し、二冊発見した。一冊は先ごろ亡くなった辻井喬の自伝小説『遠い花火』、もう一冊は書下ろし時代小説文庫のスター佐伯泰英のエッセイ集『惜櫟荘だより』だった。佐伯泰英は岩波が手離した熱海の惜櫟荘の現主人である。

——「新潮45」二〇一五・三

●大澤聡『批評メディア論——戦前期日本の論壇と文壇』岩波書店

膂力《りょりょく》のある若い批評家の誕生である。冒頭で提出される問いは、日本に言論、思想、批評といった営為は存在したのかという大テーマ、その作業工程はといえば、一九三〇年代の綜合雑誌、文芸誌、新聞学芸欄を総ざらいして、精緻に読み込むという手間暇をかけている。なにやらカビっぽい臭いがただよってきそうだが、さにあらず。小生意気な文章には清潔なデジタル感覚がある。古くさい言葉で恐縮だが、「書巻の気」があり、且つ、ないといった本である。

一九三〇年代の綜合雑誌を見ると、その分厚さに驚く。「新潮45」の二、三倍はある。とても一ヶ月では読み切れない分量であり、論説、論争、座談、時評、読物、小説が満載だ。「中央公論」「改造」「文藝春秋」「経済往来（後に「日本評論」と改題）」と主要なものだけでも四誌ある。百家争鳴のにぎわいに、次々と新規参入の書き手が現われる。著者の大澤聡は、綜合誌のみならず、その補完関係にある文芸誌、新聞学芸欄も視野におさめて、言論シーンを再現する。

中高等教育の普及、円本ブームから始まる市場の拡大、普通選挙時代の到来、大学を追放された左翼学者の流入、そうした条件が重なって、知は大衆化し、商品と化して猥雑な空間を流通する。大澤が見据えているのは、近代日本に「言論空間のプラットフォーム」が生成される現場である。

大テーマや代表的言論人に片寄らない雑読は、歴史への土地勘をこの著者に与えている。どの記事も文章も、独立させては扱わず、大きな文脈の中の一本として平等に取り扱う。今風な「コンテンツ」万能のお手軽言論への軽侮を込めた批判を内包していることは明らかだ。

著者は五つのジャンルを各章の考察の対象にする。論壇時評、文芸時評、座談会、人物批評、匿名批評である。「章間に相互リンクを網状に貼りめぐらせる」という方法をとる。最初はオーソドックスに、徐々に意外性が増していく。その間に幾つもキーワードが提出される。何が記述されているかではなく、どう記述されているかを重視し、「内容分析から形式分析へ」と宣言される。そうは言っても、土地勘が血肉化しているので、地に足が着いている。道案内役として、常に参照されるのは、大宅《おおや》壮一である。

本書の中で、大宅の仮想敵は小林秀雄である。時評的部分を削ぎ落とし、「主観的」で、ジャンルとして「自律」した批評を小林は目ざす。大宅は文学を神聖視しない、文章を商品と割り切る、時代の速度に伴走し、後は読み捨てにされていい。それが大宅壮一だ。大宅の名前は今も残っている。「一億総白痴化」「口コミ」「駅弁大学」など毎年流行語大賞が貰えそうな造語力、チーム取材の週刊誌の記事づくり、雑誌記事の私設図書館である大宅文庫。

大澤は大宅だけでなく、大宅に準じる言論人を本書に招喚する。名前を挙げると、杉山平助、新居《にい》格《いたる》、青野季吉、大森義太郎、三木清、戸坂潤、室伏高信《むろふせこうしん》、春山行夫、矢崎弾など。巻末の人名索引でその登場回数を確認するまでもなく、印象的な発言を本書で拾われている。彼らはマガジン・ライターとしてジャーナリズムで重宝される。三木や戸坂のように哲学畑の学者として今でも記憶される人間もいるが、ほとんどの人と仕事は忘れられた。なかには病死や獄死で、戦後まで生き残れなかった者もいる。

大宅以下、彼らの役割は、知の大衆化時代にあって、情報を圧縮し、分類し、序列化し、レジュメを書き、といった作業だった。大宅壮一がグーグルを先取りしたといえる大宅文庫を残したことに象徴されるように、彼らはグーグル・ウィキ型の文化人であり、百科全書派的な社会観察者だった。雑草であり、平批評家だった。フットワークは軽く、ゴシップへの感度があり、座談を得意とし、論争を好み、噛みつき、徒党を組まず、各人の相互批判をも辞さなかった。このうちの二、三人でも現在の言論空間に呼び戻したい逸材である。

杉山平助の場合は、マイナーな書き手だったのが、東京朝日のコラム「豆戦艦」の氷川烈として売り出し、それにつれて、杉山平助の名も有名になる、といった事態も起こった。言論への圧迫が強まるなか、「匿名」の果たした役割と効用への大澤の独特の考察は読みごたえがある。匿名批評であっても、匿名に隠れた2ちゃんねるではなく、輿論を背負う言論たりえていた。その匿名批評も総動員体制では存在が許されなくなる。

私が気になっているのは、昭和十二年の支那事変を境にしての小林秀雄の変貌である。小林は中国の戦地行きを志願して、社会批評にコミットする。大宅壮一はその前にすでに、東京日日新聞の専属となっている。非常時日本の締め付けの中で、言論空間はどう変質したのか。本書の検討の範囲外になっているが、若い大澤に、次にチャレンジしてもらいたいところだ。二・二六事件後に朝日と読売の論壇時評が停止、支那事変から一年後の新聞用紙制限令を、本書でもトピックとして挙げているのだから。

同時期にさらに若いメディア研究者である牧義之の『伏字の文化史——検閲・文学・出版』（森話社）という本が出た。戦前期の伏字で埋まった出版物を読み込むことから、当時の言論抑圧の実情に迫ろうとしたものである。発禁を避けるために事前検査を願う「内閲」、編集部による自主的な伏字など、言論空間の一筋縄ではいかない負の側面へのアプローチである。細部を読み込み、歴史を「更新」する試みは次々と成果を上げている。

——「新潮45」二〇一五・九

●河原理子《みちこ》『戦争と検閲——石川達三を読み直す』岩波新書

本書は第一回の芥川賞を受賞した社会派作家・石川達三の『戦争と検閲』をめぐる官と民の攻防の物語である。

芥川賞受賞の二年後、昭和十二年に支那事変が起きる。石川は自ら従軍取材を希望し、「中央公論」の嶋中雄作社長から「現地報告よりも小説を書く目的で行って貰いたい」と激励される。「現地報告」とは今でいえばルポルタージュ、当時の新聞雑誌には大陸戦線からのその種の記事が溢れかえり、争って読まれていた。新進作家と一流出版社の野心が結実するのが小説『生きている兵隊』だった。

石川は年末に出発、上海、蘇州、そして陥落一ヶ月後の南京を二週間かけてまわり帰国、修善寺の温泉にこもって約二週間で三百三十枚の長編を書き上げた。脱稿は締切りを三日も過ぎた二月十二日未明、「中央公論」三月号の発売日が十九日だから、綱渡りのタイミングで、ホットな問題作が雑誌を飾るはずだった。

発売日当日の新聞広告には、「創作に事故あり、陣容を新たにして近日発売！　それまで御待ちあれ！」とあって、石川達三の名前はない。「特集・戦時第二年の日本」や毛沢東「中国共産党の抗日戦略」と並ぶ雑誌の柱が消えた事情は、同じ日の別の紙面で明らかになる。「当局の忌諱に触れて」発売禁止となったのだ。「中央公論では取敢ず指摘されたものを全部削除して発行すべく当局と交渉の結果近日発売を許される模様である」、これが「創作に事故あり」の概要である。

戦前の言論統制事件として有名な、この『生きている兵隊』発禁の経緯を、本書は石川の遺族の手に残された裁判記録や、編集者に届いた他の執筆者たちの手紙などを使って、同時代の空気を再現しながら描いている。著者の河原理子は朝日新聞の記者であるが、「検閲でやられた」「抵抗した」という俗耳に入りやすい紋切型記事とは違う「灰色」の現実を直視しようとしている。であるから当時の「中央公論」編集長・雨宮庸蔵の回想の以下の部分に注目する。

「検閲制度があったころは、エロチシズムから思想面にいたるまで、検閲をとおるか通らぬかのギリギリの線まで編集の網をなげることによって、よい雑誌、売れる雑誌がつくれる、という気概と商魂とが一貫していた」

そのギリギリを求めて、突貫作業で伏字に変えてゆく。「昭和四年小林多喜二の『不在地主』掲載の際、大鉈をふるって発禁を免れたことなど思いだしながら」、これなら大丈夫と判断していたわけだ。担当編集者の佐藤観次郎（戦後は社会党の代議士）は、昭和九年の「荷風先生の小説『ひかげの花』以来」の慎重さで点検した。発行人の牧野武夫は戦争に伴う罪悪の描写にショックを受けるが、冷静になって「これはとても通らない」と直観する。輪転機を止めて鉛版を削り、さらに伏字部分は大幅に増えた。その措置はかえって裏目に出る。検閲用に提出した雑誌と違う版が書店に出回るという事態が、当局のいっそうの不信を呼び覚ましたのだ。

その後の顚末は、警視庁検閲課が作成した「聴取書」や石川達三の日記からわかる。日記には「文壇にセンセーションを起す筈であった」と口惜しさが書かれ、中公の損失は三万円、原稿料七百余円辞退、出版も映画化も駄目になり、「当分謹慎の意を表しなくてはならぬ事にさえもなった」と記されている。この日記は遺族が古書店から買い戻したもので、「特高が持ち出したのではないか」と遺族が疑っているものである。

休職となった担当編集者の佐藤観次郎は、三月十日には主計少尉として召集され大陸に送られるから、懲罰召集の可能性も高い。石川や雨宮は新聞紙法違反で起訴され、「安寧秩序を紊乱《びんらん》」したとして有罪となる。『生きている兵隊』はすぐに中国語訳が出て、反日宣伝に活用される。「中央公論」の発行部数は七万三千部、そのうち四分の一は差し押さえをまぬがれ流通していたのだった。

言論統制の生々しい実態は『生きている兵隊』の攻防戦だけでもよくわかってくる。しかし、本書は視野をその前後にも拡げ、小説家・石川達三とメディアの戦前戦後にわたる「言論の自由」への闘いを描き出している。たとえば、石川の芥川賞受賞作『蒼氓《そうぼう》』が同人誌発表時、受賞作として「文藝春秋」掲載時、さらに改造社の単行本と、念入りに伏字が増えていく過程を検証している。「軍部の圧力の強さなど、空気の変化」を各編集部が読んでいるのがわかる。「検閲とは、自己規制を促す装置なのだ」と、正義派の著者によって喝破されるのだ。

ただ、その考察が時として鈍ることがあるのが惜しまれる。あとがきで謝辞を送られ、参考文献にも掲載されている山本武利『GHQの検閲・諜報・宣伝工作』(岩波現代全書)という本がある。その中で、朝日の出版局長・嘉治隆一が社内報で、GHQの検閲が事前検閲から事後検閲に移行したことをうけて、「各自の心に検閲制度を設けることを忘れるな」と、自己規制の徹底を周知させた事実が紹介されている。『戦争と検閲』は戦後の言論状況もカバーしているのだから、『蒼氓』の伏字の変遷をたどった著者は、当然この指摘にも本書の中で応える必要があるだろう。

石川達三に対しても、鈍る部分がある。執行猶予の有罪判決が出た直後、石川に中央公論特派員として再従軍の許可が出る。その時に書かれた『武漢作戦』を面白くない作品だとして考察の対象から外してしまうのだ。注意深く書いて「作家としての命脈をつないだ」『武漢作戦』にこそ、石川達三の「抵抗」と「蹉跌」があったのではないだろうか。

●長山靖生『日本回帰と文化人——昭和戦前期の理想と悲劇』筑摩選書

——「東京新聞」二〇二一・六・五

著者の長山靖生が「はじめに」で発する疑問は、長山自身が「とても単純」と認めているが、あまりにも大事な疑問である。一応の成功を収めた近代日本が、なぜ無謀な日米戦争に突入したのか。『日本回帰と文化人』はその疑問を昭和史から解明するのでもなく、後世からの単純な批判で済ませるのでもない。昭和十年代の日本の文化状況に正面切って向き合う。一見すると迂遠なアプローチをあえて試みる。時代を代表する作家、詩人、学者といった「文化人」の仕事と内面に寄り添う形で、近づこうとするのだ。その際のキーワードが「日本精神」「日本回帰」である。

「昭和十年代」は誰にとっても忘れたい「過去」だった。司馬遼太郎は『この国のかたち』で、「あんな時代は日本ではない」と叫びかけている。戦後のある時期までは、悔恨の中で隠蔽されていた「昭和十年代」が、冷静に再検討されるまでには時間がかかった。長山はさらに本書で「文化人」を網羅的に検討して、時代の壁画を描こうとする。試みるに値する力業である。

言論の幅が狭まり、戦争へと向かう時代、その空気の中で執筆し、発言する。文字で残された言葉がすべて「妥協の産物」であったはずはない。「戦地で同胞が死に続けている最中、祖国の歴史や国家と自己の関係を見直すのは、内的要請でもあったろう」という観点を持している。

「自由主義の防衛ラインを下げて固め直」した和辻哲郎、「軍部指導層にも受け入れ可能な戦火縮小」案を提示した京都学派、言論の自由の許容度を測る「バロメーター」となった三木清らがおり、その一方で政府から忌避され、睨まれる荷風や谷崎の「日本」もあった。

終章は「それぞれの戦後」にあてられる。中では小林秀雄の『本居宣長』を、「『近代の超克』当時に言葉にしがたかった漠然とした思いを、数十年かけてまとめたもの」であり、小林の「戦前戦後思想の総決算」と見ている。
昭和の総決算は、平成令和になっても済んでいないと、本書を読んで痛感した。

第四章　陸海軍と銃後と総動員

◆定本コーナー

●陸軍

昭和史を知ることの五割は、帝国陸軍を知ることに費やされる。五割でもまだ足りず、六割と訂正すべきかもしれない。その陸軍の流れを、派閥ではなく、主役である陸軍中央の幕僚たちの構想の系譜で辿ったのが、**川田稔『昭和陸軍の軌跡――永田鉄山の構想とその分岐』**（中公新書）で、永田鉄山、石原莞爾、武藤章、田中新一の四人の発言力の消長と権力の交替で説明されている。

「満州事変以後の昭和陸軍を実質的にリードしたのは、陸軍中央の中堅幕僚層で、その中核となったのが永田鉄山を中心とする一夕会《いっせきかい》である。満州事変における現地での関東軍の活動そのものは、石原莞爾のプランによって実行されたが、国内の陸軍中央を含めた事態全体の展開は、事前の主要幕僚ポストの掌握などを含め、基本的には一夕会の周到な準備によって遂行された。そのベースとなったのが永田鉄山の構想だった。彼の構想は、政党政治的な方向への対抗構想ともいえるものであり、それが、満州事変以後の陸軍を主導する一つの重要な推進力となった」

永田は次期大戦を不可避とみ、国防資源の自給自足体制を理想とし、国内においては国家総動員、国外においては中国大陸の資源の獲得を念頭においた。陸軍省軍務局長だった永田が昭和十年（一九三五）に斬殺されることで、権力は流動化する。参謀本部作戦部長の石原莞爾→陸軍省軍務局長の武藤章→参謀本部作戦部長の田中新一という交替が起こる。この四人がついた陸軍中央の二つのポスト（軍務局長と作戦部長）が、帝国陸軍の実質的な中心だった。このポストに強力な人材が座ると、主役となった。「日米開戦前後の東条［英機］は、武藤と田中の構想によっていた」。東条首相兼陸相は、武藤の日米避戦ではなく、田中の開戦論に乗った。

　皇道派と統制派については、**片山杜秀『未完のファシズム――「持たざる国」日本の運命』**（新潮選書）、軍部大臣現役武官制については、**筒井清忠『昭和十年代の陸軍と政治――軍部大臣現役武官制の虚像と実像』***（岩波書店）がそれぞれ新しい知見を提供してくれる。

　片山は昭和史の問題点を、軍人が「第一次世界大戦をあまりに学びすぎた」点に求める。彼らは「持てる国」と「持たざる国」という二つの言葉にうなされる。統制派は「持たざる国」日本を長期戦に耐えうる「持てる国」に変えようとして、経済運営、算盤勘定へと走り、統制経済、計画経済に頼った。組織統制派であると同時に、統制経済派でもあった。皇道派は「持たざる国」の身の処し方として現実路線を選び、戦争は速戦即決の短期戦を理想とし、過度の軍備をせず、不足分は精神で補う。その時に、「天皇陛下万歳！」を兵士に叫ばせて戦闘意欲を高める。「「皇道派」の哲学は「持たざる国」の軍事イデオロギーとしてなかなか現実的なところがあります」。

　筒井著は軍部大臣現役武官制という制度がなくとも、陸軍が政治を左右し得た事実を考察する。昭和十一年（一九三六）の広田弘毅内閣の組閣から、昭和十五年（一九四〇）の米内光政内閣倒壊までの幾つかの政変をつぶさに検討しての結論である。「問題は全体的政治情勢・政治的磁場における陸軍と首相（または天皇・宮中勢力）の力関係の中にあったのである。（略）以上の考察からあらためて浮かび上がってくるのは、この時期の政治過程における宮中関係者（特に近衛）やマスコミの役割の重要性であるが、軍部大臣現役武官制原因説はこれらの責任を相対化する役割を強く果してきた可能性が高い」。

昭和十年代陸軍の「政治力」を決定づけたのは、昭和十一年（一九三六）の二・二六事件だった。筒井著の第一章が「広田内閣組閣における陸軍の政治介入」であるように、不祥事を起こし「粛軍」をすべき陸軍は、新陸相になる寺内寿一の発言に明らかなように、「重大責任を痛感」するも、「事件の責任は政党にも国民にもある」として、二・二六事件の血なまぐさい衝撃を、自らの政治力に転化させていった。

●二・二六事件

その二・二六事件については膨大な本があるが、一冊ですませるなら高橋正衛『二・二六事件――「昭和維新」の思想と行動　増補改版』（中公新書）となる。高橋はみすず書房の編集者として浩瀚《こうかん》な『現代史資料』（全45巻・別巻1）を手掛け、「国家主義運動」の巻の編纂もした。末松太平『私の昭和史』（第三章参照）の編集者でもある。高橋著は、「当時の日本の政治的爆発点」だった事件を「現地報告」する形で書かれている。当時の新聞記事がどう伝えたか、また伝えられなかったか。続いて青年将校の手になる「蹶起《けっき》主意書」と「陸軍大臣要望事項」を取り上げる。生々しい材料をたくさん生かしながら、事件とその背景、「特別軍法会議」（非公開、一審のみ、弁護人なし）と処刑までが一冊に詰まっている。

「現地報告」ということなら当時の新聞記者の著書も欠かせない。朝日新聞政治部で陸軍省を担当していた高宮太平の『軍国太平記』*（中公文庫）は昭和二十六年（一九五一）という早い時期に出て、古典的な位置を占める。永田鉄山、杉山元、小磯国昭などの陸軍中央の将官たちと親しかった高宮著が統制派寄りなら、**石橋恒喜『昭和の反乱――三月クーデターから二・二六事件まで(上下)』***(高木書房)は皇道派寄りである。石橋は東京日日新聞(現、毎日新聞)社会部で青年将校を取材していた。石橋は親しくなった山口一太郎大尉(本庄繁侍従武官長の女婿)から、「君にでかい特ダネをやる」と相談を持ちかけられる。両著とも秘話満載だ。

青年将校のナマの声としては、**磯部浅一『獄中手記』**(中公文庫)が手軽に読める。獄中で書かれた事件の首謀者の怒りの手記はいま読んでも言葉が立ち上がってくる。「陛下 日本は天皇の独裁国家であってはなりません、重臣元老貴族の独裁国家であるも断じて許せません、明治以後の日本は、天皇を政治的中心とした一君と万民との一体的立憲国家であります」、「陛下 なぜもっと民を御らんになりませんか、日本国民の九割は貧苦にしなびて、おこる元気もないのでありますぞ」、「悪臣どもの上奏した事をそのままうけ入れ遊ばして、忠義の赤子を銃殺なされました所の 陛下は、不明であられると云うことはまぬかれません、此の如き不明を御重ね遊ばすと、神々の御いかりにふれますぞ」。

集中の「獄中手記 2」が「文芸」誌に掲載された時、三島由紀夫は「『道義的革命』の論理――磯部一等主計の遺稿について」(『文化防衛論』ちくま文庫に所収)を同時掲載し、「もっとも個性が強烈で、近代小説の劇烈な主人公ともなりうる人物」が磯部だと書いた。

磯部の手記を含む、『二・二六事件――獄中手記・遺書』(河出書房新社)を編んだ**河野司**には『**私の二・二六事件』***(河出書房新社)があり、その中には「三島由紀夫と二・二六事件」も含まれる。河野司は湯河原で牧野伸顕(前内大臣。吉田茂の義父)襲撃に失敗して自決した河野寿《ひさし》大尉の兄で、事件関係者の慰霊と遺書遺文の収集に生涯をかけた。**澤地久枝『妻たちの二・二六事件』**(中公文庫)は、青年将校たちの十四人の未亡人を探し訪ねたノンフィクションである。その取材のとっかかりとなったのは河野司の紹介であった。澤地は『人間の条件』『戦争と人間』などの作家・五味川純平の「資料助手」だったので、「私の立場は、事件を発起するまでの青年たちの信念や信条の対極にある」。「妻たちの～」という視点は斬新で、以後さまざまなバリエーションが試みられることになる。

歌人・**齋藤史**《ふみ》の『**齋藤史歌文集**』*（講談社文芸文庫）は青年将校に近い立場にいた女人の短歌とエッセイを収めている。齋藤史の父・齋藤瀏《りゅう》は予備役陸軍少将の歌人で、「この事件に関して終始一貫青年将校の味方であり、節を変えなかったただ一人の人物」（三島由紀夫）で、禁固五年の刑を受けた。蹶起将校の栗原安秀中尉と齋藤史とは旭川時代の幼な馴染みで、齋藤史の昭和十五年（一九四〇）刊の第一歌集『魚歌』には、「暴力のかくうつくしき世に住みてひねもすうたふ我が子守うた」「濁流だ濁流だと叫び流れゆく末は泥土か夜明けか知らぬ」などの絶唱がある。**芦澤紀之**『**秩父宮と二・二六**』*（原書房）は巷間噂された、昭和天皇の弟宮・秩父宮と青年将校たちとの深い交流と事件との関わりの有無を主題にしている。もうひとつの「外史」であり、芦澤は伝記『秩父宮雍仁《やすひと》親王』（秩父宮を偲ぶ会）の筆者だけあって、取材は入念である。

大谷敬二郎『**二・二六事件の謎――昭和クーデターの内側**』（光人社NF文庫）は、暗黒裁判といわれた軍法会議の判決を三十年後にやり直したかのような本だ。大谷は『昭和憲兵史』（みすず書房）など多くの著書を書いた元憲兵司令官で、二・二六事件の時には、憲兵大尉として捜査に従事し、叛乱将校たちとも話し、皇道派青年将校たちの巨頭的存在だった真崎甚三郎大将の取調べもしている。事件の「謎」のひとつひとつを検証する姿勢は、まるで事件の再審である。大谷元憲兵の立場は軍法会議では存在を許されなかった弁護人に近い。

「昭和前史における大日本帝国の崩壊は、二・二六事件を契機とする陸軍の政治ばく進に始まった。庶政一新の名のもとに軍の政治独裁が進行したのである。獄中、静かに事件のあとをかみしめ、寺内軍政の動きを凝視していた叛乱将校たちは、死の直前、「お国を亡ぼすものは陸軍だ」と予言した。香田［清貞］も村中［孝次］も磯部も口をそろえて「今の陸軍にこの国を委せておいてはあぶない、誰かこれを抑制してくれるものはないか」と嘆いていた。だが、彼等の予言は的中して、それから一〇年たたぬ間に日本帝国は崩壊した」

●陸軍軍人

広田照幸『陸軍将校の教育社会史――立身出世と天皇制（上下）』（ちくま学芸文庫）は「等身大の陸軍将校」像を描いた画期的な研究といえる。博士論文だが、読みやすい。「何をしたか」ばかりが追究される陸軍将校だが、彼らが「どういう存在だったのか」を明らかにしようとしていて、陸軍幼年学校（陸幼）や陸軍士官学校（陸士）への入校事情、そこでの教育内容、さらには社会集団としての彼らが置かれていた状況が描かれている。

「満州事変の頃に陸士や陸幼をめざしていた者は、「ひょっとしたら死ぬかもしれない」と考えることはあっても、まさか一九四五年で軍隊が崩壊することは夢にも思っていなかったであろう。太平洋戦争がほとんど行き詰まり、敗戦が明らかになってきた頃を除けば、軍人を嫌悪したり反軍的な立場を取る者以外にとっては、陸士や陸幼に進むことは、比較的安価に立身出世できるコースであった」

ただし、軍人志望者の数は時代の変化により増減が激しかった。もう一つのエリート養成ルートである旧制高校─帝大と比べると、「社会の中層に位置」する中級官吏、教員、小規模自営業、小地主や自作農の子弟及び軍人の子弟が多く、「社会的上昇移動のバイパスとして軍人を積極的に志向」した。広田が取材したある人物は言った。「国のために一身を捧げるなどと思って入った者はおりゃーせん。見事なもんじゃ。それが陸士に入ると「天皇教」を教え込まれるんじゃ。毎日軍人勅諭を奉読しとるうちに、天皇に接しておる、という感じがしてくる。天皇に代わって部下を指揮するという感じになるんじゃ」。

広田の筆致には反感を持つ者もいるかもしれないが、かなりの真実を衝いているのではないか。たとえば献身と自己実現との関係について――。「陸幼三年間の間に作られたのは、まったく見返りを要求しない「献身」への決意ではなく、天皇や所属集団のための献身を誓いつつ、それが同時に自分の私的欲求充足の手段でもある、というような意識構造であったのである」。

「将校生徒」が長じて、立身出世を成し遂げた将軍たちの傑作人物論が**高宮太平『昭和の将帥――回想の軍人宰相たち』***（図書出版社）で、『軍国太平記』の著者の遺著となった。夜討ち朝駆けで将軍連を取材していた朝日新聞記者時代の秘話、直話を盛り込んでの人物批評なので、説得力があり、その筆勢は容赦がない。高宮に言わせれば、人材払底で、戦時宰相が務まる器はいなかった。日米開戦を回避しえたかもしれないのは殺された永田鉄山と渡辺錠太郎くらいだ。「永田が首相になったら東条は陸相になったかもしれない。それでも、永田ならば馬車馬のような東条を十分制御することができる。／東条も永田が「こうだ」といえばあえて異を唱えることはない」。渡辺は永田が強く推した将軍だった。「あの学者肌のおとなしい将軍が、参謀総長要員といわれては、永田にからかわれているのではないかと思った。しかし、永田は渡辺の経歴、人物をくわしく説明し、決してただの学者軍人ではない所以を話してくれた。（略）渡辺は内に火のごとき正義感を持ち、平素はそれを深く蔵してあらわさなかった。けれども、一度決心すると何者もおそれない。それはみずから求むることのない者のみが持つつよさであった。（略）「生命の危険すれすれまでの大手術をしなければ、これだけの重態に陥っている陸軍は救えない」」。東京日日新聞記者出身では、**岡田益吉『日本陸軍英傑伝――将軍　暁に死す』***（光人社NF文庫）が、やはり永田鉄山の死を惜しんで書き始められる。「これだけの俊才が、どうして陰惨なる末路をたどったか、これこそ昭和史の偉大な謎というべき」。

昭和五年（一九三〇）生まれの半藤一利『指揮官と参謀――コンビの研究』（文春文庫）は、高宮や岡田と違って同時代を知っていたわけではないが、二十代から取材を続けていただけあって臨場感がある。日本の軍隊は日露戦争以来、参謀に重点がおかれたとして、参謀論的人間学の本となっている。参謀は六つのタイプに分類される。書記官型（または側近型）、代理指導型（分身型）、専門担当型（独立型）、準指揮官型（方針具体化型）、長期構想型（戦略型）、政略担当型（政治軍人型）。取り上げられる陸海軍人は二十六名で、昭和の主要な軍人が網羅される。さらに特別編として「天皇と大元帥――同一人格のなかの二つの顔」が巻末にある。「戦前の天皇は、立憲君主としての天皇と、統帥君主としての大元帥としての二つの側面をもっていた。意識してか無意識のうちか不確かだが、天皇は、あるときは重大発言をし、あるときは沈黙を守った。そうした天皇の二つの顔を知りながら、とくに軍は、天皇の御稜威《みいつ》のもとに、いわゆる錦の御旗を振りかざして、政戦を指導した。（略）そして、天皇は天皇であると同時に、大元帥であることにも忠実であろうとしていたかにみえる。二・二六事件に際しての天皇の毅然たる態度は、軍の頭領たる大元帥のそれであったのではないか」。

陸軍軍人の伝記は枚挙にいとまがないが、ここでは昭和四十、五十年代に取材して書かれた角田《つの》房子『いっさい夢にござ候――本間雅晴中将伝』（中公文庫）、同じく角田房子『責任　ラバウルの将軍今村均』（ちくま文庫）を挙げる。二人とも陸士十九期で、日露戦争下に軍人を志願した。本間は「勇ましい少年雑誌に感激」して、今村は父の急死で、一高から東京帝大で法律を学ぶか、あるいは東京高商で経済を学ぶというコースを諦め、月謝のかからない陸士に変更した。試験場で二人は机を並べた。本間は戦後、「バターン死の行進」の責任を問われて処刑されたが、マッカーサーの復讐とも言われる。今村は「戦争犯罪裁判は戦争の延長」という考えだが、昭和二十九年（一九五四）に釈放された後、自宅の庭に建てた三畳の小屋に自らを幽閉した。二人は陸幼出身ではない。二人の期は日露戦争の影響で、「純粋培養」された陸幼出身者のいない例外的な期であった。この後に挙げる二冊の著者の参謀たちも陸幼出でないのは偶然か否か。

堀栄三『大本営参謀の情報戦記――情報なき国家の悲劇』（文春文庫）は、陸軍内では冷遇された情報畑の参謀の手記で、情報を最も必要とする組織であるはずの陸軍が、「情報の収集・分析処理・管理のノウハウ」の面でいかに劣っていたかを体験的に記したものだ。八原博通《やはらひろみち》『沖縄決戦――高級参謀の手記』（中公文庫）は、沖縄住民の悲劇を生んだ沖縄戦の作戦主任参謀だった八原大佐が「沖縄作戦の真相はこうだった」と秘かに書き記していた。それが読売新聞社の大型企画『昭和史の天皇』（全30巻。全部を是非文庫化して欲しい）の取材がきっかけで世に出た。八原は戦略持久方針の参謀で、攻勢に出ることには反対だった。八原高級参謀の自負と自責に満ちた昂然たる書はこんな感じだ。

「わが陸軍将校、なかんずく高級将校や参謀らは、陸軍大学校で気分本位の上滑りの作戦や、本質を離れた形式戦術を勉強し、しかも卒業後はほとんど用兵作戦の勉強をしない。もっとも彼らの多くは、素質不良な支那軍相手の大陸作戦や、太平洋戦争前段の、戦意に欠けた英米蘭の植民地軍との戦闘経験はもっている。がこの体験がかえって太平洋戦争の後段の作戦指導に禍しているのだ」

身近で接した牛島満司令官と長勇《ちょういさむ》〝暴れん坊〟参謀長の風貌も詳しく描かれている。前任が陸士校長で西郷隆盛の如き牛島司令官は、「無礼講の席上では、突如として素っ裸となり、石の地蔵さまのポーズ」をとる。長参謀長が自決する際に、「八原、サイゴンで見た映画『ダニューブ』の眺めと音楽を思い出すな」と語りかける姿も忘れ難い。

●兵士と戦場

「日本軍の戦没者の過半数が戦闘行動による死者、いわゆる名誉の戦死ではなく、餓死であったという事実である。（略）悲惨な死を強いられた若者たちの無念さを思い、大量餓死をもたらした日本軍の責任と特質を明らかにして、そのことを歴史に残したい。大量餓死は人為的なもので、その責任は明瞭である。そのことを死者に代わって告発したい」

藤原彰『餓死《うえじに》した英霊たち』（ちくま学芸文庫）は大正十一年（一九二二）生まれで、陸士出身の歴史家による告発の書だ。戦線ごとの餓死の実態が数字で示される。ニューギニア第十八軍の九割、ビルマ戦線の八割弱、ガダルカナル（餓島）六割以上。全体でも六割強とされる。「作戦担当者はこの積極主義者によって占められた。しかも彼らは独善と専断を育てるエリート教育を受けていた。彼らは作戦目的が至上で、兵站や補給、給養や衛生はすべて作戦に奉仕すべきだとしていた」。藤原は昭和三十年（一九五五）に出版され、論争を巻き起こした『昭和史』（岩波新書）の共著者の一人で、一橋大学教授として所謂「一橋グループ」を形成した昭和史研究者といえる。『餓死した英霊たち』は防衛庁の公刊戦史などを使っている。この数字がどこまで正確かは検討の余地があるようだが、それにしても膨大な数であることには変わりようがない。

兵士たちの戦場や兵営での具体的な姿を知るには、**伊藤桂一『兵隊たちの陸軍史』**（新潮選書）が役に立つ。大正六年（一九一七）生まれの直木賞作家は戦記小説を数多く書いた。軍務生活六年半で兵長にしかなっていない「下積み」の怒りはあったが、使命感もあった。大宅壮一の「戦争ならば著者は伊藤だろう」という指名があって書かれた本で、浅田次郎は「本書を開くことは、後世の義務である」と推薦する。伊藤自身は、「本書には、部隊史や兵士の手記など、兵隊たちの肉声を伝える多くの資料を活用しているが、そこには戦争に行った者だけが見分けられる資料の良否がある。もとより何事も完璧はありえないが、私は、本書を露悪も虚飾もない正しい陸軍史として」提供できると自負している。兵営生活の実態、大東亜戦争下の戦場生活といった「生活」にあくまで重点がおかれている。

藤井忠俊『兵たちの戦争——手紙・日記・体験記を読み解く』（朝日文庫）は、「民衆史」の視点で兵士たちの実像を探っている。昭和六年（一九三一）生まれの藤井は一九七〇年代に「季刊現代史」を主宰した民間史家で、本書は国立歴史民俗博物館の共同研究が出発点だった。「徴兵にとられたくない気持ちと甲種合格だと胸をはって入営する気持ちが交錯していた」民衆のリアルを、「体験表現の意味や語り口など表現差に神経をつかって」読み解こうとしている。

丸山豊『月白《つきしろ》の道——戦争散文集』（中公文庫）は、軍医少尉だった著者が戦後二十五年目に描いたビルマ戦線の敗走の記録である。「毎年八月になると、恒例のごとく戦争の傷が掘りかえされる。新聞で、雑誌で、テレビで。（略）だが、なぜか私たちには戦争の真実が語られたような気がしない」。丸山著は苦くて、静かで、美しい文章である。

「私たちはおたがいに心の虫歯をもっていたほうがよい。ズキズキと虫歯がいたむたびに、心のおくの一番大切なところが目ざめてくる。でないと、忘却というあの便利な力をかりて、微温的なその日ぐらしのなかに、ともすれば安住してしまうのだ。さえざえとした一生を生きぬくには、ときどき猛烈な痛みを呼びこむ必要がある。

　私にとって、戦争の記憶は、とりもなおさず、抜歯のきかぬ虫歯である。折りにふれて痛みだし、世間智におぼれそうな私を、きびしい出発点へひきもどす。みずからへの問いがはじまる。戦争とは何であったか。死をくぐりぬけるとはどういうことか。最後にそこでなにを決意したか。戦友の末期の声はなんであったか。それは今日の私の世界観とどう結びついているのか」

詩人でもある著者にふさわしく、言葉に対しても初心でいる。ミートキーナで死んだ当番兵のことを書こうとして、その名前を思い出せない。末期も知らない。戦死して届けられた小指を「ハンゴウのふたで、ながい時間をかけて」焼いた記憶しかない。

「さて私には戦後つねづね、ひじょうに慎重にとりあつかっている言葉が三つあります。英霊と玉砕と平和です。英霊と玉砕については、その言葉の苦さ硬さをかみしめて、胸のなかで言葉にかなう精神的なかたまりが判ったときだけ使用することにしています。平和については、今日の今日までほとんど唇にのせたことがありません。かるがるしい平和甘受をみずからにいましめるためです」

船坂《ふなさか》弘『英霊の絶叫——玉砕島アンガウル戦記』（光人社NF文庫）は戦後二十年がたって書かれた。船坂軍曹はパラオのアンガウル島で二十倍の米軍と戦った。物量を大量に投入する米軍を前に、「その威力をまざまざと知らされて、私は〝玉砕〟を言葉としてではなく、はじめて実感として皮膚に感じ恐怖」する。本書を生原稿で読んだ三島由紀夫は「兵士適格者」の書であると序文で書いた。

「又、文壇の人たちは、その戦争体験のすべてをすでに作品に肉化してゐて、戦争の影を暗く背後に揺曳させてゐる人に会ふことはない。それに第一、文壇のいはゆる戦争文学は、兵士不適格者によつて書かれたものが多いのである。（略）それ［船坂氏の原稿］は小説でもなければ、文学でもなく、いはゆる記録ですらなかつた。それはただ叫びの肉化であり、生命の轟きであり、永らく閑却されてゐた或る真実、いはば「勇猛果敢の真実」ともいふべきものの自己証明の文字であつた」

秋草鶴次『十七歳の硫黄島』（文春新書）は硫黄島玉砕後、洞窟の中で三ヶ月間を苦しみ抜いた少年兵が六十一年後に沈黙を破って書いた本である。壕内では「おっかさん」と「バカヤロー！」の叫びが聞こえた。「わが身を齧《かじ》る蛆や虱」を食べての長期戦の記録である。硫黄島の戦いは、ほぼ同時に、クリント・イーストウッド監督が硫黄島二部作「硫黄島からの手紙」「父親たちの星条旗」を撮り、梯久美子《かけはし》が評伝『散るぞ悲しき——硫黄島総指揮官・栗林忠道』（新潮文庫）を書いた。それらに劣らない人間の「耐久試験」の記録である。

兵士には下級士官も含まれるだろう。最前線で兵士と共に戦ったのだから。フィリピンのルソン島で敗戦するまでの二年間の陸軍生活を精細に記述し、分析した山本七平『私の中の日本軍（上下）』（文春学藝ライブラリー）、『一下級将校の見た帝国陸軍』（文春文庫）の二著は、帝国陸軍の矛盾に突き刺さる、戦場からの根源的な批判の書だ。

●海軍

海軍にあって政治に一番関係したのは米内光政大将であろう。日中戦争開始時の海軍大臣、終戦時も海軍大臣をつとめた。昭和十五年（一九四〇）には総理大臣となるが、就任半年で陸軍の策謀により倒閣となった。**高木惣吉［写］実松譲《さねまつ》［編］『海軍大将米内光政覚書——太平洋戦争終結の真相』**（産経NF文庫）は〝サイレント・ネービー〟の代表ともいわれた米内の肉声を伝える貴重な本だ。米内の手記、東京裁判での口供書、高木が聴いた肉声などからなる。手記の日支事変拡大の部分では、米内が強く主張した中支への出兵についての記述がなかったりするが、終戦までの過程は高木が直接聴き取っていたものだけに生々しい。本書に関わった高木惣吉と実松譲は共に海軍軍人で、海軍についての本を何冊も書いている。高木は終戦工作に奔走した海軍省教育局長で、著書以外にも伊藤隆他編『高木惣吉　日記と情報（上下）』（みすず書房）といった基本史料を収集し、残した。実松は米内海相の秘書官をつとめ、日米開戦時にはワシントンの大使館で武官補佐官だった。

開戦時の海軍の主役は山本五十六連合艦隊司令長官だが、その参謀長の宇垣纏《まとめ》と、ハワイを攻撃した第一航空艦隊の参謀長の草鹿龍之介がそれぞれ本を残している。**宇垣纏『戦藻録《せんそうろく》』**（原書房［全一冊］

／PHP研究所〔新字・新かな版、全二冊〕）は、開戦を前にした昭和十六年（一九四一）十月十六日の近衛内閣総辞職から書き出し、昭和二十年（一九四五）八月十五日に至る日記で、滅法面白い。「はしがき」に宇垣は書く。

「勿論中央を離れての海上勤務なれば、枢要の機務は分らぬが、茲《ここ》に至らしめた責任の多い「自らの」過去と謂い、帝国の安危を担当する連合艦隊の参謀長としての現在と謂い、公文とならぬ公務上の事も、所見感想言動等、個人的の事も、一切構わず、その日その日にまかせて書き綴る事は、将来ナニガシカの為めに必要と考えるのである。従って本日誌は之を戦の屑籠、否「戦藻録」と命名するのが適当であろう」

十二月六日には一人息子に遺書を書くのだが、その中に頭髪と爪を別封した。「何処の髪？　と云う勿れ。まだ数え切れぬ位は存在して居る」と禿げ頭を自虐ネタにして日記に記す。いかめしい顔に似合わない感性なのだ。日記は毎日なのだが、昭和十七年六月の五、六、七日は記載する余裕がなかった。ミッドウェーの大敗でそれどころではなかったためで、八日になってから筆を執り、「本作戦の齟齬蹉跌の主因」を記して、反省する。昭和十八年四月十八日からも途切れる。これは同乗していた山本五十六機が撃墜されたためだった。日記の最後は玉音が放送された日で、大分の第五航空艦隊司令長官の宇垣は、沖縄特攻に自ら飛び立つ。

「未だ停戦命令にも接せず、多数殉忠の将士の跡を追い特攻の精神を生きんとするに於て考慮の余地なし。／顧みれば大命を拝してより茲に六ヶ月、直接の麾《き》下《か》及指揮下各部隊の血戦努力に就ては今更呶《ど》々《ど》を要せず、指揮官として誠に感謝の外無し。（略）一六〇〇幕僚集合、別盃を待ちあり。之にて本戦藻録の頁を閉ず」

この時、宇垣の後任として大分に向かっていたのが草鹿龍之介だった。**草鹿龍之介『連合艦隊――**

参謀長の回想』（中公文庫）は、真珠湾攻撃から終戦までを第一線で戦った軍人の大部な回想録で、一年先輩の宇垣纒についての回想もある。

「故人の悪口をいうのはすまないようだが、率直にいうと私は彼が大嫌いだった。なにかものをいっても木で鼻をくくったような冷淡さがあった。別にけんかをするわけではなかったが、どうも私には虫が好かなかった。しかしこの宇垣中将の最期の状況をくわしく聞いたとき、いままで自分が抱いていた憎悪の念もたちまち消え失せて、ああ、彼もまた偉い武人であったと思い、過去の感情をすっかり捨てて感じいった次第であった」

陸軍で永田鉄山がいまいれば、と惜しまれたような人物を海軍で挙げるならば堀悌吉《ていきち》でみながほぼ一致するだろう。**宮野澄『海軍の逸材 堀悌吉——海軍良識派提督の生涯』***（光人社NF文庫）は、その堀中将の伝記である。山本五十六が最も尊敬した畏友であり、後事をすべて託したのが堀であった。堀は別に殺されたわけではない。ロンドン海軍軍縮条約をめぐっての艦隊派と条約派の争闘のために、条約派の堀は艦隊派から目の敵にされ、昭和九年（一九三四）に早々と予備役に編入された。派閥争いの犠牲になったのだった。堀が編集した『五峯録』（『大分県先哲叢書 堀悌吉資料集第三巻』に所収）は戦死した二人の連合艦隊司令長官——山本五十六と古賀峯一の書簡や文書を収める。「五」は五十六、「峯」は峯一だ。山本の伝記類の基本文献はいつも『五峯録』であった。

山本の後任となった古賀も太平洋上で墜落死している。**吉村昭『海軍乙事件』**（文春文庫）は、その時の史実を追究する。古賀の乗った一番機は全員死亡したが、福留繁参謀長の乗った二番機は十二人が生存だった。ただし、持参していた機密書類を奪われるという不祥事が発生した。その不明瞭な処理をめぐる事実を吉村昭は生存者から突きとめる。吉村の冷静な筆致が海軍の体質を暴き出していく。

日米戦は陸軍の戦争ではなく、「海軍の戦争」と言われた。その通りであったが、海軍は海軍でも、艦隊の戦争というよりも飛行機の戦争だった。柳田邦男『零式戦闘機』☆（文春文庫）は、名機開発を技術者の側から描いた「プロジェクトX」型ノンフィクションである。「零戦という戦争の時代の代表的戦闘機の生みの苦しみの全部」を書く。「操縦性能（旋回性能）と飛行性能という矛盾した要素を、ともに満足させることを強いる苛酷なものとなって行き」、「この無理な要求を一機種で解決しようとしたことが、後に防弾装備の無視とか、急降下時の強度不足といった問題を置き去りにせざるをえないという結果を生んだ」。

第二次大戦はまた潜水艦の戦争でもあった。齋藤寛『鉄の棺――最後の日本潜水艦』（光人社NF文庫）は、軍医中尉の目から描いた潜水艦艦内にあっての、それこそ息詰まる戦闘を描いて息苦しくなるほどである。小泉信三『海軍主計大尉小泉信吉』（文春文庫）は、海軍主計中尉として重巡那智に乗り組み、スラバヤ沖海戦で戦死した一人息子を父・小泉信三（慶應義塾塾長）が回想して親族に配った私家版である。生前は出版を許さず、小泉歿後に刊行され、感動を呼んでベストセラーとなった。家族の目に映った戦死者の姿がよくわかる。喪主が著名人で、まだ緒戦での戦死だったためか、嶋田繁太郎海相が弔問に訪れるのには驚く。

海軍兵学校（海兵）出身で直木賞作家の豊田穣は、『同期の桜――かえらざる青春の記録』*（光人社NF文庫）、『同期の桜　完結編――かえらざる青年士官銘々伝』*（光人社）の二作で、海兵六十八期（昭和十二年入学）の同期生三百人の回想録を書いた。同期の戦死第一号は特殊潜航艇で真珠湾攻撃をし、二階級特進となった「軍神」広尾彰で、豊田は「四号生徒」（入校一年目）の一年間は隣り合わせの席で暮らした。豊田が全国を行脚して書いた同期生の点鬼簿である。戦死者の平均年齢は二十四歳という。

海兵出身ではなく、海軍予備学生出身の阿川弘之の海軍への愛着は強かった。何冊もの著書にそれは顕著だが、阿川弘之『日本海軍に捧ぐ』☆（PHP文庫）は、キスカ撤退を徹底調査したり、真珠湾を戦後二十八年たって空から飛行したり、阿川の海軍愛が溢れていて、興趣が尽きない。

●特攻

「十死零生」と「九死一生」はまったく違う。山本五十六は真珠湾への特殊潜航艇による特攻を「十死零生」の作戦である限りは許さなかった。戦争とはいえ、まっとうな常識が開戦時にはまだ働いていた。敗色が濃くなるとともに、「玉砕」が美化され、「特攻」が作戦の中に組み入れられていった。

森史朗『敷島隊の五人――海軍大尉関行男の生涯』（潮書房光人社）は、昭和十九年（一九四四）十月、神風特別攻撃隊としてアメリカの空母に突入し、散華《さんげ》した「敷島隊」の五人の特攻隊員の短い人生と、特攻作戦の複雑な経緯、遺族の翻弄される戦後を徹底的な取材で明らかにしたノンフィクションで、特攻を考える際の必読書であろう。「大西瀧治郎は「特攻の父」ではない」、「事の経過はこうだ」、「そのことは後で書く」といった短い断言の文章がごくたまに挟まるが、その一文が発されるまでの長い取材と探究が感得されるので、そうした言葉はどれも重い。森の「あとがき」にはこうある。

「私がこの書を企図したのは、特攻死を命ぜられた五人がどのような想いで最後の出撃までの五日間をすごしたのか。死ぬこと以外に生きるすべのない二十代の青年たちが、わずかに残された時間のなかで何を考え、どう呼吸していたのか――その時間を克明に再現したい、という心情からであった。いわゆる命令者側が戦後につくり上げた「特攻史観」に、私は永く疑念を抱いていた。同時に、敷島隊とはいってもその名を知られているのは関行男大尉だけで、残る四人の隊員たちはどこに生まれ、どのような青春を送ったのかについても皆目知られていないことが、本書を書く動機ともなった」

関は海兵出のエリート士官だったが、残る四人――谷暢夫《のぶお》、中野磐雄、永峯肇、大黒繁男は下士官であった。命じた側では、「特攻隊の英霊に曰《もう》す。善く戦ひたり、深謝す」という遺書を残し、敗戦の直後に割腹自決した大西瀧治郎海軍中将の存在が突出している。**草柳大蔵『特攻の思想――大西瀧治郎伝』**（文春学藝ライブラリー）は、「黙って死んでいった」大西の、特攻の「思想」を問う。大西は若い時から、西郷隆盛に私淑していた。

「大西の特攻の思想の根底にあるものは、「国民」ではなくて、「国体」である。いや、「国家の廉恥」というべきであろう。ただ、彼は「国家の廉恥」という抽象的概念に、その精神の焦点をあわせながら、死んでゆく若者への情念を昇華しきれずにいる。人間的苦悩と国家的原理との分裂が、彼の身体の中ではじまったのは、あきらかである」

草柳は学徒出陣で陸軍に入り、第三期特別操縦見習士官となった。同期生の半数以上が特攻で散華《さんげ》している。草柳著の解説を寄稿したのはやはり学徒兵だった鶴田浩二で、鶴田は館山航空隊で大西を見かけている。草柳著を原作にした映画「あゝ決戦航空隊」で、鶴田は大西を演じた。鶴田には特攻隊に格別の思い入れがあり、自らを特攻隊員と思い込むこともあった。

角田《つのだ》和男『修羅の翼――零戦特攻隊員の真情』（光人社NF文庫）は、予科練出身のベテラン飛行機乗りで、昭和十九年十月下旬からフィリピンに進出し、そこで直掩《ちよくえん》隊となった角田の渾身の書だ。「レイテ沖に敵機動部隊を発見した。ただちに特攻隊を出さなければならないが、搭乗員に若い者が多く、航法に自信が持てないので春田隊の誘導直掩を命ずる。任務を果たした場合は帰投して宜しい。だが、戦死した場合は特攻隊員と同様の待遇をする」。直掩とは死の飛行の道案内役であり、特攻の戦果を確認する任務も帯びていた。辛い役目である。十一月下旬、角田は小田原俊彦大佐に会い、小田原の口から、直接、大西の特攻の「真意」を聞かされる。大西が第一航空艦隊長官で、小田原はその参謀長であった。それだけでなく二人は海軍航空畑を一緒に来ていた。小田原は「他言は絶対無用」の大西の真意を、角田に静かに話す。特攻によるレイテ防衛成功の見込みは九分九厘ない。では、なぜ強行するのか。
「一つは万世一系仁慈をもって国を統治され給う天皇陛下は、このことを聞かれたならば、必ず戦争を止めろ、と仰せられるであろうこと。／二つはその結果が仮に、いかなる形の講和になろうとも、日本民族が将に亡びんとする時に当たって、身をもってこれを防いだ若者たちがいた、という事実と、これをお聞きになって陛下御自らの御仁心によって戦さを止めさせられたという歴史の残る限り、五百年後、千年後の世に、必ずや日本民族は再興するであろう、ということである」

神立《こうだち》尚紀『特攻の真意――大西瀧治郎はなぜ「特攻」を命じたのか』（光人社NF文庫）は、角田から直接この大西長官の「真意」を聞かされていた戦後生まれで、零戦の会会長の神立による検証の書である。

陸軍の特攻隊員で一番名前が知られているのは上原良司ではないだろうか。日本戦没学生記念会編『きけわだつみのこえ』（岩波文庫）の冒頭に収録された「明日は自由主義者が一人この世から去って行きます」と遺書に書いたのが慶應大学出身の二十二歳の上原だった。**上原良司〔著〕中島博昭〔編〕『あゝ祖国よ　恋人よ――きけわだつみのこえ　上原良司』**（信濃毎日新聞社）は学生時代の日記、入隊後の戦陣手帳と修養反省録、さらには上原が好意を寄せていた女性への戦後のインタビューなどもあり、上原の一生の記録でもある。**高木俊朗『特攻基地　知覧』**（角川文庫）は、出撃前に上原少尉が陸軍報道班員だった高木に語った言葉を記録している。

「「（略）軍隊教育をうけて、特攻隊になっても、どうにもならないものが残っています。正直にいえば、私は自由主義者でしょう」／と、当時は口にすることのできない思想の苦悩を語って、私をおどろかした。そして、忠君愛国主義に徹した軍隊のなかで、自由主義をつらぬくことが、どれほど困難であり、ひどい目にあうかを語った。まさに、特攻隊の異色であった」

多くの特攻隊員を取材した高木の目には上原は「異色」の若者であった。では、誰が特攻隊員を「代表」できるかといえば、そうした類型化は難しいだろう。特攻にも回天、震洋、桜花などがあった。ベニヤ板の特攻モーターボート「震洋」の隊長だった島尾敏雄海軍大尉と戦艦大和特攻の吉田満海軍少尉が語り合った本がある。**島尾敏雄・吉田満『特攻体験と戦後』**（中公文庫）は、「出発は遂に訪れず」の作家と「戦艦大和ノ最期」（第一章参照）の日銀マンの戦後の貴重な対話が聞ける。

大貫恵美子『ねじ曲げられた桜――美意識と軍国主義（上下）』（岩波現代文庫）は、在米の人類学者による「日本の全体主義政権がいかに桜の美的価値を利用したか」についての研究である。大貫は言う。「特攻隊員の書いた手記を世界に紹介する道義的使命がこの本を書いた動機の一つである。彼らの書いた膨大な量の手紙・日記・回顧録は、永遠に歴史のごみ箱に捨てられてしまうには、あまりにも強烈な声、かくも美しい理想に燃えた若い命の実例に満ちあふれている。彼らが日本人であるという理由からでなく、人間であるという理由によって、彼らが忘却され、戯画的なイメージによって取って代わられることは許されない。本書は、二度と繰り返されてはならない人間の悲劇を理解することを一つの目的としている」。大貫が作成した四人の特攻隊員（東大の佐々木八郎、和田稔、中尾武徳、京大の林尹夫《ただお》）の膨大な読書リストを見るだけでも感慨に襲われる。

ここまで書いてきて思い出したのだが、私が高木俊朗の『知覧』を読んだのは昭和四十年（一九六五）、中学二年生の時だった。ほぼ同時に新刊で読んだ**小林秀雄・岡潔『人間の建設』**（新潮文庫）でも特攻隊が語られ、いまも人気の奇人の天才数学者・岡潔が熱く語っていた。

「私は日本人の長所の一つは、時勢に合わない話ですが、「神風」のごとく死ねることだと思います。あれができる民族でなければ、世界の滅亡を防ぎとめることはできないとまで思うのです。あれは小我を去ればできる。小我を自分だと思っている限り決してできない。（略）欧米人にはできない。欧米人は小我を自分だとしか思えない」

小林は「あなた、そんなに日本主義ですか」と驚いた後に、言う。

「特攻隊のお話もぼくにもよくわかります。特攻隊というと、批評家はたいへん観念的に批評しますね、悪い政治の犠牲者という公式を使って。特攻隊で飛び立つときの青年の心持になってみるという想像力は省略するのです。その人の身になってみるというのが、実は批評の極意ですがね」

●総動員と戦時統制

戦争の影響は、戦地に行っていない国民にとっては経済生活の変化で徐々に浸透してきた。**中村隆《たか》英《ふさ》『日本の経済統制――戦時・戦後の経験と教訓』**（ちくま学芸文庫）は、軍＞官＞民という序列がどんどん強まっていく昭和十年代の経済、金融、貿易、生活を、市井の庶民や中小業者の実感に目配りしながら描き出している。高橋是清蔵相が殺された二・二六事件の後、広田弘毅内閣の蔵相になった馬場鍈一の「馬場財政」は軍事費五割増、財源は増税で賄われた。翌昭和十二年（一九三七）の日華事変、翌々年の国家総動員法で、政府の権限は強まる。「この法律は、まさに経済活動のすべてを国家がその手に握り、運営しようというものであった」。同法は民政党と政友会から「議会の存在を否定するもの」だという声が起きたが、「議会で最後まで徹底して反対したのは土方寧《ひじかたやすし》貴族院議員ただ一人という有様」だった。

昭和の議会、政治家の実力を知るには、朝日新聞記者だった**有竹修二『昭和の宰相』**＊（朝日新聞社）が簡にしてエピソードに富む。若槻禮次郎から戦後の池田勇人までの歴代総理を網羅し、それ以外に西園寺公望、宇垣一成、池田成彬《しげあき》といった実力者の項目も立てている。有竹が本人に会っていないのは、二十六人中で、「最後の元老」西園寺だけだという。

思想面の統制、締めつけについては、まず**奥平康弘『治安維持法小史』**（岩波現代文庫）がいい。治安維持法がいかなる悪法であったか。どう機能したかがわかる。**荻野富士夫『思想検事』**＊（岩波新書）は、思想係検事という治安維持法行使のエリートたちを取り上げる。特高警察官は最大時には九千人もいたが、思想検事は最大時でも七十八人だけ。彼らこそが司法行政を率いていた。

西園寺公一『貴族の退場——異端〈民間大使〉の反戦記録』＊（ちくま学芸文庫）は、ゾルゲ事件で逮捕された公爵（西園寺公望の孫）の戦後の回想記。西園寺はゾルゲ事件とは呼ばず「尾崎秀実《ほつみ》の事件」と呼ぶ。西園寺の罪は国防保安法と軍機保護法の違反容疑だった。さすが貴族の余裕の書きぶりは全篇を一貫している。

「巣鴨拘置所における検事の尋問の時、僕はこういうことを言われた——。／「あなたが、すらすらと供述してくれなければ、あるいは累が風見［章］さん、近衛［文麿］さんまで及ぶことになるかも知れない。まあ、皆の分を引き受けるつもりで、全部あっさり供述してはどうですか……」／検察当局というものは、まことに思いやりの深い、御親切なものではないか」

メディアの戦時統制は、自らを被害者の位置においてすませるわけにはいかない。共犯者という面も多分にあったからだ。**朝日新聞「新聞と戦争」取材班『新聞と戦争（上下）』**☆（朝日文庫）は、井上ひさしをして、「過去の自らの活動を、驚くほど厳しく自己点検している」と言わしめた意欲的な新聞研究だ。「戦後60年も過ぎたのに、朝日は戦争を翼賛し、国民を巻き込んだ経過について、包括的な検証をしたことはなかった」という反省に立っている。そこまで剔抉できたかは疑問だが、意味のある検証となっている。

戦争報道は支那事変の頃は速報性重視、ヴィジュアル重視が顕著だった。昭和十五年（一九四〇）には、ニュース映画社が日本映画社（日映）一社に統合された。**牧島貞一『炎の海——報道カメラマン**

空母と共に』*（光人社NF文庫）、『続・炎の海――激撮報道カメラマン戦記』（光人社NF文庫）の二冊は、その日映のカメラマンによる戦記である。

「いままでニュース映画を製作していた、朝日、毎日、読売、同盟の四社を一社に統合して、「日本ニュース」として発行することとなった。／この当時は、四社の過当競争のため、四社ともに赤字を出していたうえに、物資不足がはなはだしくなって、フィルムが入手困難になっていた。ここに眼をつけた軍部が、「国策」をスローガンに統制を強化してきたために、たいした抵抗もなく、四社の統合ができあがってしまったのである」

日映のカメラマンは総勢百三十名余、そのうち五十九人が亡くなった。「軍人以上に高い死亡率」だった。『炎の海』は牧島カメラマンの一代記、続編はミッドウェー海戦の従軍記だ。従軍記者やカメラマンの本は、どれも戦場の実状がよくわかる。

写真が「真を写す」かといえば、そうは言えない。写真とは「虚実皮膜の間」に存在する。草森紳一『不許可写真』*（文春新書）は、毎日新聞社に保存される膨大な戦争写真のスクラップから、当局によって「検閲済」「保留」「不許可」と印が押されたもののうち、「不許可」に注目したユニークな戦争写真論となっている。

「かかる検閲体験をたび重ねるうち、どのような写真ならパスするかが新聞社にもわかってくる。そのような写真ばかりを撮るようになった時、報道の精神は完全に骨抜きになっている。自己チェックにおちいるのは、検閲側の罠である。報道の精神をなんとか守るためには（最初のうちはネガのチェックまでしなかったようなので）、使われないことを覚悟して撮影し、そのフィルムを秘匿しておくしかない」

従軍記者やカメラマンの本の面白さは、この「秘匿」した部分が豊富に開陳されるからだろう。作家たちも見ることにかけては修練を積んでいる。戦争末期、三十代半ばから四十歳くらいの男でも根こそぎに動員をかけられた。三島由紀夫いうところの「兵士不適格者」、それも精神的、肉体的、思想的に不適格の文士も兵隊にとられた。陸軍ならば大岡昇平、海軍ならば野口冨士男が思い浮かぶ。**大岡昇平『ミンドロ島ふたたび』**（中公文庫）はライフワーク『レイテ戦記』（中公文庫）執筆中の昭和四十二年（一九六七）にかつての戦地を再訪した紀行である。『俘虜記』（新潮文庫）はやはり小説なので、この戦地再訪記を挙げておく。**野口冨士男『海軍日記——最下級兵の記録《ドキュメント》』**（中公文庫）は横須賀海兵団などの中で密かに綴っていた日記で、「戦争末期における軍隊生活の記録」となっている。「一行の嘘をも書くまい」というところが作家らしい。

昭和二年（一九二七）生まれの吉村昭は、昭和二十年（一九四五）八月上旬に徴兵検査を受けた。結核の既往症があったにもかかわらず第一乙種で合格したが、すぐに終戦が来た。**吉村昭『東京の戦争』**（ちくま文庫）は、東京の下町での銃後の庶民生活が淡々と綴られる。開戦の翌日、中国戦線で戦死した兄の遺骨が届く。その十日後、別の兄に召集令状が届く。貴重な証言としては、昭和十七年（一九四二）四月の東京初空襲を吉村は目近で目撃した。物干し台で凧揚げをしている時だった。

「東の方角から爆音がきこえてきて、見ると迷彩をほどこした見なれぬ双発機が近づいてきていた。驚くほどの超低空（公式記録によると高度数百メートル）で、私は凧がからみはしないかとあわてて糸を手繰った。／両端垂直尾翼の機は、凧の上を通過した。胴体に星のマークがつき、機首と胴体に機銃が突き出ている。風防の中にオレンジ色の絹のようなマフラーを首に巻いた二人の飛行士が見えた。（略）その折、私は、奇妙な感慨をいだいた。アメリカからはるばる太平洋を越えて敵機がやってきた。戦争というものは、ずいぶん手間がかかるものだ、と」

銃後の少国民と女性たちも貴重な戦力だった。**山中恒《ひさし》『子どもたちの太平洋戦争——国民学校の時**

代』*（岩波新書）は、「少国民」を代表する児童読物作家による、戦時下の子ども史だ。「国民学校」とは、小学校に代わり昭和十六年（一九四一）から導入された新制度で、義務教育が八年間に増え、「八紘一宇の肇国《ちょうこく》精神を顕現すべき次代の大国民の育成」が目指された。山中は日米開戦の日を描いた自分の作文が教師によってどう添削されたかなどの実例も挙げ、少国民の日常を伝えている。**櫻本富雄『玉砕と国葬――1943年5月の思想』***（開窓社）は、もう一人の少国民世代の代表が執念で調べ上げた文化人の戦争協力追及の書だ。山本五十六元帥国葬とアッツ島玉砕に際し、右も左も、誰も彼もがどんな浮ついた言葉を発表したか。古書の中から証拠を探し出す。「告発しつづけることは、かつて戦争に加担した責任を持つ者の義務であろう、と考えている」からだ。朝日新聞長野版に載った国民学校四年生の作文「元帥を悼んで」も引用される。「たかだか十歳の少国民にすぎなかった」自らの作文なのだが、これも「まさに戦犯的作文」と容赦しない。

斎藤美奈子『戦下のレシピ――太平洋戦争下の食を知る』（岩波現代文庫）は、戦時下の婦人雑誌（「婦人之友」「主婦之友」「婦人倶楽部」）に載った料理の作り方を紹介し、「戦争で人々の食生活がどう変わっていったか」を辿る。戦争中の食事は量が少ない、食感や歯ごたえがない、味がない。材料も調味料も燃料も足りないからだ。それでも工夫し、道端の雑草も食べ物として有効利用するようになる。当時の食がカラーグラビアで登場するが、これらは一体どんな味なのか。

長々と書いてきたが、最後に心で見、心で読むにふさわしい一冊を。**児玉隆也［著］桑原甲子雄《きねお》［写真］『一銭五厘たちの横丁』***（岩波現代文庫）である。「一銭五厘」とは召集令状のハガキのこと。カメラマンの桑原甲子雄が昭和十八年（一九四三）に撮影した「出征軍人留守家族記念写真」に写る九十九家族を、戦後三十年近くたってからルポライターの児玉隆也が探し歩く。写真は在郷軍人会の要請で撮られ、出征中の兵士のもとに届けられた。玄関の前で、学校の校庭で、人々は少し緊張して被写体となっている。子供たちは気をつけの姿勢が多い。場所は東京都下谷区（現在の台東区）、「歴史に名をとどめることのない無量大数の氏名不詳日本人」を特定しようにも、「このへんは、戦争で全部焼けてしまったからなあ」と心細い。それでも時間をかけて二十家族が特定できた。横丁では人々は裸で生きていた。

「夫婦喧嘩の声はすごかったものだ。あのあたりの夫婦ときたらいつも喧嘩しているようで、いつも仲が良かった。（略）夜になると、露地の音は一刻とまり、煮物の匂いが漂って、たてつけの悪い雨戸の隙間から裸電球の光りと、子供の声が洩れる。子供が寝ると、かあちゃんたちは内職をしなければならない町だった。（略）町の人たちは、何かにつけて明けっぴろげで、陽気だった。戦地から元気な便りがあると、町内じゅうを「セガレから手紙が来た」と見せ歩き、戦死の公報のあった家の前は、一時しのぎの声をかけるよりも、黙って頭を下げて通った」

◇書評コーナー

●加藤陽子『戦争まで――歴史を決めた交渉と日本の失敗』朝日出版社

意識の高い中高生を相手に行なわれた加藤陽子ゼミの昭和史第二弾だ。前著『それでも、日本人は「戦争」を選んだ』（新潮文庫）のタイトルを踏襲するならば、『これなら、日本人は「戦争」を避け得た』となるだろうか。今回は昭和七年（一九三二）の国際連盟のリットン調査団、昭和十五年（一九四〇）の日独伊三国同盟、昭和十六年（一九四一）の日米交渉という昭和史の重大国際関係を俎上に載せる。どれも日本の運命の岐路での選択である。

原史料を一緒に読み解きながら、当時の世界と日本の現状を押さえる。臨場感溢れる昭和史の現場を体験させて、もっと別の合理的選択ができたのではと問いかける。著者も言うように、「中高生」

というより「中高年」向きの歯ごたえある内容になっている。

「リットン報告書」は分量こそ多いが、当時の人々が読もうと思えば簡単に全文を読めた。「新聞の号外や特別号に掲載されていたのですから、本当はしっかりと読めばよかったのです。読めば」と、加藤先生に叱られるのは生徒たちではなく、「当時の国民」である。それは今にも通じる。「新聞の記事の見出し、政府の情報の流し方という点で加工すれば、いくらでも国民を誘導できる」。昭和と違い、いまなら「誘導」は権力もメディアも反権力もできるのではないか。もっとも、見出しや空気に頼って、自力での努力は怠りがちになるのは如何ともしがたいのだが。「リットン報告書」をよく読めば、選択肢が増えたことは間違いない。

「日本軍の行動は自衛と認められない、満州国は地域住民の中から自発的に生まれたものではないと、日本側の主張を明確に批判しつつも、満州事変を起こした日本側の態度を侵略だと述べていないところが、現実路線をとるリットン卿の老練さだと思われます」

「中国側が不満だったことを考えると、リットン報告書が示した解決の条件に対し、もっと日本側が積極的な評価を下してもよかったはずですね。リットンはつくづくかわいそうです」

現実路線のリットンの日本への微妙な「配慮」を見逃した、あるいは故意に見落としたことが「選択肢」を狭めたと惜しむ。さらには、私がもしも関東軍の参謀だったらとか、リットンたちに日本における満洲の歴史を強調するより、満洲中央銀行など「経済の成功物語」を語るほうが有効だったのではとも思考する。史料を前にした頭の体操は硬直した「中高年」には良き刺激となろう。

――「週刊ポスト」二〇一四・一〇・三一

●辻田真佐憲『日本の軍歌――国民的音楽の歴史』幻冬舎新書

弱冠三十歳にして、軍歌歴二十年、という奇特な若者の本である。ミリタリー趣味が嵩じて、というのは予想通りだが、戦史やメカに向かわずに、軍歌というのが珍種ではないか。軍歌のウェブサイトも運営しているが、ドライな、醒めた視点で軍歌を取り扱っていて、それゆえ見晴らしがいい。「軍歌は日本史上最大のエンタメだった」というのが、著者の宣言である。血なまぐさい軍歌とエンタメという娯楽産業が、どうして結びつくのか、とびっくりする。しかし、軍歌の歴史を仔細にたどっていくと、納得、ということになる。

帝国大学や音楽学校のエラい人が手がけた初期の軍歌が、日清戦争を契機に、民衆の手に渡っていく。ニュースとしての軍歌が歌われ、人々は苛烈な戦場を疑似体験して、感動に酔う。英雄や軍神がキャラクターとして消費される。

明治天皇も広島の大本営で軍歌を作詞する。

日露戦争の旅順開城では、佐佐木信綱が作詞した「水師営の会見」が今でも有名だが、軍医として出征中の森鷗外は、なかなか落ちない旅順要塞を「箱入娘」に見立てた戯れ歌軍歌を作った。メロディは「雪の進軍」を借りて。

著者が次々と繰り出す豊富なエピソードをつないでいくと、軍歌という小さな窓から覗いた近代日本の民衆の表情が見えてくる。大正デモクラシー期の雌伏の時代を経て、ＳＰレコードとラジオの台頭による第二次軍歌ブームがやってくる。ミリオンセラーとなった「愛国行進曲」という「第二の国歌」も生まれる。当局と企業と民衆のどれもが喜ぶ「利益共同体」ができあがる。それも束の間の夢で、戦局がきびしくなってくれば、もうエンタメという範疇ではくくれなくなる。

本書は軍歌の終焉では終わらない。北朝鮮や中国に痕跡を残す日本の軍歌を探したり、自衛隊歌に旧軍の軍歌との断絶を感受したり。日本青年館の軍歌軍装イベントで、日の丸の小旗がゴミ袋に捨てられる光景も見逃していない。

●大井篤『大井篤海軍大尉アメリカ留学記――保科さんと私☆』角川書店

――「週刊ポスト」二〇一五・一一・二七

本書は読む前の期待には肩すかしを喰らったが、読後にはそれ以上の満足感があった。

本書の主人公は二人の海軍軍人――著者・大井篤とその上司・保科善四郎である。海軍省にあって日米開戦に反対し、開戦後は早期講和と終戦を模索し、戦後は軍備の必要をいち早く訴えたコンビが、副題にある「保科さんと私」だった。真珠湾攻撃の八日前に、高松宮が昭和天皇に「海軍は戦争に自信なし」と避戦を直訴した裏には、保科たちの工作があったことはよく知られている。救国のチャンスを用意した二人なのだ。

その秘密工作が読めると期待して、私は本を手にとったのだった。残念ながら、著者の急死により、原稿は昭和十六年のはるか前に中絶した。代わりに、九十代の著者が瑞々しい筆致で回想する若き日のアメリカ生活が遺された。

海軍の仮想敵国はアメリカである。その敵地に駐在して米国事情を研究せよと命じられ、二人は昭和五年に一緒に横浜を出港する。大恐慌の時代であり、日米関係は軍縮をめぐって激しく対立している。二人は大学で米国政治史を学びながら社会と市民を観察し、各地を自動車旅行し、敵国の物質的かつ精神的手強さを知って、「米国侮るべからず」の信念を共有する。

大井は海軍内で変人として通っていた。海軍兵学校中退を決心したこともある。国民性理解は文学書でと考えている。「リクツヤの現実主義者」というのが自己評価である。変人らしく大学も東部の名門は避け、南部にする。建国の英雄トマス・ジェファーソンが創設したヴァージニア大学を選び、アメリカンデモクラシーの原点を知ろうとする。男女道徳の乱れを慨嘆する下宿の主人の話から、これは駐米勤務の重要部分と興味を抱く。帝国海軍はここまで考えていたのかと、びっくりだ。

大井の若々しさは九十代になっても衰えない。新しい知見を積極的に吸収して自らのアメリカ観を再検討することも怠らない。この筆致で終戦まで書いてもらいたかった。その死が惜しまれる。

●笠原十九司《とくし》『海軍の日中戦争――アジア太平洋戦争への自滅のシナリオ』平凡社

日中戦争から太平洋戦争までの過程を、海軍が臨時軍事費で軍備を拡張し、航空部隊は中国大陸で実戦を積み重ねながら対米戦に備えたという一筋の線を描いて海軍を告発する本だ。いわゆる海軍善玉論の総否定で、資料的にきちんとおさえ、説得力に一見富むのだが、すべてをその図式で説明していいのか。つねに軍は和戦両様で備えるので、歴史の結果から、その一つだけを取り出しているのではないかという疑いも浮かぶ。

では、なぜこの本を取り上げるのか。それはひとえに、「第1章　海軍が仕掛けた大山事件」に衝撃を受けたからだ。上海の海軍陸戦隊大山勇夫《いさお》大尉は中国の保安隊に襲撃され、殺害された。それが大山事件で、これをきっかけに、事変は北支から中支に飛び火した。この事件を、日中戦争を全面化させるために海軍が仕掛けた謀略であったと著者・笠原十九司は断定する。

笠原が自説の材料にしているものがいくつもある。『上海海軍特別陸戦隊殉職海軍大尉　大山勇夫の日記』という昭和五十八年（一九八三）に出た非売品、昭三編集委員会『海軍回顧録』という非売品の本に載った、事件当夜に現場に駆けつけた重村実の回想記、さらに元都立戸山高校の教員で、戦争中は陸軍で暗号解読に従事していた武藤徹の証言である。

『大山勇夫の日記』には部下たちの回想、母親の手紙、戦死当時の服装で写った大山の写真なども併載されている。「平常の租界外の視察は、日本軍人であることがわからないように私服で」行くのに、この日は軍服で、拳銃は携帯しなかった。

武藤証言とは、終戦前に陸軍の暗号解析の第一人者・釜賀一夫少佐から武藤が直接聞いた話である。「大山勇夫中尉は、上官からお国のために死んでくれ、家族のことは面倒を見るからと言われて出かけた。こちらからは攻撃するなと言われ、武装せずに出かけた」というものだった。

笠原は、「大山事件は、船津和平工作を粉砕し、出撃態勢にあった大村、台北、航空母艦加賀から海軍航空部隊を出撃させるために仕掛けられた謀略」と結論する。もし、その通りだったら、歴史は書き換えられなければならない。どうなのだろう。

陸軍の謀略によって戦線が拡大することは数々あったが、これは海軍の謀略となる。

●武田頼政『零戦の子——伝説の猛将・亀井凱夫《よしお》とその兄弟』文藝春秋

本書の三兄弟は、誰もが一冊の評伝の主人公になりうる存在である。長男は親軍政治家・亀井貫一郎、次男は海軍パイロット・亀井凱夫、亀井兄弟の義弟・毛里英於菟《ひでおと》は革新官僚だった。本書は「零戦の子」を主人公に、兄と義弟を配する。「日本が戦争に突入し、そして破滅へといたる過程」を、名門家族のそれぞれの人生を追うことで語らせる。

津和野藩の亀井家の分家なのだが、父が廃嫡になり、借金も背負った主人公は海軍兵学校（46期）に入り、初期の航空に進む。「着艦三羽烏」の一人となった命知らずの飛行機乗りだ。その亀井凱夫の日記と手紙を遺族から入手し、日米開戦にも懐疑的な海軍将校の戦いと家族への思いが紹介される。開戦当日、凱夫は台湾の高雄基地にいて、日記に記した。

「大正九年以来、二十二年の海軍航空生活は自分にとって大きな試練の連続であった。海軍航空の黎明より歴史と共に歩み来った自らを省みてよく生きて来たと思う。しかし今日の日を幸いにして迎えるを得た喜びを思うにつけても、この間に倒れた先輩、同僚の上を思う時、感慨また実に深いものがある。／飛行機はあらゆる意味において自分を育ててくれた。人間として今日を作ってくれた」

作戦は成功し、フィリピンのダバオに進出すると、こんな短歌を詠む。「当直の　兵の若きにとしきけば　我子とおなじ十七と云ふ」。本来は文学志望だったという凱夫のやわらかな心は日記と手紙から伝わってくる。凱夫は昭和十九年（一九四四）にグアム島の洞窟で自決する。享年四十五。

残る二人はふつうに評価すると、陸軍に近寄り、戦争協力に邁進した、となる。亀井貫一郎は才気煥発、「希代のプレーボーイ」といわれた美貌の外交官で、政治に転身する。それも政友会や民政党ではなく無産政党の社会大衆党で、そこで近衛新体制運動に関わる。毛利英於菟は大蔵省に入り、革新官僚として頭角をあらわし、国家総動員体制を作っていく。二人とも、どう評価するかがなかなか難しい。昭和十年代の「日本国のかたち」を作るのに手を貸した人物だからだ。

それにしても魅力的な題材であり兄弟である。英於菟は昭和二十二年（一九四七）に病死する。友人代表で弔辞を述べたのは池田勇人だった。昭和六十二年（一九八七）まで生きた貫一郎の戦後は不遇だった。「しくじったりといえども昭和革命の敗戦の記念碑として、（略）毛里とぼくは隣り合わせで墓を円覚寺に作ったものです」（『亀井貫一郎氏談話速記録』）。

――「週刊ポスト」二〇一五・一・一／八合併号

●片山杜秀『左京・遼太郎・安二郎――見果てぬ日本』新潮文庫

原節子が亡くなった年に、その「父親」笠智衆の存在を通して「日本」を考える、示唆に富む名著が出現した。

片山杜秀の『見果てぬ日本』は、といって別に映画の本というわけではない。「持たざる国」日本が陥っている終わりなき泥沼に、一条の光を見つけようという積極果敢な試みである。SFの小松左京、歴史小説の司馬遼太郎、映画の小津安二郎、この三人を読み解くことで、昭和から平成の日本の困難が徐々に明らかになってゆく。その手際はスリリングにして、構想力に溢れ、語りはエネルギッシュである。

ハイリスク（核分裂型原発）を引き受けて、万博的未来を創出しようと決断した小松。豊葦原《とよあしはら》瑞穂国の農民気質を騎馬民族と海人のロマンで挟み撃ちする司馬。そして何よりも、支那事変に召集され、大陸での二年間の軍隊生活から、ぎりぎりのところで現われる「本物の人間だけを描こうとする映画作り」をした小津。その小津にとって、自作の画面に欠かせない人物として浮上したのが笠智衆だった。

貧弱な肉体の日本兵がなぜ世界で一番強いのか。一挙手一投足にも無駄を省き、体力を温存し、いつ来るかわからない決戦に備える。無愛想で、不器用で、ぶっきらぼうで、何かに耐えている。それでいて魅力的な人間が笠智衆だった。「日本という国全体の体力不足」に見合う人物像が小津にはどうしても必要だったのだ。非常時にも、平時にも。

小松と司馬は、希望の出口を未来と過去にそれぞれ求めた。その果敢で壮大な文明論は魅力的ではあるがゆえに、隘路につきあたる。「出口なし」の大前提を引き受ける小津＝笠智衆の「省力法」にこそ、かぼそい突破口がある。著者はそう語っている。

小津だけでなく、司馬も小松も戦争体験を深化させることで、各人の世界を築けた。ちゃらい平和観や戦争論が跋扈する平成日本で、そうした強靭な思考を生むのは、それ以上に細い道である。

●押田信子『抹殺された日本軍恤兵部の正体――この組織は何をし、なぜ忘れ去られたのか？』☆ 扶桑社新書

「この見慣れない「恤」の字を読める人が何人くらいいるのだろうか。「りっしんべん」に「血」、何やら薄気味悪さが漂う。大方の人は、この字を前にすると、こんな感想を持つかもしれない。かつての私のように」

「恤兵」は「じゅっぺい」と読む。「恤」を漢和辞典『大字源』で引くと、あわれむ、めぐむ、うれえる、といった意味があり、「恤兵」で「出征兵士の苦労をねぎらい、物品を贈る」となる。

著者の押田信子は『兵士のアイドル――幻の慰問雑誌に見るもうひとつの戦争』（旬報社）、『元祖アイドル「明日待子《あしたまつこ》」がいた時代――ムーラン・ルージュ新宿座と仲間たち』（扶桑社）など「戦争とアイドル」をテーマにした本があるが、本書は押田の研究の本筋である「恤兵部」をテーマとする。「アイドル」はむしろそこから派生したものだ。

陸軍省に恤兵部が開設されたのは日清戦争の時で、戦争のたびに成長していく。恤兵を支えたのは銃後の一般庶民だった。

「日中戦争時には、新聞はほぼ一面を美挙報道に費やしたこともあった。貧しい者たちの「貧者の一燈」は別の献金者を生み、倍々に数が増えていった。「貧者の一燈」とは確かに言い得て妙ではあるが、この言葉を生み出した『朝日新聞』は大いに気に入ったと見えて、終戦まで、時代をまたいで、紙面の見出しに登場する」

恤兵は、娼妓や車夫をも含む民衆の「下からの」自発的な戦争支援といった側面が強いが、それが「上からの」動員に「すり替わった」と著者は見る。その時期は支那事変時に興亜奉公日が設けられ、その日の実施項目に「前線に慰問文、慰問袋を送ること」となった時であった。「献金のレジャー化」、

「同調圧力」の利用など、あの手この手で人々を戦時体制に巻き込んでいく。その恤兵部の記事は昭和十九年（一九四四）までしかない。銃後が戦地に思いをはせる余裕もなくなり、恤兵金や慰問袋を戦地まで輸送することも困難なところまで戦局は追い込まれていた。

戦後に作られた文書によると、支那事変以降の献納恤兵金の総額は一億五千七百万円で、終戦時の残金は三千八百万円だった。

●藤田嗣治［著］林洋子［編］『藤田嗣治　戦時下に書く――新聞・雑誌寄稿集1935～1956年』ミネルヴァ書房

戦争画を描いたために、戦後になって戦争責任を問われたフジタの戦時下の発言と寄稿を集大成した本である。私は個人的には、あと三年早く出してもらいたかった。というのは『戦争画リターンズ――藤田嗣治とアッツ島の花々』（芸術新聞社）という本を書く時に、さんざんフジタの文章を探したからだ。かなり見つけたつもりでいたが、まだまだ見落としていた。

本書の編者・林洋子は評伝『藤田嗣治　作品をひらく』（名古屋大学出版会）の著者で、藤田研究の第一人者だから、さすがに徹底している。戦時下に「描いた」絵画をなおよく知るためには、戦時下に「書いた」文章は必須だろう。いまだに人気の高い藤田だから随筆集『腕一本・巴里の横顔』（講談社文芸文庫）、『随筆集　地を泳ぐ』（平凡社ライブラリー）が読めるのだが、やはり問題の時期に藤田が何を感じ、何を考えていたかを、知りたいではないか。

藤田の父親・藤田嗣章は陸軍軍医総監という高位にいた軍医だった。陸軍中将に相当し、藤田の父の前任者は鷗外森林太郎だった、といえばエラさがおよそ想像しうる。藤田が父を追悼した「私の父と私」は大事な文章だろう。

「私の父はよくある世間の画家嫌ひな父とは雲泥の差があつた事は私の幸である。戦争画を描く為めに渡支する私を喜んでくれた、流石《さすが》は軍人の父と益々父を尊く思つて居たのだつた。私の動脈にも先祖代々の武士の血と父の軍人の血が通つているのは唯一の父の遺物として日本人の私としての誇りであり、現今の私、将来の私を作りつゝあるのも父のお蔭に外ならぬのである」

「アッツ島玉砕」を描いた頃の文章や発言は少ないが、「新に国宝を造らう」はその時期のものだ。「私どもはこの戦争が苛烈を極める時に国民の士気を昂揚する外は美術家のとるべき道はないと思ひます、それで戦争画に没頭してかうした画が後世に残つて日本の精神、士気を永久に昂揚さして行くものだらうと思つて私たちは今将来の国宝になるべきものをこしらへようと考へてゐます」

アメリカから帰還した藤田たちの戦争画は「国宝」どころか、いまも「永久貸与」されたままで、戦勝国アメリカの戦利品となっている。

●山本武利『陸軍中野学校――「秘密工作員」養成機関の実像』筑摩選書

――「週刊ポスト」二〇一七・一二・二二

謎に包まれた諜報機関「陸軍中野学校」の紛れもない、本格的な歴史書の出現である。「中野」といえば、ルバング島から生還した小野田寛郎元少尉の帝国軍人そのものといった直立不動の姿勢と、市川雷蔵映画のハードボイルドで端正な風貌を思い出す。そんな虚実とりまぜたイメージの予断を排し、たった七年間の歴史を闇の中から発掘している。

中野学校は同時代には存在そのものが秘匿されていた。隣の敷地にあった憲兵学校出身者もその存在に気づかなかった。講義内容をノートにとることも歓迎されず、教科書は返却する必要があった。徹底した秘密主義である。学生たちは髪を伸ばし、背広とネクタイを支給された。全陸軍から選抜され、「透明人間」として生きねばならない。勲章もなく、靖国に祀られることも望めないエリート集団であった。

中野の教育方針は戦局などで変更を余儀なくされるが、根本にあるのは、単独行動に耐えうる知性と判断力の育成だったといっていい。命令一下、死ぬことを義務づけられた軍人たちとは正反対である。自由な議論が歓迎され、降伏か玉砕かを論じ、天皇制の是非までフリートーキングだった。その一方で、「国体学」が重視されていた。特殊な教育空間から二千数百人が巣立つ。

敗戦とともに書類は焼却され、卒業生たちの記憶は密封された。著者の山本武利はインテリジェンス研究の第一人者である。国内外の史料を探し出し、生存者に取材し、無名者たちの辛酸の歴史を復元している。

「中野」に一番注目したのがソ連であり、アメリカは占領一年後に学校の存在に遅ればせながら気づく。皮肉な話である。それ以上に皮肉なのは、昭和天皇の「御言葉」が「中野」の自由な言論を萎縮させたことだった。著者は『昭和天皇実録』の小さな記事を手がかりに、その皮肉に接近していく。そこからは上下ともども、アジアを軽視した帝国日本像が炙り出されていく。

●火野葦平『インパール作戦従軍記――葦平「従軍手帖」全文翻刻』集英社

「大越［兼二］参謀長、ここから乗りこむ。土と兵隊その他の戦争はまだ甘かった、今度の戦は脳漿を地にすりつけるやうな戦だといふ」

『麦と兵隊』『土と兵隊』などの「兵隊作家」火野葦平のビルマ従軍日記の一節である。七年前の支那事変の戦場とは天と地ほど違う。時は昭和十九年（一九四四）八月。日記は四月から九月まで書かれた。場所はインパール作戦とフーコン作戦の惨憺たる戦場だ。

火野は昭和二十五年（一九五〇）にインパールを描いた長編小説『青春と泥濘』を出版した。書き上げた時に涙があふれ、とまらなくなった。「兵隊であった私が、戦場で生死をともにした兵隊たちの気持を、いつかは代弁しなくてはならないと思いつづけていた意図の若干を果たし得たと考えたからであった」（『葦平曼荼羅』）。『青春と泥濘』はこの「従軍手帖」を頼りに書かれた。本書と『青春と泥濘』を比較し、重ねて読めば、火野が書こうとした戦場はよりリアルに伝わってくるだろう。いつか比較して読みたいと思いつつ、まだ実践してはいないのだが。

しかし本書は、これだけ読んでも十分、いや十二分に戦場を伝えてくれる。小さな手帖六冊に、細かな文字で詳しく書かれている。覚書風ではなく、きちんとした文章で、観察と描写がなされ、彩色されたスケッチまである。疲れを知らぬ、タフな作家精神を感じさせるものだ。

火野は「兵隊作家」ではあるが、ミリオンセラー作家としての特権もあり、将官クラスにも会って、話している。牟田口廉也、田中新一、柳田元三、田中信男といった将軍たち、それから瀬島龍三、三橋泰夫（宇垣一成の女婿）といった佐官たちも。瀬島からは大東亜戦争の開戦経緯を聞いてメモしている。

火野は帰国して、九月二十五日には、陸軍省大臣室で杉山元陸相以下に「忌憚のない意見」を伝える。「地図をひろげ、従軍手帖を頼りに」、作家としてではなく「一国民」として、「このまま進めば、由々しき結果を将来することを恐れます」（『葦平曼荼羅』）と直訴した。

火野は昭和三十五年（一九六〇）に自死する。その生涯をたどれば、下士官と兵隊の側に立った、良質な日本人が体験させられた昭和史になるのではと予感させる。

●渡辺考『沖縄　戦火の放送局――軍隊に飲み込まれたラジオ』大月書店

「戦争とともに誕生し、戦火に消えた日本放送協会沖縄放送局。／沖縄にふたたび日本放送協会が誕生するのは、今から五〇年前の一九七二年五月一五日、沖縄が本土に復帰した、まさにその日だった」

本書はNHKで数々の戦争番組を作ってきた渡辺考が沖縄に赴任して出来た本である。「沖縄戦終焉の地」摩文仁《まぶに》の丘近くにある平和祈念公園に「日本放送協会沖縄放送局戦没者慰霊碑」があり、そこには七人の名前が刻まれている。当時の職員の約半分が戦いの犠牲となっていた。

当時の沖縄放送局長だった岩崎命吉《のぶきち》は捕虜となって生き残り、三冊の手記を残していた。その手記を軸に、アジア各地での先輩たちの放送の実態と、「軍と運命をともにし」、多くの犠牲をともなった終焉の悲劇をまとめたのが本書である。

技術畑出身の岩崎は、戦時下に「放送報国」の尖兵役を振り当てられる。南洋庁のパラオ放送局の初代局長となったのは、太平洋戦争目前の昭和十六年(一九四一)九月、四十一歳の時だった。パラオで一年を過ごし、帰国後数ヶ月、今度は沖縄放送局の二代目局長へと異動になる。沖縄はまだ平穏だった。

岩崎の戦後の手記では、首里の町は「平和そのままの町である。(略)数世紀もの間世界からは忘れられたかのように、平和に明け平和に暮れていた」。やがて実戦部隊が次々と送りこまれる。岩崎は軍と沖縄との「橋渡し」役を担う。軍司令部の名物男・長勇《ちょういさむ》参謀長とも親しくなり、長の名前は岩崎の「日誌」に頻繁に登場する。

「[昭和十九年]十二月十八日那覇市に於ける或会議の席上　長参謀長閣下は敵の来攻は必至なり来年二月末か三月初旬なりとの声明が秘密裡に発表された　軍の敵を迎へ撃つ体勢は未だ充分ならざるも次第に整備しつつある」

米軍上陸を前に放送局は閉鎖され、岩崎らは「無給軍属となり軍通信に協力す」る。岩崎が米軍に投降するのは、「通信隊」が解散になってからだった。
「ラジオの戦争責任」を内部から問う姿勢が本書には一貫している。

――「週刊ポスト」二〇一九・九・一三

●篠原昌人『非凡なる凡人将軍　下村定《さだむ》――最後の陸軍大臣の葛藤』芙蓉書房新社

敗戦後に就任した最後の陸軍大臣下村定の伝記である。中国大陸の戦線から呼び戻され、東久邇宮内閣と幣原内閣で、幕引きの大役を務めた。本書の著者・篠原昌人は下村を「清算会社の社長」と表現している。下村「社長」と同期（陸士20期）の大将には、牛島満（沖縄戦で自決）、吉本貞一（敗戦後自決）、木村兵太郎（東京裁判で絞首刑）がいた。下村の前任者・阿南惟幾は「一死、大罪を謝す」と割腹自殺していた。

「生涯に三度自決を覚悟した」（下村の娘である演出家の河内節子の証言）という下村は、生きて「謝す」役割を担った。敗戦直後の帝国議会での答弁に、下村の立場は端的に表現されている。戦中の反軍演説で著名な斎藤隆夫議員の質問に下村大臣は答えた。「所謂軍国主義の発生に付きましては、陸軍と致しましては、陸軍内の者が軍人としての正しき物の考え方を過《あやま》ったこと、特に指導の地位にあります者がやり方が悪かったこと、是が根本であると信じます。（略）殊に許すべからざることは、軍の不当なる政治干渉であります」。大きな拍手が起きた答弁は、予定の原稿にはない下村「社長」の「心底からの叫び」であった。

下村の軍人としての履歴の一番の華は、この八年前、参謀本部第一部長という要職に就いた時であろう。支那事変勃発直後、前任者の石原莞爾は「事変不拡大」を訴えて、左遷された。陸軍作戦の実質的決定者となった下村部長は、家族に「今大きなことをやっているんだよ、お前たちも成功を祈っておくれ」と洩らしている。その「大きなこと」とは大陸の戦線の膠着状態を打開するための杭州湾上陸作戦の決行であり、南京追撃の容認であった。著者は昭和十六年七月時点での下村の「反省自粛」訓示に注目している。

最新刊『ある「BC級戦犯」の手記』（冬至堅太郎著、中央公論新社）には、その後BC級としてスガモに収監された下村の姿が出てくる。昭和二十二年正月の入浴時の一首。「獄の湯に老将の背を流しゐて我泣きにけり父を憶ひて」

●前田啓介『辻政信の真実　失踪60年──伝説の作戦参謀の謎を追う』小学館新書

──「週刊ポスト」二〇二一・九・一〇

「この人物、危険につき取扱い厳重注意」──そんなレッテルを貼るのに一番ふさわしい「昭和史の怪物」が辻政信である。

ノモンハンの失敗、マレー作戦の成功、シンガポールの華人虐殺、ガダルカナルにもビルマにも出没する。敗戦後の潜行、体験記を書けばベストセラー作家、国会議員在職中の失踪……、華やかに浮き沈みする騒々しい人生があり、辻を慕う人々、辻に振り回された人々も多数存在した。この魁偉にして、ピラニアのような人物を、正負を含めて評伝にしたのが前田啓介『辻政信の真実』である。

もともとは読売新聞の石川県版に連載された。石川県は辻の故郷である。地の利をいかしての新事実、新発掘、新証言がたくさんあり、「絶対悪」「狂気の参謀」といった戦後的評価では捉え切れない、自ら「軍人勅諭の化身」たらんとした、過剰な潔癖と過剰な独善の人生を描き出している。

付き合ったらヤケドしそうなこの難物を、著者は「淡々と書き切る」という方法を採用して、捕捉に成功している。戦術家、雄弁家、パフォーマー、文筆家、そのどれにもスター性があった辻のアキレス腱にも目を届かせる。高松宮の辛辣な辻批判「独りで作戦をきり廻す、司令官等はロボットなりと云わぬばかり」。上司だった山下奉文《ともゆき》司令官は「所謂こすき男にして、国家の大をなすに足らざる小人なり」と日記に書いた。劇作家の三好十郎は辻の当選を、「戦争から与えられた苦しみに対する日本人の鈍感さだ」と問題にした。

戦後の辻は本が売れ、議員になってカネ廻りがよくなったが、気前よく元の上司や部下にふるまっていた。辻の次男・毅が語る辻家の経済事情も新証言である。

「ずいぶん収入はあったんです。だけど、それを戦争で困った人たちの家庭に持っていったんですよ。家族に渡さずに。うちの家族は、いつも質屋通いでした」

本書は「極秘」の公文書によって、辻のラオスでの最後の足取りも確認し、辻の最後の心境にまで迫ろうとしている。

――「週刊ポスト」二〇二三・二・二四

●太田茂『日中和平工作秘史――繆斌《みょうひん》工作は真実だった』芙蓉書房出版

元検事によるコアな昭和史研究である。「日曜歴史家」のレベルを遥かに超え、「繆斌《みょうひん》工作」という難問に挑んで、名推理が冴える。本書とほぼ同時に『OSS（戦略情報局）の全貌――CIAの前身となった諜報機関の光と影』と、『新考・近衛文麿論――「悲劇の宰相、最後の公家」の戦争責任と和平工作』も出した。三冊は相互に連携し、有機的に連関する。

わずか五年間の探求で、ここまで来るとは尋常でない。著者・太田茂は京都地検検事正で退官し、大学教授に転身、いまは弁護士とのこと。検討される資料は四百冊、これは大学教員だったから、ここまで徹底できたのだろう。

「繆斌工作」とは昭和二十年（一九四五）春、小磯國昭内閣によって企てられた日中和平工作である。支那事変勃発後、「トラウトマン工作」から始まり、潰えた和平工作は数知れない。繆斌工作は重光葵外相、木戸幸一内大臣が「謀略」だと反対し、最後には昭和天皇が引導を渡し、内閣総辞職となった。

それは正しい判断だったのか。著者は、読者を陪審員として、歴史の素人でも納得がいくように、いちいち念を押しながら論理を運んでいく。実務家による開かれた「歴史法廷」といえる。

著者は検事時代に身につけた「情況証拠による事実認定」の手法を採用する。間接証拠を積み重ね、ジグソーパズルを組み立てる。その一方で、反対事実、消極証拠も反芻して検討する。当初は著者自身が半信半疑だった繆斌工作を真実だったと結論するに至る。

テヘラン会談でハシゴを外され、ヤルタ密約で米英ソから裏切られた蔣介石は、「密かに日本との講和、それを通じた連合国との講和を、ソ連の参戦前に実現しよう」と考えていた。「それを、日本の陸海軍中央や外務省の為政者らがまったく洞察できていなかったことに悲劇がある」。

本書を読むと、縄張り意識に凝り固まった官僚、軍人、そして宮中に、昭和史の「勤務評定」を突きつけた感がある。元検事の論告はクールにして、凄味あり。

――「週刊ポスト」二〇二三・五・二六

●阿久澤武史『キャンパスの戦争――慶應日吉１９３４―１９４９』慶應義塾大学出版会

「慶應義塾の歴史は日本の近現代史そのものであり、日吉キャンパスには激動の昭和史が凝縮されている」

『キャンパスの戦争』は、日吉台地下壕保存の会会長であり、日吉の慶應義塾高校校長でもある著者が案内する、「昭和モダン」が戦争へと向かう日常と非日常を描き出した好著だ。

昭和九年（一九三四）に開校した横浜市日吉の慶應予科キャンパスは、豊かな自然とアール・デコ建築の校舎があり、理想的な教育環境となるはずだった。旧制高校の蛮カライメージの寮とは対極的な、個室のある寄宿舎も完備された。「規律と自治の精神」が溢れた学び舎は、すぐに時代の波を大きく受ける。断髪令や服装統制が始まり、やがて戦争の時代で学徒出陣へと進む。

日吉キャンパスが他大学と大きく違うのは、自慢の校舎に海軍軍令部第三部（情報部門）が入り、寄宿舎は海軍の連合艦隊司令部になってしまったことだ。さらには地下には巨大な地下壕が急ピッチで建設され、キャンパスは海軍のための「陸の要塞」と化したのである。敗戦後の四年間、こんどは米軍に接収された。

「わずか十一年前に「近世アメリカンスタイル」と形容された校舎が、米兵の兵舎になったというこの皮肉な事実は、この校舎が経験した変転の歴史そのものである」

校舎に通った学生たちの青春にも多くのページが割かれている。堀田善衛や安岡章太郎といった作家ばかりではなく、普通の学生のライフ・スタイル、日米開戦の日の様子など。開戦の報を知らずに登校した暢気者が多いのにびっくりする。『きけわだつみのこえ』の特攻隊員・上原良司もそんな普通の学生だった。

本の中には、『予科時代』というキャンパス・ライフを撮った写真もたくさん載っている。短い青春を定着させた、その写真の空気感はたまらない。撮影者は戦後に民俗写真家となる芳賀日出男だ。芳賀は学徒出陣で海軍航空隊に入り、昨秋、百一歳で亡くなった。

●片山厚志　ＮＨＫスペシャル取材班『密室の戦争──日本人捕虜、よみがえる肉声』岩波書店

——「新潮45」二〇一六・一〇

待望していた本である。一月にNHK‐BSで見た、これぞスクープという「音声」が詰まったドキュメンタリー『密室の戦争』の書籍化である。「まえがき」で番組プロデューサーの松本卓臣は、「戦場を生きる人間の魂と言葉」が「完全冷凍保存」された音源だった、と驚きを隠していない。私もまさにその通りだと思った。

十三時間分の音源には、四人の日本人捕虜が登場する。隠し録りされた記録は、軍服を剝ぎ取られ、尋問室にひとり連行され、「戦争」に向かい合わされる無名の日本人の姿そのものである。三人は民間人を処刑した「戦争犯罪」の追及を受けている（うち一人は戦後の裁判途中に首を吊って死んでいたと取材中にわかる）。残る一人は連合軍への協力を執拗に要請されている。マジックミラー越しに、尋問ドラマに立ち会っているかのようであった。戦後の「反省」も「記憶」も介在していない、戦中の日本人が苦しげに、そこに座っている。

著者である番組ディレクターの片山厚志は、国会図書館の憲政資料室で、職員から「米国立公文書館に捕虜尋問の録音があるらしい」と耳打ちされる。アメリカ在住のウィンチ啓子に調査を依頼する。録音は公開資料ではあるが、まだ誰もアクセスしていないことが判明する。送られてきた音源はノイズだらけで聴き取れない。やっと聞こえてきた声は「できましたら、私は死にたいんです」と語っていた。

音源を最新技術でクリアに復元することと、ローマ字で書かれた四人の捕虜の名前の特定と足跡探しが並行して行われる。「私は死にたいんです」の声の主イナガキは、秦郁彦『日本人捕虜』（中公文庫）に出てくる海軍主計大尉の稲垣利一と判明する。稲垣は東京帝大で中曾根康弘や鳩山威一郎（鳩山由紀夫・邦夫兄弟の父）の同級生だった。尋問場所がオーストラリアのブリスベーンだったこともわかってくる。

遺族に辿りつき、音源を聞いてもらうまでや、関係者を探して現地に海外取材をするといったいわゆる番組メイキング部分と、音源を文字化して、尋問を再現する部分の双方から成る書籍『密室の戦争』は読ませる。機動力と組織力と資金力が投入できるＮＨＫの強みは、本の内容の厚みとなって表われている。

戦争物ノンフィクションがテレビ番組発で占められることになって久しい。戦争体験者の高齢化と減少に伴い、当事者取材はほぼ不可能になり、新資料の出現は圧倒的に海外のアーカイブスに依存せざるを得なくなっているからだ。戦争体験の継承がもしあるとしたら、そのもっとも重要な担い手として、ＮＨＫが果たしている役割は大きい。『密室の戦争』ももともとは昨年八月に総合テレビで放送されたものである（私が見たのは再編集された長尺版だった）。「八月ジャーナリズム」のにぎわい（とあえて陽性に言おう）があった「戦後七十年」の昨年に比し、今年の八月は淋しかった。ＮＨＫはオリンピックにかまけて、公共放送の使命を忘れてはいないか、との危惧の念すら持たされた。

戦争が遠い過去になりつつあることは、『密室の戦争』の捕虜四人が誰も現存していないことでもわかる。かろうじて息子たちが健在だったのは、少年戦車兵の尾方駒三郎のケースだった。尾方が息子に話した戦争は、初陣の時に手が震え鉄砲の引き金を引けなかったが、隣の兵士が死んだのを見て、夢中で撃ったということくらいだった。片山ディレクターと野呂剛士カメラマンは、父が捕虜の処刑を命じられたことを伏せて、取材に臨む。片山は三ヶ月間の葛藤の末、カメラを回すことを選ぶ。父の肉声を聴かされて、顔を歪める息子たちの表情は放送で見る限りは「いい絵」である。この不意打ちは、カメラという圧力の前で、無辜の人への「反省」を強要することになっていないか。片山の正直な胸の内を本書で知った後でも、すっきりはしない。

放送でも書籍でも、捕虜たちの中で一番大きく取り扱われているのは、稲垣利一である。英語を使える外交官志望者であり、戦争に疑問を持つインテリであり、戦後は「感ずる所あって」官僚にはならず、学術書出版の道を進む。「自分は墓には入れない。（死んだ）仲間に顔向けできない」と語り、八十七歳で亡くなると、相模湾に散骨されていた。

稲垣はニューギニアのポートモレスビー攻略作戦に参加し、栄養失調とマラリアの高熱で動けなくなり、自決をするが、銃が壊れていて目的を達せられなかった。稲垣の場合、尋問は英語で丁重に行なわれる。敵味方の立場である尋問官と稲垣は、戦争について「対話」をしている。お互いを認め、理解しようとしている。稲垣は英語で話しながら、心情のやわらかな部分に触れると、日本語に切り替えることを乞う。その一箇所が「私は死にたい」である。稲垣は無理と知りつつ、「薬か、拳銃でも貸していただけたらと思います」と口にする。

私はここで大岡昇平の『俘虜記』を思い出した。戦争を遂行する日本に批判的だったインテリ老兵の大岡は、捕虜尋問の直後に突然、「殺せ、すぐ射ってくれ、僚友がみんな死んだのに私一人生きているわけに行かない」と叫ぶ。大岡と稲垣という二人に共通したこの心情の揺れを戦後の私たちが追体験することは難しい。「戦争」を知る核心がそこにこそあるにもかかわらず。大岡の文章と稲垣の肉声が響き合う地点にこそ接近しなければならない。そのためにも稲垣利一の音源は、ＮＨＫのサイト「戦争証言アーカイブス」で是非、全編公開してもらいたい。

第五章　大日本帝国の拡大と破綻

◆定本コーナー

日本国が昭和二十年（一九四五）八月十四日に受諾したポツダム宣言の第八項には、「日本国の主権は本州、北海道、九州及四国並に吾等の決定する小諸島に局限せらるべし」とあった。明治初年の国土に戻ったと考えれば不都合はないが、台湾も朝鮮も失った。昭和十二年（一九三七）からは中国大陸の地図に次々と日の丸が立ち、大東亜戦争の緒戦では日の丸は南方へと進撃した。「大東亜共栄圏」という大風呂敷は、この日、完全に破綻した。満洲国の首都新京で自殺した甘粕正彦の辞世の句ではないが、「すってんてん」となった。

台湾総督は文官も就任したが、朝鮮総督は歴代十一人すべてが陸海軍軍人、満洲国の関東軍司令官は本庄繁が陸軍中将、武藤信義以後の六人はみな陸軍大将だった。この例からもわかるように、帝国の拡大は陸軍の勢力増大でもあった。

松井石根《いわね》、土肥原《どひはら》賢二、板垣征四郎――東京裁判で絞首刑となった七人のうち三人は「支那通」といわれた陸軍軍人だった（東条英機、武藤章、木村兵太郎は支那通ではない。広田弘毅は文官）。戸部良一『日本陸軍と中国――「支那通」にみる夢と蹉跌』（ちくま学芸文庫）は、「支那通」という陸軍内の二流の人々の動きから昭和史の失敗を解明する。

「戦前の日本で中国に関する情報を最も広くかつ組織的に収集し、その情報の質と量の面で圧倒的優位を誇っていたのは、ほかならぬ陸軍であった。外交の一元化を主張し対中関係に軍が関与することを嫌った外務省でさえ、情報収集に関しては陸軍にかなわなかった。（略）つまり、彼らは長期の現地駐在により体験に裏づけられた中国観を持ち、実務としてもその職歴の大部分を中国情報の収集と分析についやした専門家であった」

戸部は「支那通」軍人について、「西欧列強の圧迫から東洋を守るという素朴な「東亜保全」のロマンティシズム」を持ち、「主観的には日中提携を目指しながら、結果としてはそれに反する行為を重ねてしまった」とまとめているが、動機と結果との落差は彼らばかりではなかったし、近代日本を貫いていたともいえる。

満洲事変の立役者・板垣征四郎と事変時の関東軍司令官・本庄繁は支那通だが、もう一人の立役者・石原莞爾は支那通とは言えない。強いていえば軍事思想家か。**石原莞爾『最終戦争論』**（中公文庫）は、陸軍内で失脚した後、昭和十五年（一九四〇）の講演をもとにしている。当時のベストセラー本だった。数十年後に東西の勝者——米国と日本により世界最終戦争が起こり、その後に絶対平和が訪れるという予言の書で、その中で「昭和維新」「東亜連盟」「八紘一宇」が語られていた。

「悠久の昔から東方道義の道統を伝持遊ばされた天皇が、間もなく東亜連盟の盟主、次いで世界の天皇と仰がれることは、われわれの堅い信仰であります。（略）天皇が東亜諸民族から盟主と仰がれる日こそ、即ち東亜連盟が真に完成した日であります。しかし八紘一宇の御精神を拝すれば、天皇が東亜連盟の盟主、世界の天皇と仰がれるに至っても日本国は盟主ではありません」

石原莞爾については数十冊の本が出ているが、**阿部博行『石原莞爾——生涯とその時代（上下）』***

（法政大学出版局）が最も信頼しうる評伝だ。石原について知るためにまずあたるべきであろう。**福田和也『地ひらく――石原莞爾と昭和の夢（上下）』**＊（文春文庫）は、若く、颯爽とした筆致が魅力的である。「昭和の歴史を書こうと思う。／「昭和」の核心にかかわるものすべてを、自分のものとして抱き、感じ、味わいたい。「聖戦」として合理化するのでもなく、「侵略」として切りすてるのでもなく、大きな失敗と遠い理想の全体を、直接に、自分にかかわるものとして考えて、引き受けたいのだ」という野心が漲っている。**田中秀雄『石原莞爾と小澤開作――民族協和を求めて』**（芙蓉書房出版）は、石原の思想に共鳴した満洲青年連盟の活動家・小澤開作をむしろ主人公にしている。開作の三男が指揮者の小澤征爾で、その名が板垣「征」四郎と石原莞「爾」からとられていることは有名なエピソードだろう。

満洲国の前史から崩壊までは、**山室信一『キメラ――満洲国の肖像　増補版』**（中公新書）が詳しい。キメラという「頭が獅子、胴が羊、尾が龍という怪物」を満洲国に見立てる。「獅子が関東軍、羊は天皇制国家、龍は中国皇帝および近代中国」である。増補版の補章「満洲そして満洲国の歴史的意味とは何であったか」は二十四の具体的問いに答える形での満洲ガイダンスとなっている。昭和六年（一九三一）の満洲事変から昭和八年（一九三三）の国際連盟脱退までは、**緒方貞子『満州事変――政策の形成過程』**（岩波現代文庫）が古びていない。後に国連難民高等弁務官となる緒方は、もともとは学者で、『満州事変』は若き日の博士論文をもとにしている。満洲研究の開拓者で、実証的研究の先鞭をつけた。元関東軍参謀の片倉衷《ただし》などに取材し、史料の提供も受けた。緒方の曾祖父は犬養毅、祖父の芳澤謙吉は満洲国が建国された当時、犬養内閣の外務大臣の座にあった。

渡部昇一［解説・編］『全文　リットン報告書』（ビジネス社）はいまでも読むに値する国際連盟のリットン調査団の報告書で、当時も「改造」と「中央公論」は別冊付録として全文を出した。柳条湖

（当時は柳条溝と報道された）の爆破が関東軍の謀略であるという事実が広く知られたならば、昭和史の歩みは変わっていた、と私には思える。『リットン報告書』は関東軍の謀略と認識しつつも、配慮の塊りのような、慎重な書き方を採用している。

「九月十八日の午後十時から十時半のあいだに、鉄道線路上ないしその付近で爆発があったことは疑いないが、鉄道に対する損傷は、もしあったとしても長春からの南下列車の定刻到着を妨げなかったのだから、それだけでは日本軍［関東軍のこと］の軍事行動を正当とするわけにはいかない。したがって同夜における日本軍の軍事行動は正当な自衛手段と認めることができない。もっともこれによって調査団は、現地の日本軍将校たちが自衛のための行動だと信じていたという仮説を否定しようというのではない。／だが、その後の事件［次々と起きた日本軍の軍事行動］については述べないわけにはいかない」

臼井勝美『満洲国と国際連盟』*（吉川弘文館）は、事変勃発から、連盟脱退、昭和八年（一九三三）五月の塘沽《タンクー》停戦協定までを外交史の立場から俯瞰する。臼井は明快な叙述に徹し、明快な評価を下す。

「満洲事変の勃発と拡大は基本的には石原たちあるいは陸軍の意図で、これに若槻礼次郎・犬養毅両内閣は抑制しながら追随した。事変収拾における日本の第一の失敗は満洲国承認の決行であり、第二の失敗は国際連盟脱退の強行であり、第三の失敗は問題のある塘沽停戦協定の強要であった。第一と第二は斎藤実内閣の決定した方針であり、第三は陸軍の意志である」

満洲国にかかわった日本人は多くの回想を本にしている。その中から官僚、満鉄、満映から一冊ずつ選んでみる。満洲国国務院総務長官で、戦後はA級戦犯となる**星野直樹『見果てぬ夢――満州国外史』***（ダイヤモンド社）、満鉄理事で、戦後は国鉄総裁となる**十河《そごう》信二『有法子《ユーファーズ》――十河信二自伝』**（ウェッジ文庫）、そして**山口淑子・藤原作弥『李香蘭　私の半生』***（新潮文庫）とどれも波乱に富む。**堀雅昭**

『鮎川義介《あいかわ》――日産コンツェルンを作った男』*（弦書房）は、狭い日本に馴染めず、アメリカと満洲を目指したインディペンデントな経済人の伝記である。

昭和史に刺さるトゲはいくつもあるが、その最大のトゲは昭和十二年（一九三七）十二月の南京陥落に際しての「南京大虐殺」であろう。東京裁判ではその数「二十万人以上」とされ、松井石根《いわね》は絞首刑となった。**秦郁彦『南京事件――「虐殺」の構造 増補版』**（中公新書）は、その時、南京で何が起きたかを第一次史料を軸に徹底検証し、論争史をもふりかえり、数字を算定していく。秦は約四万人とした。「四万の概数は最高限であること、実数はそれをかなり下まわるであろう」と増補版では付言している。

日中和平工作では、近衛声明に応じた汪兆銘（汪精衛）が昭和十五年（一九四〇）、南京に国民政府を樹立し、主席となった。**犬養健『揚子江は今も流れている』***（中公文庫）は、汪兆銘担ぎ出しにかかわった回顧録である。犬養毅の三男・犬養健は、若き日には白樺派の作家だった。

「結局一番ひどい目に会ったのは汪精衛であって、もともと「蔣［介石］を相手にせず」と言ってしまった近衛の失言の穴埋めに、代理役として引き出したのだという先入主が、どうしても陸軍の脳裡にあるから、和平条約の内容をきめる両国の交渉委員の折衝に際しても、最上の条件を汪に与える気は毛頭ない。そういう立派な御馳走は蔣自身が乗り出した時の「取って置き」のものであって、汪には勿体ないという考え方である。これでは汪の立場も台無しである。度重なる日本陸軍の違約と冷遇に直面して、汪は生涯の政治力をも使い果してしまった。彼は名古屋の帝大病院に入院して、手術失敗の結果、やがて死んで行った」

上坂冬子『我は苦難の道を行く――汪兆銘の真実（上下）』*（文春文庫）は、汪兆銘一家の戦後をも視野に収めたノンフィクション大作で、忘れられた政治家を「一面抵抗 一面交渉」というロマンを掲げた「愛国者」として描き、汪兆銘への和平工作を「二十世紀の日本の汚点」と厳しく見る。**劉傑『漢奸裁判——対日協力者を襲った運命』***（中公新書）は、汪兆銘一派など売国奴（漢奸《かんかん》）とされた人々に待っていた苛酷な運命をまとめた書だ。「敵国に対する方針は「抗戦」しかあり得ない、その他の対応は「投降」と同意である」というのが漢奸裁判の理念だった。

東京裁判の被告で、思想家として裁かれるはずだったのが大川周明である。開廷の日、前の席の東条英機の禿げ頭をペシャリと叩いた、長身で彫りの深い哲人タイプの男だ。大川は精神病と診断され、免訴となった。**松本健一『大川周明』***（岩波現代文庫）は、岡倉天心、北一輝、竹内好らと比較しながら、この「大東亜戦争のイデオローグ」を解剖している。

榊原政春『一中尉の東南アジア軍政日記』*（草思社）は、サイゴンに派遣された軍政官の日記。榊原は越後高田藩の「殿様」子爵で、新婚の妻・喜佐子は高松宮喜久子妃の妹、つまり徳川慶喜の孫である。榊原喜佐子はベストセラー『徳川慶喜家の子ども部屋』（草思社文庫）の著者だが、夫の政春も文才に富む。子爵という家柄か、寺内寿一南方軍総司令官とも話せる。大東亜共栄圏の実状を記した貴重な日記となっている。

NHK取材班［編］『太平洋戦争　日本の敗因5　レイテに沈んだ大東亜共栄圏』（角川文庫）は、日米の天王山となったフィリピンの各地を取材した戦争ドキュメンタリー番組の書籍化で、日本軍の無知無策な異民族支配と、「帝国主義者」マッカーサーの「I shall return」の執念が現地の目から捉えられている。あるフィリピン人歴史家は語っている。

「あの戦争は、西洋の植民地帝国とアジアの植民地帝国の戦いでした。われわれは不幸にもこの戦争に放り込まれ、飢え死にし、討伐の犠牲となり、国土を踏みにじられたのです。二頭の巨象が戦い、地面の蟻が踏みつぶされるようなものでした」

加藤聖文『「大日本帝国」崩壊——東アジアの1945年』（中公新書）は、日本のみならず、朝鮮、台湾、中国、満洲、南洋群島、樺太といった各地が、どんな敗戦の迎え方をしたかを横並びで追ったもので、本土中心の見方が如何に一面的であり、戦後的であるかを思い知らされる。

「だが、これほど広範囲にわたる地域——帝国の版図——に流れた玉音放送に表われる「忠良ナル爾《なんじ》臣民《しんみん》」とは誰を指したのか。実はそこに表れる臣民とは、内地にいる「日本人」だけになっていた。「国体護持」をめぐる対立のなかで、「帝国臣民」は一度も顧慮されなかったのである」

敗戦後に戦地に残された捕虜たちの本では、**今村均『幽囚回顧録』**（中公文庫）と**会田雄次『アーロン収容所』**（中公文庫）を挙げる。インドネシアで寛大な軍政を敷いたために陸軍中央から批判された今村均陸軍大将は、インドネシアの戦争裁判では無罪だったが、オーストラリアでは有罪となる。今村は部下たちと一緒に服役したいと、スガモ・プリズンではなく、パプア・ニューギニアのマヌス島を配所に選んだ。

西洋史学者の会田雄次はビルマ戦線で生き残った幸運な一兵卒だったが、ビルマで二年間の捕虜生活を送る。それは屈辱の日々だった。「彼女たち［英軍の女兵士］からすれば、植民地人や有色人はあきらかに「人間」ではないのである。それは家畜にひとしいものだから、それに対し人間に対するような感覚を持つ必要はないのだ」。その一方で、ある英軍中尉は「日本人はこの敗戦をどう考えているか」と問い、日本人将校が「戦争をおこしたのは申しわけない」と答えると、「君は奴隷か」と問い質し、噛んで含めるように言った。

「われわれはわれわれの祖国の行動を正しいと思って戦った。君たちも自分の国を正しいと思って戦ったのだろう。負けたらすぐ悪かったと本当に思うほどその信念はたよりなかったのか。それともただ主人の命令だったから悪いと知りつつ戦ったのか。負けたらすぐ勝者のご機嫌をとるのか。そういう人は奴隷であってサムライではない。われわれは多くの戦友をこのビルマ戦線で失った。私はかれらが奴隷と戦って死んだとは思いたくない」

◇書評コーナー

●岡本隆司『近代日本の中国観――石橋湛山・内藤湖南から谷川道雄まで』講談社選書メチエ

近年旺盛な執筆で次々と著書を出している近代中国史の岡本隆司が、近代日本の中国観の変遷と欠陥を、専門家の該博な知識と問題意識から捉えた刺激的な論考である。

石橋湛山の「小日本主義」がまず取り上げられる。意外な選択だ。利害損得の観点から、血で購った土地でも「朝鮮台湾樺太も棄てる覚悟をしろ、支那や、シベリアに対する干渉は、勿論やめよ」という正論を湛山は訴えた。

岡本は「明快で先見性に富んでいたはずの言説が、なぜ当時の社会から顧慮されなかったのか。その要因をこそ、われわれは考えなくてはならない」とする。石橋の小日本主義は、「あえて中国を日本と同一視」するが、それでいいのか。

「中国の「国民統一」「排日」に対する理解・共鳴は、けっきょく日本との同一視にもとづく「同情」によっていた。(略)これでは「実状」との矛盾をまぬかれまい。(略)中国社会それ自体の性質をつきつめて考える、日本社会と対比するという観点はなかった。/むしろそうした側面を捨象、軽視したからこそ、思い切った「小日本主義」をとなえることができた、というべきだろうか」

岡本は続いて、石橋の議論とは対照的な、中国問題の専門家たちの言説を検討する。その場合のキーワードが「中国社会」である。京大支那学の大家である矢野仁一と内藤湖南、「僕たちよりも中国のことをよく知っている」と魯迅を感嘆させた橘樸《たちばなしらき》など、中国と格闘した巨人たちである。矢野仁一は日本の大陸政策を支持し、国策に積極的に加担した「国士」で、戦後は忘れられた。矢野は満洲国の正当化の論陣を張り、建国の「理想」に力を尽くした。

「自らの研究で実なき中国の「王道」を知りつくしていた矢野仁一には、それ［満洲建国］が理想の「王道」を真に実現すべき好機と映る。還暦を越えてなお、積極的な「満洲国」支持をつづけて情熱と学殖を傾けたのも、中国伝統の文化をこよなく愛し、「満洲国」に住む「支那人」の「幸福」と「名誉」を願ったればこそであった。その「純粋」な善意は、かくて侵略主義と一体となりはてる」

満洲国が掲げた「王道」を「空言」だと批判したのは矢野の同僚の内藤湖南だった。この後、ギルド論、時代区分論を目安にしての日本アカデミズムの中国認識を戦後にまで辿っていく。中国という「不可解」「難解」な隣人と、「未来永劫つきあっていかなくてはならない」と著者は自戒している。

――「新潮45」二〇一三・一

●家近亮子『蔣介石の外交戦略と日中戦争』岩波書店

吉田茂の言葉「戦争に負けて、外交で勝った歴史がある」をもじれば、本書の読後感は「戦争に勝って（いたのに）、外交で負けた」歴史、それが支那事変だった、ということになる。中国側からすると、「戦争に負けて（いたのに）、外交で勝った」抗日戦争、というわけだ。

中国近代史の研究者、家近亮子の『蔣介石の外交戦略と日中戦争』は学術書の体裁ではあるが、読む者を歴史の現場に一気に連れていってくれる。厄介な日中関係や昭和史に興味をもつ者にも、さまざまな示唆やヒントを与えてくれる、第一級の歴史書である。

蔣介石は日米開戦数日前の日記で「近年来今日の心神は最高に愉快である」と書き、開戦の報に接して「抗戦四年半以来の最大の効果であり、また唯一の目的であった」と大満足して、日本の敗北を確信した。日本全体が真珠湾攻撃の戦果に酔いしれている時に、である。

昭和十二年の事変勃発、南京陥落からの四年間、蔣の外交戦略は英米ソの諸大国、とりわけアメリカを味方に取り込むことだった。日本の非を国際社会に訴え、武器を借り、援助を求める。アメリカが日本を経済制裁し、ついには戦端を開くところまでに全力を傾注する。

そうした経緯を、生々しく描写できるのは「蔣介石日記」を存分に使ったからでもある。その存在を知られていた膨大な「蔣介石日記」は2004年からスタンフォード大学のフーヴァー研究所で閲覧可能になった。ただし、コピー不可。蔣のクセ字を解読し、手書きで筆写しなければならない。ただ幸いなことに、「個人としての蔣介石のその時々の関心、思考、迷い、喜び、怒りなどの感情の起伏を読み取ることができる」史料で、蔣にとって日記は「現在のブログやツイッターの役割」を果たしていた。

この「蔣介石日記」を使って書かれた本に『蔣介石秘録』（サンケイ新聞社出版局）全15巻があり、これはわが家の積ん読本である。中華民国政府の全面協力を得て、日台断交後の昭和四十九年から五十一年にサンケイ新聞に連載された。家近亮子がこの本を留保つきながら一定の評価をしているようなので、拾い読みしてみた。確かに蔣の軌跡が面白いように伝わってくる。

話が横道に逸れてしまった。

蔣介石にとって「戦争」とは、軍事と外交の二つの方式を自由に駆使することだった、という。昭和十年、行政院長兼外交部長だった汪兆銘が辞任し、政治・軍事・外交の三位一体を確立する。軍人・蔣から政治家・蔣への変身である。従来の中国共産党史観によって、「蔣介石独裁」と非難された体制を、家近は蔣が外交力を駆使して、中国の国際的地位を引き上げることに成功したと評価する。対日本では「不戦不和」戦術で奥地へと後退して全面戦争を先延ばしにし、日中の二国間戦争を世界大戦に繋げ、中国は「不戦勝」を手にできた。想定外だったのは、そのあと、内部の敵・中国共産党が、ソ連と連携して漁夫の利をせしめたということだ……。

日本人として驚きだったのは、蔣介石の四川省建設の周到ぶりである。「三国志」の劉備がたてこもった「蜀」の国であり、今でこそ重慶市は二千八百万人の大都市だが、四川大地震の映像を見る限り、まだまだ内陸部の田舎ではないか。「暴支膺懲《ぼうしようちよう》」を唱える日本軍が首都・南京を攻め落とし、蔣介石はその四川省の重慶に、遷都と称し、あたふたと逃げ込んだ。そんなイメージを持っていた。ところが、蔣は事変の二年前には、日本との戦争に備えて、四川省を防衛のかなめとすべく、武器を集め、交通網を整備し、経済の近代化をすすめ、模範的な省作りを進めていたというのだ。

その間、日本のメディアに頻繁に登場しては「日本は敵か、友か」と日本国民に問いかけ、日本の友として「友好ムード」を演出した。抗日戦争準備の時間稼ぎのためである。

重慶遷都の時期も意外なことに、南京陥落の約一ヶ月半も前に機密事項として発表された。首都陥落を祝う日本全国の提灯行列は、城下の盟《ちかい》がなった、これで戦争は終わった、と華々しくとり行われた。「日本の新聞が南京遷都後もあくまでも南京を首都と書き続けた」からだった。

事変が泥沼化しても、蔣は日本国民を「友」として扱う。中国空軍機が九州に飛来するが、爆弾ならぬ宣伝ビラを撒き、戦争の悲惨さを訴えたのだ。この「人道飛行」と名づけられたプロパガンダは、蔣介石の道徳的優位のみならず、「暗黙のうちに示された中国を基地とすれば容易に日本を爆撃」できるという一石二鳥の国際的アピールでもあった。

ライバル毛沢東との対比で興味深い点は、昭和十三年五月の段階で、二人ともが対日本の戦略として持久戦論を発表、実践していたことだ。毛の「持久戦を論ず」ばかりが有名だが、蔣の方がわずかに早いそうだ。二人はまた、罪は日本軍閥にあり、日本国民は被害者とみなす、「戦争責任二分論」

でも共通していた。

敗戦日本に向けた蔣介石の第一声「徳を以て怨みに報いる」演説も、この流れにそって、日本を中華民国の味方につけておくための演説であった。帝国日本の外交は、内閣がコロコロと変わり、外務省と軍部の二重外交であった。外交の位負けは今にも通じている。

本書の登場で、蔣介石の中華民国が、中国史、日中関係史の中で、やっと正当に位置づけられた。さらに、本格的な汪兆銘政権史が書かれれば、蔣、毛、汪による二十世紀版「三国志」を我々はやっと手にすることができる。

●ジョージ・アキタ ブランドン・パーマー［著］塩谷紘［訳］『「日本の朝鮮統治」を検証する1910—1945』草思社文庫

――「新潮45」二〇一三・一一

三十五年間に及んだ「日本の朝鮮統治」――いやはや、この時節柄、なんともユーウツなテーマである。植民地支配、創氏改名、戦時賠償、竹島、従軍慰安婦（セックススレイブ！）と、止まることない日本非難のがなり声包囲網で耳鳴りとなりそうである。だから、もし本書の結論の章タイトルが「九分どおり公平（フェア）だった」であることに気づかなかったら、読むことはなかっただろう。

歴代八人の朝鮮総督のうち、寺内正毅、斎藤實、宇垣一成、小磯國昭は後に総理大臣に奏請された（最後の阿部信行は総理経験者）。その事実をもってしても、朝鮮総督のポストの重さはわかるし、朝鮮統治がおおむね合格点ないしは及第点だったのでは、と想像がつく。

いやいや予断をもってはいけない。それでは、史実に基づき客観的に検証するという本書の趣旨にも反することになる。「民族史観」が幅をきかし、日本の朝鮮統治に対しての否定的な見解は、英語圏の学界でも主流になっている。それらに逐一反論を加えながら、欧米諸国に比べても「公平で穏健な植民地統治」だったこと、その遺産が韓国の驚異的発展をもたらしたことを論証していく。

面白いのは、「民族史観」の枠組みによって書かれた反日的研究の成果から、その著者の主張とは違う結論を導き出したりするところだ。辛酸をなめた日本統治時代を生きた庶民への聞き取りに基づく研究『黒い傘の下で』については、彼ら庶民の多くが「あまり辛いことは起こらなかった」と答え、悪名高い日本人警察官についても、「不愉快な目に遭わされた記憶は一切ない」と証言していることに注目する。「ほとんどの人は日本の統治に順応していた」からである、と。相手の材料を使って、「民族史観」とは別の像を描いてしまう。おそらく、そのほうが歴史の実像に近いのではないだろうか。今までは「深甚な苦痛、屈辱感、そして怒り」を持った体験者たちの、「否定的な体験のみに焦点が絞られ」てきたことと、その歪みを諄々と明らかにしていく。

本書の主著者ジョージ・アキタは大正十五年（一九二六）ハワイ生まれの日系人で、近代日本政治史の大家である。『明治立憲制と伊藤博文』（東大出版会）は坂野潤治らによって訳され、傘寿記念論文集『山県有朋と近代日本』（吉川弘文館）は伊藤隆編で、東大系の学者が執筆している。ハワイ大学教授時代の教え子には、桜井良子という名の毅然とした美人留学生もいた。現在の「国士」櫻井よしこ女史である（「週刊新潮」の連載コラムで、本書を紹介している）。

アキタの本来の研究領域は、一次史料を読み込んだ上での、伊藤博文、山県有朋の研究である。初代朝鮮総監であり、安重根によって暗殺された伊藤と、「利益線」という概念で朝鮮半島への影響力を正当化した軍閥の親玉・山県。二人は朝鮮統治の歴史にあって、格好の悪役に見えるが、アキタの研究は、彼らがいかに細心に、用心深く、強制的手段をとらずに、「漸進主義」を基本姿勢にしていたかを明らかにしてきた。日本の朝鮮統治の基本方針は、原則として、その路線が遵守されていた。

「公平」「穏健」の源流は、伊藤と山県にこそある。

本書と同じ草思社から翻訳が出た画期的な朝鮮研究に、ハーバード大教授エッカートの『日本帝国の申し子』がある。韓国の経済発展が、戦前の日本の資本、技術移転、管理体制の遺産によることを立証した本である。本書では、『日本帝国の申し子』が韓国では「常軌を逸した感情的な反発」をまきおこしたことを記している。

その伝でいけば、本書も、韓国では、同じ運命をたどることになるのかもしれない。アキタという著者の名前、アメリカよりも日本で先行出版されたことも、大きなマイナス材料だろう。しかし、この本の最後に著者が発するメッセージは、しっかりと受け止めてもらいたいと、余計なお節介で、思ってしまう。それは「日本と朝鮮総督府は、李氏朝鮮には欠如していた、ぼんやりとしたものながら何かがきっと良くなるに違いないという期待感を朝鮮人民に与えた」という点である。

女性旅行家イザベラ・バードの『朝鮮紀行』（講談社学術文庫）を読むと、日清戦争前後の朝鮮の貧しい姿がよくわかる。彼女は二十年前に旅した日本と朝鮮を比較して、「行政さえ優秀で誠実なら、日本を旅した者が目にするような、ゆたかでしあわせな庶民を生みだすことができるであろうにと思う」と書いた。その「行政」を持ち込んだのが朝鮮統治だったのではないか。

「九分どおり公平だった」とする本書は、訳者が述べているように「理論武装の財産」である。ニューヨーク・タイムズにもアメリカ大使館にも、「民族史観」は根強くはびこっていることを、本書は具体例をあげて警告している。従軍慰安婦は「レイプ」だという研究者が、アメリカの歴史学界で高い評価を受けているともいう。そうした言論に対抗するには、有力な論拠を提供してくれる。

しかし、それはあくまで対外的に、である。対内的には残りの「一分」を静かに見つめる必要がある。アキタは支那事変、日米戦争の過程で、動員が強化され（これは日本国民に対しても同じだったわけだが）、「それまでは穏健だったアプローチは、無計画で強制的な同化政策にとって代わり、それが日本の朝鮮統治に対する民族史観的非難の焦点になったのだった」と書いている。この一節をこそ、我々はこっそりと味わいたい。

●ブランドン・パーマー［著］塩谷紘［訳］『検証　日本統治下朝鮮の戦時動員1937―1945』草思社

――「新潮45」二〇一五・一

朝日新聞社長の引責辞任で、慰安婦問題は国内的にはほぼ決着がついた。日本の植民地統治を弾劾してやまない韓日合邦の「民族主義的史観」の一角は崩れたかに見える。しかし、植民地支配という一点を拠り所に、「広義の強制性」という都合のいい観念による日本糾弾は、これからも生き延びていくだろう。

本書はアメリカ人の朝鮮史研究者により二〇〇三年に提出された博士論文をもとにした日本統治下の朝鮮の実証的研究である。「民族主義的史観」が「強固な既得権」を持っているこの分野では少数派である。慰安婦（「性奴隷」）こそテーマにしていないが、歴史的にはより重要な、朝鮮総督府による徴兵、労働動員（「強制連行」）がテーマである。時宜を得た刊行であり、知りたい事実がふんだんに書かれた本である。

著者は未編集の史料を精査していく過程で、「極めておぞましい記述のみが活字になる」現状に気づく。英語圏の研究もそれに引き摺られている。日本での研究の主流は「日本政府が謝罪し、賠償金を支払わせるための議論の材料」を提供する側面が強いとのことである。「やれやれ」の世界である。

著者は、偏見と予断を排し、「戦時中の朝鮮人民の体験をより詳細に調査」する。その際、これまで等閑視されてきた朝鮮総督府の官僚たちの視点を重視する。朝鮮史における「悪役」の声にも耳を傾けている。朝鮮総督府は「一枚岩の、覇権主義に走る強大な悪魔的機構」ではない。「絶対的な権力を誇っていた」というのは事実誤認である。それどころか、「将来の必要性を予測する洞察力に欠け」、「応急処置的な対応を迫られ」る不完全な権力であり、「複雑な法体系を作り上げ、朝鮮社会に対する過度な抑圧を可能な限り避けるよう努めた」官僚組織だった、というのである。

以上のことは、日本の植民地支配を免罪することではない。むしろ、異なった民俗と伝統の中で暮らしてきた民族を、容易に手なずけることができない、不得手な分野に進出した日本のナイーブさが、朝鮮人たちのしたたかさと対比され、浮かび上がってくる。西側の植民地支配者から見たら、なんとブザマなと、嘲笑されかねない統治なのだ。

日本政府は「朝鮮人を兵力よりも労働資源とみなした」。朝鮮人の忠誠心と能力に疑問を持ち、参政権の要求をも警戒していたからだ。事変から戦争へと戦場が拡大して、兵員不足でそうも言っているわけにもいかず、徴兵制が実施されるのは昭和十九年（一九四四）である。本書の一番の読みどころは、朝鮮人を「皇国の兵士」に仕立て上げようとする、緩やかな足どりを追った部分である。「朝鮮人特別志願兵制度」が始まるのが、昭和十三年である。以後、六年間で八十万人の応募があり、一万七千人が入隊を許可された。なんという「狭き門」か。当局の朝鮮青年への不信感の根強さを感じさせる数字である。

志願制度の宣撫工作を著者は「〝ご機嫌取り〟の努力」と評している。「一視同仁」「天皇の慈愛」といった理想を掲げ、「朝鮮同胞の胸底深く眠り続けている日本人たる意識」を呼び覚ますことに躍起になる。政府刊行物は「朝鮮をにわかに、〝半島〟ではなく〝道義朝鮮〟と呼ぶようになった」。

こうした総督府の動きに応える志願者もいた。「私は肉体的にも精神的にも日本人になる用意ができており、天皇陛下のために喜んで命を捧げます」。血判状に記されたこの熱い言葉の主は、若き日の朴正熙《パクチョンヒ》、つまり、朴槿恵《パククネ》元大統領のお父上である。

昭和十三年はまた徴兵制導入に備えて、教育制度を改革した年でもあった。普通学校は国民学校に変わり、義務教育を実施する。配属将校も派遣され、身体訓練が実施される。日本語を使わせ、神社への参拝を奨励する。「総督府には朝鮮民族としての尊厳を認めたうえで朝鮮人民を動員する余裕がなかったのである」。

『戦争×文学17　帝国日本と朝鮮・樺太』（集英社）に収録された当時の小説二編を読むと、対日協力をした半島作家の志願兵制度への複雑な感情が伝わってくる。張赫宙《ちょうかくちゅう》の「岩本志願兵」と鄭人沢《ていじんたく》の「かえりみはせじ」は、ともに表向きは志願兵制度を賛美しながら、むしろ朝鮮民族の哀しみが読後には残るのだ。

「かえりみはせじ」の主人公は、「靖国神社に神と祀られる」喜びを語り、親に先立つ不孝を詫びながら、「忠義をつくして死ぬ」ことは「もっと大きな孝行なのです」と母親を説得する。玉砕戦に身を投じる直前に、「オカアサンモ　コクゴコウシュウカイデ　ナラワレタニ　チガイナイ」『海ゆかば』を一緒に歌って下さい、そう綴って、この書簡体小説は終わっている。

家族への義務感が国家への忠誠よりもはるかに強かったことは、本書でも指摘されている。この母親への呼びかけは、朝鮮社会では空しく響いたことであろう。

戦争末期の無理な動員が、禍根を残したのはその通りである。本書には、その一方で、「敵国日本の戦争を戦った朝鮮の人々」（これが本書の英語原題である）の諸相が多層的に描かれ、たくさんの証言が活用されている。

ちなみに、「職業的詐話師」吉田清治の〝証言〟も半信半疑ながら取り上げられている。訳注でその旨は注記され、著者はコメントを寄せている。

「これまでに読んだ慰安婦関連の話の多くから判断するに、筆者は彼女らの多くは日本に恨みを抱いていないと考えるものである」

――「新潮45」二〇一五・八

●安冨歩『満洲暴走　隠された構造――大豆・満鉄・総力戦』角川新書

「女装男子」なる方々がおられるらしい。本書の帯には、薄化粧の著者が不敵な笑みをたたえて、顔を出している。「女装の東大教授」としてスカートをはいて講義する安冨歩センセイの、これは業績ど真ん中の本である。

「なぜだれも止められなかったのか？」という帯のコピーは、薄化粧の顔写真に向けられたものではない。爆走する満鉄「あじあ」号の写真へ向けられている。近代日本の夢と希望の大地「満洲」、そこでの壮大な国家的「暴走」への学問上の問いかけである。政治、軍事、外交からのアプローチでなく、主に経済、金融、自然環境から「満洲」の成立と崩壊が解き明かされる。キワモノではない学問の魅力が伝わってくるのだ。

本書は安冨センセイの共編著『「満洲」の成立』（名古屋大学出版会）の研究成果を圧縮し、今日的問題意識の下に再構成し、満洲開拓団を出した長野県の泰阜村《やすおかむら》で行なった講演をもとにしている。むさくるしいチェ・ゲバラ風の髭面（学術論文集）をかなぐり捨てて、さっぱりと「自分の本来の姿」になった薄化粧の著者の幸福感溢れる語りに変貌している（もっとも、もとの論文集は積ん読なので、私のいうことはあてになりませんが）。

「どこまでも続く地平線、果てしなく広がる大豆畑」――我々が共有する赤い夕陽の満洲イメージがまず冒頭であっさり訂正される。清朝を建国した満洲族のふるさとだったため、開発が禁じられ、満洲は緑に覆われた「動植物のユートピア」だった。それが日露戦争の頃を境に激変し、森林は伐採され、動物はいなくなり、一面の大豆畑になっていく。生態の変化は、「ポジティブ・フィードバック」という名の破壊力となって相互促進作用を発揮する。

「満洲」という空間の成立要素を著者は列挙する。鉄道建設、馬車の活躍、県城経済、大豆の国際貿易、中国本土からの大量の移民、日露の帝国主義的投資、強力な張作霖政権等々。それらが絡み合い、自己増殖的に増大し、雪だるま式に膨れ上がってゆく。満洲事変から始まる満洲国成立、支那事変、日米戦争、そして敗戦と棄民と投下資本の喪失。その短期間の「暴走」を分析し、近代史の貴重な教訓をいまに活かそうという熱気に溢れている。たとえば満洲の森林を食いつぶした満洲大豆の擡頭は、場所を替え、アマゾンの熱帯雨林の消失につながっている、といった風に。

満洲大豆の輸送は日本の国策会社・満鉄（安富は「設立の当初は、鉄道会社のフリをした植民地経営機関だった」と言っている）を「高い利益率（＝搾取率）を誇る超優良（＝悪徳）企業」に押し上げた。それなのに満洲国ができると関東軍が発言力を増し、重工業部門などを切り離され、不採算路線敷設という重荷を背負わされた。「ですから、満鉄にとってみれば満洲事変など起きない方がよかったのです」。

関東軍の成功に幻惑された陸軍は、北支への進出を仕掛け、支那事変へと進む。満洲の「成功体験」からして、支那の支配はちょろいと楽観視したのだ。ところが、「県城経済」の満洲と「定期市ネットワーク経済」の北支では支配構造がまったく違っていた。鉄道と県城を確保すれば容易に支配が可能になった満洲の単純なコミュニケーション・パターンは北支では通用しなかった。分散的・階層的な社会だったため、日本軍は点と線しか押さえられなかった。陸軍中枢が「実学」をもっと重んじれば、「ある程度のところで講和できたかもしれず、国が滅ぶということはなかったかもしれません」。「同じようなことを現代社会でも考えないといけないのです」。

個々の軍人や官僚（いまならビジネスマンも）が優秀で命がけで必死に働くと、不思議なことに、トンチンカンなことばかりが起き始めます」。その結果の「暴走」を引き起こすものは何か。それを安冨は「いまもなお続く日本の宿痾」である「立場主義」と名づける。江戸時代までの家制度の「家」に代わり、「立場」が近代日本を生み出したと。

「立場」を敏感に感じとり、さかんに作品の中で使ったのは夏目漱石ではないか、と安冨は睨んでいる。『明暗』には、ポジション、ポリシー、スタンスという概念を滲ませて「立場」という語が頻出するというのだ。「家」とは違う抑圧の正体を、漱石は「立場」と見抜いた。だから、漱石の作品はいまだにサラリーマンの胸を打ち続けているのではないか。

この「立場」の信奉者たちの言語を安冨は「東大話法」と名づけ、批判している。「自分の信念ではなく、自分の立場に合わせた思考を採用する」「自分の立場に都合のよいように相手の話を解釈する」。日本を動かす東大出身エリートの悪しき行動様式は、満洲国を破滅へ追いやったものと同質だというのだ。

安冨は東大教授だが、出身は京大。京大大学院に入る前に、住友銀行でバブル真っ盛りの狂気の時代を頑張り抜いた。「自分の本来の姿」を見失って「暴走」した優秀な銀行員としての「悲鳴」が、学問と女装を生んでいるのだった。

満洲暴走のその時に書かれた本がたまたま文庫本で復刻された。白樺派の作家・長與《ながよ》善郎《よしろう》が支那事変の翌年、昭和十三年に出した『少年満洲読本』（徳間文庫カレッジ）である。夏休みの満洲旅行の体裁を借りた満洲案内記である。日本の「分家」満洲国の発展する姿と危うさが、行間から伝わってくる。

本書と併読するのにちょうどよかった。満洲大豆については、「二十年に余る満鉄試験所の努力苦心の結果」とあった。

●塩澤珠江［著］松重充浩［監修］『吉田謙吉が撮った戦前の東アジア――1934年満洲／1939年南支・朝鮮南部』 草思社

「そこでだ、僕の風俗撮影は、そのポイントを出来るだけふだんのありのままの生活状態に置いている。広義の風俗という現象を撮影記録としたい為には特殊な場合より、まず普通の場合をきわめる事に汲々としなければならない」

本書は、現代風俗を記録する「考現学」を今和次郎《こんわじろう》と一緒に始めた吉田謙吉が写した東アジアの写真集である。吉田は築地小劇場の装置家であり、原節子を世界デビューさせた日独合作映画「新しき土」や真珠湾の九軍神を描いた映画「海軍」の装置も担当している。本書の著者・塩澤珠江は吉田の長女で、八十三年前に父がライカで撮った満洲風俗などを甦えらせた。

満洲は題材としてよく写真に撮られたが、大陸の曠野、異国情緒、満鉄あじあ号、五族協和などのプロパガンダ写真が多い。吉田のライカが狙うのは「素顔」の満洲で、芸術写真とも報道写真ともちがう。現地感あふれる人々であり、風景であった。いま見ても写真は新鮮で、視覚に訴えかけてくる。

奉天の町の路地にある苦力《クーリー》の住まいは泥土と高粱《コーリヤン》でできている。首都・新京の中央部なのに、大きな黒豚が泥濘で寝転んでいる。昭和九年（一九三四）の旅だから、満洲国は建国三年目の途上にあった。バスの車掌さんや制服の女学生の後ろ姿にも目が向く。一個人の旅人の「眼」を活かそうとしている。

昭和十四年（一九三九）の南支の旅は、海軍報道部の協力を得ているので、海軍陸戦隊の兵隊がよく写っている。占領直後の海南島の治安維持部隊にしても、紙風船に無邪気に興じている飛行機乗りにしてもまだ余裕が感じられる。

同じ年の朝鮮南部は、杉村春子の初主演作「奥村五百子」の撮影班の一員としてである。吉田の仕事は美術考証なので、朝鮮の民家の生活の隅々を記録しようとしている。

「考現学」の目でとらえると、もう一つのアジアを漫遊できたかのような気分になる。意外と見落とされている東アジアではないだろうか。

●川崎賢子『もう一人の彼女――李香蘭／山口淑子／シャーリー・ヤマグチ』岩波書店

――「週刊ポスト」二〇一九・五・三一

いくつもの名前と顔をもつ美貌の女が、国境を超えて出没する。戦中は日本人にとって都合のいい日満・日支親善の美女「李香蘭」、戦後は自民党の国会議員にまでなったインテリ女優「山口淑子」、一方、ハリウッドでも「シャーリー・ヤマグチ」として活躍した国際派であった。彼女の九十四年の生涯をもっとも通俗的に要約すると、まるでスパイ映画のヒロインであった。

川崎賢子の『もう一人の彼女』は、生前に何冊もの自伝を書いた女優の書かれざる「陰」の部分を調べ上げた意欲作である。その「陰」とは、インテリジェンス（情報・諜報戦略）空間に記された彼女の足跡である。李香蘭、山口淑子、シャーリー以外の「もう一人の彼女」とは、「才気煥発で政治的な嗅覚が鋭く生命力にあふれた」女であり、「語ったとしても理解をえることの困難な〈私〉」を抱えた人間であった。本人は「彼女について書かれた文献資料のもっとも熱心な収集家にして読者だった」というから、もしも山口淑子が本書を読んだなら、深甚な興味を示し、聡明な反論を試みたかもしれない。それはそれで、見てみたかった光景である。

スターとは常にファンたちの好奇と憧憬のまなざしに囲まれた存在である。彼女の場合は、それだけではなかった。世界各国の情報要員の監視の視線が絡みつき、虚実入り交じった報告が残されたのであった。昭和史でこれほど波瀾万丈な一生を送った女性はいないであろう。敗戦直後の上海では漢奸《かん》裁判で危うく命拾いをし、日本に戻ってはGHQ高官たちと交流し、訪米時にはチャイナドレスで「支那の夜」を歌う。歴史に翻弄された悲劇のヒロインは、史料の中では、虚実皮膜の間に生きる蠱惑的な妖女である。

「彼女」を作った一番の重要人物は父・山口文雄である。娘によって書かれた満鉄マンの父と、支那通の大物だった父との数々の落差は、日中近代史の縮図でもあろう。北京の父の家には、そのころ「軍用電話」が引かれていたという。

――「新潮45」二〇一六・二

●三浦英之『五色の虹――満州建国大学卒業生たちの戦後』集英社文庫

日本寮歌祭という行事があった。デカンショ気分で寮歌を高唱して、老人たちが旧制高校生気分に戻るお祭りで、テレビでも毎年放送されていた。本書『五色の虹――満州建国大学卒業生たちの戦後』を読んでいて、あの昂揚する元青年たちの姿を思い出した。

旧制高校はGHQの教育改革によって廃校に追い込まれたが、本書の主題である建国大学は、それよりも以前、日本の敗戦によって強制終了となった。幻の「アジアの最高学府」（創設を主導した石原莞爾の構想）である。満洲国の首都・新京に開校したのは昭和十三年（一九三八）であるから、わずか十年足らずの短命な歴史だった。満洲国のスローガン「五族協和」そのままに、日本、中国、朝鮮、ロシア、モンゴルの五つの民族の優秀な若者たちが寮生活で切磋琢磨しながら学んだ。寮内では徹底的な言論の自由が保証され、図書館ではマルクス主義文献も自由に読めるという環境だった。日本人学生は半分以下に抑えられていた。

「同世代の若者同士が一定期間、対等な立場で生活を送れば、民族の間に優劣の差などないことは誰もが簡単に見抜けてしまう。彼らは、日本は優越民族の国であるという選民思想に踊らされていた当時の大多数の日本人のなかで、政府が掲げる理想がいかに矛盾に満ちたものであるのかを身をもって知り抜いていた、極めて希有な日本人でもあった」

出身者は千四百人、そのうち生存が確認されているのは三百五十人に過ぎない。日本人以外の出身者の多くは、日本敗戦の混乱の後に、「日本の帝国主義への協力者」というレッテルを貼られ、逮捕、自己批判、強制労働、処刑などの過酷な運命が待ち受けていた。満洲国と建国大学の掲げた「理想」は、いまも個々人の人生に現在形で押しかぶさっている。それゆえに、寮歌祭の如くノスタルジーに浸ることは決して許されない。近代史の疵跡が生々しく疼いていることを伝える本書は、貴重なノンフィクションである。

著者の三浦英之は朝日新聞の記者で、本書で開高健ノンフィクション賞に応募し、受賞している。読み応えあるノンフィクション作品の書き手が往々にして、新聞記者かテレビディレクターということになって久しい。長期にわたって取材した記事や番組の〝後産〟として、本が書かれる。それはそれで有難いのだが、二次産品を読んでいるという不満が残る。雑誌ジャーナリズムの体力低下がそれに輪をかける現状がある。本書を手に取った時にも、そうした感想が頭をもたげた。しかし、読み進めていくうちに、これは違うなと思い直した。

著者が二〇一〇年に新潟支局から立川支局に転勤したことから話は始まる。著者のその経歴を聞き知った人物から支局に電話が入る。ネタになりそうもないという躊躇がまず襲う。それでも会ってみると、中央アジアのキルギスに日本兵抑留記念館を作ろうとしている人物だった。抑留経験者が新潟にいる、インタビューしてみませんか?

著者は電話取材ではなく、面会取材にこだわる。「過去、特に戦時中に起きた出来事については、その事実の裏付けの難しさからどうしても誇張やフィクションが紛れ込んでしまう」ことを警戒するからだ。ここではまったく触れられていないのだが、吉田清治証言に基づく朝日の「朝鮮人慰安婦狩り」報道を思い起こさずにはいられない記述である。

新潟で会った八十五歳の老人は、今もロシア語を学び続けていた。日本にとっての脅威は依然としてロシアである、という信念を老人は披瀝する。「私はこれでも建大生の端くれですから」。初めて耳にした建国大学の名、ここから取材がスタートする。

国内取材はともかく、中国、モンゴル、カザフスタンなどの諸国は新聞社の推薦状がない限り、取材ビザを発行しない。著者は「自分でもびっくりするほど積極的に――そして他人から見ればかなり執拗に」関係部局に働きかける。支局長も企画を売り込んでくれる。記者個人の「持ち込み企画」は、三週間で六つの都市を回るという「破格の待遇」で実現することになる。夕刊の紙面で四回の連載というのが、多いのか少ないのかは私にはわからない。私にわかるのは、この取材が著者にもたらした果実の大きさだ。

取材は通常の基準でいえば、必ずしも成功したとはいえないものだった。まず大連で会った中国人は、反満抗日運動の首謀者で、治安維持法で逮捕された闘士だった。水責めの拷問で肺結核を患い、判決は無期懲役だった。敗戦によって釈放され、その後は中国共産党の批判者となる。大連での取材中、共産党にとって都合の悪い部分に話が及ぶと、突如取材は中断される。半生を綴った文章を日本に送ると約束して別れるが、連絡は途絶える。次の取材地・長春(もとの新京)では取材そのものが中止になる。

著者は「不都合な事実は絶対に記録させない」という中国政府の意志の向こうに、「記録したものだけが記憶され」、「一度記録にさえ残してしまえば、後に「事実」としていかようにも使うことができる」からくりを垣間見る。建国大学の日本人学生たちは思想改造所に送り込まれ、強制的に書面を書かされた人たちでもあった。

行く先々で突き当たる取材の困難。「権利で守られすぎている日本で育った脆弱な私」に彼らの苦難は理解できるのだろうか、という地点に著者は立たされていく。「潔さ」という気質を持ったかつての日本人の姿を知り、いまの日本の発見に繋がる旅は、かくて続いていく。

●加藤聖文『満蒙開拓団――国策の虜囚』岩波現代文庫

惨憺たる悲劇を多数残して終わった満蒙開拓の歴史を、おもに政策立案を進めた官僚、軍、学者、民間運動家など、「国策」に関与した人々の政策形成の面から検証した通史である。

著者の加藤聖文は研究対象に満洲を選んでいたが、満蒙開拓団は意識的に「避けて」きた。「何か近寄りがたい深淵を感じていたから」という。満洲について一冊本を書いた私にも、わからないでもない心情である。著者が変心するのは、中国残留孤児国家賠償請求訴訟を傍聴してからだった。「原告として証言に立った帰国者の方が涙ながらに過酷な人生を語る姿に対して、被告側の国、といっても担当部局の権限のない若い事務官たちが無表情にうつむく姿の、あまりにも対照的な光景――満蒙開拓団を意識するようになったきっかけであった」

本書は「国策」という名の無責任体制を描き切っている。高邁な理想の空転するさま、省益や勢力拡大への思惑など、当初から開拓の困難が予想されていたにもかかわらず、いつのまにか予算がつき、既成事実化し、スケジュールを消化していく間に、責任は曖昧となり、過大な目標が独り歩きしていったさまが冷静に綴られていく。いまと余り変わらない「国策」の肥大化の歴史がここにはある。満蒙開拓から「理想」を差し引いたのが現在未来の日本の「国策」なのかもしれない、とも思い至る。

満蒙開拓というと、我々でも知っている固有名詞としては加藤完治、東宮鉄男《とうみやかねお》、石原莞爾などがいる。東京帝大教授で農学者の那須皓《しろし》はそこまでは知られていないが、やはり推進者のひとりだった。その那須について、著者の感情は揺れる。「現在の政治でも那須のような「有識者」が政策決定に大きな役割を果たしている。学者と政治の関係について、私は単なる批判者ではなく積極的に政治に関わることも必要だと考えている。しかし、学者ほど誰からも結果責任を問われない存在もない」。これは現代のコロナ対策にまで通じる問題提起だろう。著者は那須の一次資料を使って研究を進めた。「那須が残した文書の膨大さに圧倒されるとともに、満蒙開拓政策について反省の弁を述べなかった那須が、自身にとって不都合なものも含めてあらゆる記録を残していたことに学者としての良識を認めないわけにはいかなかった」

●松岡将『王道楽土・満洲国の「罪と罰」——帝国の凋落と崩壊のさなかに』同時代社

——「週刊ポスト」二〇一六・八・五

赤い夕陽の沈む満洲で育った人々は、かの地への郷愁の念が強い。少年期を満洲で過ごし、戦後に引揚げ、後に農林官僚になった著者・松岡将もその一人だが、「ふるさと満洲国」崩壊の無念の思いは、歴史の探求へと収斂された。本書『王道楽土・満洲国の「罪と罰」』である。

戦時体制期の満洲を描くために松岡は「興農合作社・満鉄調査部事件」に注目する。農協と国策シンクタンクに相当する巨大組織に司直のメスが入り、百人近い日本を離れた元左翼分子らを検挙した事件である。留置場では五人の死者までが出た。中央公論や改造社が狙い撃ちされた「横浜事件」の満洲版といえる。

日米開戦の直後に、満洲国でも日本に倣って治安維持法が施行される。この新法を使い、罪刑法定主義を踏み越える解釈をほどこし、関東憲兵隊という組織が、現代版「焚書坑儒」を仕掛ける。その間に、国際情勢は徐々に日本と満洲国を破滅へと追い詰めていく。

著者の事件を追う歴史眼は精密である。年ごとの世界情勢を記し、新天地の生活の変化を点描し、官僚の人事異動に注目し、彼らの法理構成を分析する。元官僚らしい実務的な視点が十分に生かされて、史料を超える歴史の実相に確かに触れたという読後感が残る。

著者の把握は、東條英機首相兼陸相（対満事務局総裁も兼任している）による「憲兵政治」の独断専行に主眼が置かれていく。東條の腹心・加藤泊治郎憲兵少将は東條の在満時代に続いての満洲赴任で、関東憲兵隊司令官となる。その間、わずか五ヶ月ながら、大量検挙に踏み切る。

さまざまな登場人物の中で、もっとも印象的なのは平田勲である。思想検事として辣腕をふるい、大転向時代を演出した平田は、その後、満洲の地で、検察トップになり、転向者たちを支援していた。その平田が病のため昭和十六年八月に辞任する。もし平田が健在ならば、歴史は変わっていたかもしれない。著者は痛恨の念で、平田の帰国を惜しんでいる。

●広中一成『傀儡政権――日中戦争、対日協力政権史』角川新書

小林秀雄の昭和十三年（一九三八）の中国紀行「杭州」に、「漢奸《かんかん》」のエピソードが出てくる。南宋の奸臣・秦檜《しんかい》たちの像がある寺に行ったら、その像に小便をひっかけるのが参拝者の礼だというので、さっそくジャアジャアと浴びせた、というのだ。その秦檜は、『傀儡政権』の著者・広中一成によると、「中国史上もっとも有名な漢奸」なのだという。「漢奸」を広中が説明する。

「漢は漢民族、すなわち中国人のこと、奸は中国語で不正をはたらく人、敵に内通する人のことをいいます。つまり、漢奸とは、中国を裏切った中国人、売国奴を意味します」

それだけで事がすめば簡単だが、事情はもっと複雑である。秦檜は南宋との停戦を提案した「和平派」という見方もできるのだから。日中戦争で漢奸とされ死刑になった人間は三百四十二人に及んだ。彼らは一体どうなのか。

「傀儡政権も全員が唯々諾々と日本に従ったわけではないでしょう。操り人形も、ときには紐が絡んで思うように動かなくなるときがあります。／そのような、彼らの本当の思いは、漢奸や傀儡政権という「負のレッテル」を貼ることでわからなくなっているのではないか」

「対日協力政権」として本書が取り上げるのは、冀東《きとう》防共自治政府（冀東政権）、中華民国臨時政府（華北政務委員会）、中華民国維新政府、中華民国国民政府（汪兆銘政権）の四つ。汪兆銘政権を除くと、余り知られてはいないだろう。正統派中国史からは抹殺されている彼ら「漢奸」政権の概説書である。

「和平」は「売国」か、というのは難しいテーマで、さまざまな思惑、さまざまなチャンネルがあり、それがどう転ぶかは未知数だっただけに、正統派の史観では捉えきれない部分を照らし出す。「侵略者の日本とあえて手を組むことで、中国民衆を戦乱から救おうとし、戦争拡大を防ごう」という選択肢もあったのだ。広中には『日中和平工作の記録――今井武夫と汪兆銘・蔣介石』（彩流社）といった写真を中心とした本もあり、「和平」を切り口に、野心的な新しい中国史に挑みつつある。やがて、戦前の中国大陸の見方も違ってくるであろう。

●中野聡『東南アジア占領と日本人――帝国・日本の解体』岩波書店

研究書ではあるが、普通の読書人が読んでも納得の、「大東亜共栄圏」研究の傑作なのではないか。著者は国際関係論（米比日関係史）が専門の一橋大学教授、舞台は日本が緒戦で占領し、軍政を敷いた東南アジアである。

「アジア・太平洋戦争」は、陸軍にとっては、東南アジアに進出して、資源を確保する戦争だった。この占領にかかわった軍人、経済人、文化人の記録・語り・回想を素材に、大東亜共栄圏の理念、看板と実際の現地での現実の落差を明らかにしていく。

エピソードの出し方、構成のあざやかさなど、なにしろ読ませる。開戦から敗戦までを「国力の限界を超えた戦争と占領が、いわば即物的なレベルで日本帝国の軍事的・経済的解体を促していくプロセス」として説得力をもって書かれ、くっきりとした「大東亜戦争」の像が頭に残る。

動員された文化人として、今日出海《こんひでみ》、井伏鱒二、三木清などが読者へのよき案内役になっている。主役である軍人たちでは、南方軍政の青写真を描いた参謀・石井秋穂（保阪正康は陸軍「良識派」の代表として石井の名をいつも挙げる。戦後は田舎に引っ込んだまま）、皇道哲学の精神主義を情熱的に現地民に説いてそれなりの信頼をかちえてしまう望月重信などが印象的である。経済人では、大阪商船社長から近衛内閣の逓信大臣、そしてフィリピン派遣軍の軍政最高顧問になる村田省蔵、越後高田の殿様子爵で高松宮の義弟でもある榊原政春。これらの良質な日本人を通して戦争を語らせ、彼らが突き当たった日本統治の矛盾を浮き彫りにしていく。

近代の日本を、外側（戦後的価値観）から批判するのではなく、南方の現場に立たされたよき日本人（日本臣民）の内側からの厳しい目で見ていくので、歴史の重い手触りが伝わってくる。著者の結論は、「日本が東南アジアを欧米植民地支配の軛《くびき》から解放したという歴史の陽炎よりも、もっと確かな現実」は、「日本の東南アジア占領とは、日本が東南アジアを解放したのではなく、むしろ帝国・

日本の軛から日本人を精神的に解放する営みであった」というものだ。

●寺尾紗穂『あのころのパラオをさがして——日本統治下の南洋を生きた人々』集英社

——「新潮45」二〇一七・一〇

「山月記」や「李陵」の作家である中島敦に導かれて、南洋のパラオを目指した不思議な旅の記録である。中島敦の小説は国語の教科書でお馴染みだが、中島が喘息の療養も兼ねて、南洋庁のあったパラオへ国語教科書編修の仕事で赴任したのは、昭和十六年（一九四一）六月という、日米開戦直前の不穏な時期だった。中島のパラオ滞在は結局一年足らず、それどころか、帰国後九ヶ月で病死した。

パラオというと、一昨年の天皇皇后両陛下（現上皇・上皇后）の慰霊の旅で語られることが多い。戦跡訪問でも観光でもない。美しい海に潜るダイバーである。著者の寺尾紗穂はそのどちらとも違う。日本人旅行者の九割は、中島敦のパラオを題材にした小説に出会ってから十五年後の昨年、やっとパラオに辿り着く。日本統治下を知る現地の人たちに話を聞くことが第一の目的である。移民として渡った人たち、中島敦のように仕事で住んだ人たち、その人たちにとってのパラオも知りたい。

タイトルの『あのころのパラオをさがして』の「あのころ」とは、人々が歴史に翻弄されざるを得なかった時代である。「あのころ」の人々の息づかいを記録するためにとった方法が「ノンフィクション・エッセイ」であった。それはスローライフな著者にふさわしい方法であろう。ふつうの人々が素顔の感情や本音を、ふと洩らすまで、のんびり、じっと耳を澄まして待つのだから。

スローライフによる誤算もある。ずっと前に買ったガイドブックを持参したために、当てにしていたレンタサイクルの店はとっくにつぶれていた。自転車を乗り回す気ままな取材は叶わず、炎天下を歩くか、タクシーを利用するしか方法はなかった。著者の本業は美声のシンガーソングライターであり、十歳をかしらに三人の娘を育てる母親でもある。子育てに時間をとられた十年の間に自転車屋は消えたが、その反面、パラオへの思いは熟成している。関連資料も読み込んだ。ただ問題は「あのころ」の人々が亡くなってしまう。無常迅速との争いである。

「文春オンライン」でこの夏、三十歳代の表現者に「戦争を書く」理由を訊ねる連続インタビュー記事が載った。寺尾はトップで登場した。その中で寺尾は記録されにくい「小さな声」「細かい記憶」に耳を傾け、「単に昔のことを書くんじゃなくて、私と同世代の人たちが、過去の状況を想像できるものを書いていきたい」と語っていた。そのために意識的に採用された方法が「ノンフィクション・エッセイ」なのだろう。「戦争を知らない子供たち」のさらに子供の世代による、着実にして真摯な歴史探求である。

寺尾がパラオでもっともじっくり話を聞けたのは、八十五歳のニーナさんだった。ニーナさんは満洲事変が起きた昭和六年（一九三一）生まれ、南洋庁がつくった公学校（小学校に相当）で五年間学んだ。教育らしい教育を受けた第一世代といえよう。

「二年生で、もうよく日本語話せました。三年生になると色々、算術とか歌も歌ったんです。日の丸の歌、桃太郎とか、沢山ありました。日本の先生はいい先生だった。（略）子供たちには厳しいことを言わなきゃ利口な子にならない。厳しい、そうじゃなかった、掟習う。これを守れば、殴らなかった」

ニーナさんのオーラルヒストリーな語りに細心の注意を払い、七十年以上前の回想の逐一を等身大で受けとめようとしている。「ニーナさんの語る日本のイメージには郷愁と憧憬と、日本人への思慕が感じられた」と。ニーナさんの思い出はそれがすべてではなかった。日米戦が始まると戦闘を避けて、森の中へ逃げ込んだ。「一番かわいそうだったのは、コリアン朝鮮の人。朝鮮、朝鮮、あれたちは（日本人が）いじめてやった。沖縄の人もかわいそうだった。日本人がいじめた」。日本統治下の身分秩序をそのまま反映する事態が展開し、餓死者も出た。

ニーナさんはハンセン病患者だった二人の親戚を日本軍によって殺害されていた。それどころか、ICレコーダーでの録音を止めて、「オフレコ」でしか語ろうとしないこともあった。それでも「日本統治時代への思慕」を持ち続けているニーナさん。「美談」にも「汚点」にも収斂されることのない「歴史」の存在に著者は混乱していく。本書の中で、著者は何度も立ちどまり、言葉を失い、時に嗚咽する。そうやって「歴史」を全身で感じていくのだ。ふんだんに降り注ぐ太陽の光も、蚊にさされたかゆみも、ヤモリの鳴き声も、同じく肌で受けとめていく。人間と生き物の「営み」の中に「歴史」を見ていく。

一見おっとり型のようだが、著者の行動力は凄まじい。案内人ケルヴィンからは「ジャングル・レディ」の名を奉られる。現地人虐殺計画のあった防空壕を訪ねて、蛇のいる泥道を突き進む。日本に戻ってからは、パラオからの引揚者が住む開拓村を訪れる。両陛下の行幸啓があった宮城県の北原尾だけでない。スポットライトを浴びなかった宮崎の入植地には、子育ての合間を縫って、日帰り強行軍で行くのだ。

パラオの中島敦は真珠湾攻撃の報を知って、本土に残した妻子に「海軍は強いねえ」「いよいよ来るべきものが来たね」と手紙を書いた。著者は「博覧強記であった中島敦でさえ」とこの記述に疑問を呈している。しかし、中島がなぜその文面の手紙を書いたか、あの時期にパラオに行ったか。中島敦の負の一面も否定することなく視野に取り込めれば、「あのころ」はさらに別の違う相貌を見せるかもしれない。著者のさらなる研鑽を期待する。

●井上卓弥『満洲難民——北朝鮮・三八度線に阻まれた命』幻冬舎文庫

「父が保管していた祖母の手記とともに、父の半生記を読み終えた時、私は「当事者」になっていた。家族の歴史を何らかのかたちで残すことは、八五歳になる伯母との二十年越しの約束になっていたのかもしれない」

毎日新聞記者の井上卓弥のノンフィクション『満洲難民』は、戦後二十年がたってから生まれた著者が一族たちの引き揚げの記録と記憶を、取材に基づいて歴史の中に定着させる。その際のポイントは、「引き揚げ者」でも「避難民」でもなく、彼らを「難民」と〝認定〟することにある。

井上は新聞記者としてコソボ、パレスチナ紛争を取材してきた。イラク戦争では米海軍に従軍している。そのグローバルな視点から、井上家一族が満洲国崩壊の後、首都・新京から北朝鮮の郭山《かくさん》へ、さらに新京へと一年余の彷徨を、吹浦忠正（「難民を助ける会」特別顧問）の示唆により、あえて「難民」と言う。

「やむを得ず逃げた先が日本の植民地支配を脱しつつあった『第三国』の朝鮮半島であった」こと、「引き揚げ者」というと帰還の意志がはっきりとあったという語感になるが、「住んでいた場所を追い出されてボロボロになった」人がほとんどだったからだ。「朝鮮北部の日本人が「難民」として辛酸を嘗め尽くした被害者としての記録は、今、日本の現代史のなかにきちんと位置づけておかなければ、永遠に消え去ってしまうだろう」。

井上家がいた郭山から二駅離れた宣川《せんせん》には戦後すぐのベストセラー『流れる星は生きている』（中公文庫）の藤原ていがいた。その夫が新田次郎、幼ない息子が『国家の品格』の藤原正彦である。

必死で持ち帰った隊員名簿、死亡者名簿、疎開日誌や、郭山疎開隊共同墓地の見取り図も挿入されている。「一九九人目の死者は数え年で六歳の女児、弓立照子だった。死因はやはり栄養失調だったが、すでに身寄りはだれ一人残されていなかったので、翌日の出発を控えた長野富士夫が代わって喪主を務めることになった」。

歴史の片隅にスポットライトをあてたノンフィクション作品である。北朝鮮との間にはいまだ国交がない。「北朝鮮の地で斃《たお》れた日本人難民の遺族たちは七十五年もの間、公的な墓参の機会さえ与えられることなく途方に暮れている」。

——「東京新聞」二〇二二・一二・一〇

●沢木耕太郎『天路の旅人』新潮社

長編『天路の旅人』の主人公・西川一三《かずみ》を、沢木耕太郎は「旅の達人」「人生の達人」と呼ぶ。ロングセラーの長編紀行『深夜特急』を書いた沢木が言うのだから、最大級の褒め言葉である。

西川は戦中戦後の旅を大部な記録『秘境西域八年の潜行』に書き、その後は東北の片隅で一商店主として生きた。元日以外は毎日九時から五時まで働き、帰りには居酒屋でお銚子二本の酒を愉しむ。判で押したような日々を生き、八十九年の人生を全うした。

沢木が西川に接触したのは四半世紀前、西川はすでに八十歳近かったが、颯爽とし、「背筋の通った壮年の風格」があった。沢木は毎週末に盛岡まで通い、西川行きつけの居酒屋で話を聞き続ける。そんな取材を一年余も重ね、西川をどう描くかが発見できず、そのままになってしまう。『天路の旅人』はその西川の旅を沢木自身の筆で辿り直す。西川という「希有な旅人」の人生を沢木が考えるという方法で、西川一三が蘇生する。

西川と沢木の年の差は約三十年で、親子ほど違う。共通点は二人の旅が二十六歳の時に始まったことだった（ただし、西川は数え、沢木は満年齢）。

西川の身分は大使館調査員という肩書の「密偵」であり、六千円という当時としては大金を渡されての「御国のため」の仕事だった。沢木の旅にはそうした義務はなかった。西川の出発二年後に、日本が敗れ、それからの西川の旅は沢木に近づく。

三十年の時差がある二人の旅の足跡は、インドでは重なることがあった。カルカッタで、釈迦の聖地ブッダガヤで。ブッダガヤの菩提樹の下で太鼓を叩いていた盲目の老人について、沢木が話すと、西川が反応する。「いたなあ」。その盲目の老人は同一人物だったのか、どうか。

西川の旅は「無一物」「無心」「無欲」の旅だった。「無」は「自由」につながっていく。西川の人生は、沢木が初期の『人の砂漠』以来、関心を持続させている「無名」という人生をも体現していた。沢木の旅の総決算が本書だろう。

——「新潮45」二〇一六・九

●乗松優『ボクシングと大東亜——東洋選手権と戦後アジア外交』忘羊社

かつてボクシングの東洋選手権というのがあった。チャンピオンは世界一でもなく、日本一でもない。「東洋一」には、なんともいえない二流特有の埃りっぽさを子供心に感じたものだ。本書『ボクシングと大東亜』によると、一九五〇年代に八十九回、六〇年代に百六十二回の王座決定戦があり、その約半数は日本とフィリピンの戦いだったという。その東洋選手権を「昭和史」のオモテとウラに交錯させることで、二十世紀アジアの「つわものどもが夢の跡」を辿ったのが本書である。

明確な実体を伴うわけでもない「東洋」とは、この場合、「大東亜共栄圏」とか「東亜共同体」とかに代表された「東亜」という理念を言い換えたものであった。占領下でタブーとなったスローガンを巧みに脱色し、その遺恨試合ともいうべき雪辱戦が秘かに戦われていた。勿論、それですべてが説明可能なわけではない。外交、政治、植民地支配といった大文字の歴史と、スポーツ、興行、ウラ社会、人的交流といった民間の歴史を同じ重さで扱うことで新たな歴史学を構想する試みでもある。

著者の乗松優は九大大学院で博士号をとった人のようだから、本書はその論文を一般書としてまとめ直したものであろう。「あとがき」によると、ボクシングジムに通って、サンドバッグを打っていた時にそもそもの着想を得たという。なぜボクシングが、「戦争によって深く傷ついた日本とフィリピンの関係を修復する」のに大きな役割を果たせたのか。フットワークは軽く、ノンフィクション作品のようでもあるが、「政治的な文脈の中で大衆文化を読み解く」という基本線は守られている。

フィリピンは第二次世界大戦の決戦場に二度なった。緒戦でフィリピンを脱出したマッカーサーは「アイ・シャル・リターン」の言葉通りに威信をかけて戻ってきた。フィリピン人の死者は百万人以上、日本軍は六十万のうち八割以上が戦死した。フィリピンが日本との国交を回復するのは戦後十一年目の昭和三十一年（一九五六）だった。

その二年前にマラカニアン宮殿に招かれ、マグサイサイ大統領と会見した日本人がいた。「ライオン野口」こと野口進である。金平正紀、三迫仁志などを育てる野口はもともとボクサーであり、政治家、フィクサー、国粋主義者、特務機関とのパイプを持った「ボクシング復興の陰の功労者」だった。野口は戦前には岩田愛之助の右翼団体・愛国社に入社している。浜口雄幸首相を暗殺するのは愛国社の佐《さ》郷屋《ごうや》留雄《とめお》だが、続いて若槻禮次郎（元首相）暗殺未遂で連座したのが野口だった。若槻に「自決勧告状」を渡そうとし、懲役五年となる。野口は出所後、上海に渡り、児玉誉士夫、岩田義雄らの庇護を受け、興行の世界に入る。野口の息子・修（キックボクシングの生みの親であり、歌手の五木ひろしを送り出した）は岩田愛之助に育てられた。

東洋ボクシング連盟をつくった日本側の中心人物は、初代の日本ボクシング・コミッション田辺宗英である。田辺は後楽園スタヂアム社長であり、親しかった正力松太郎の日本テレビに優先的にスポーツ放送を提供した人物だが、この田辺も愛国社の社員だった。田辺は玄洋社の頭山満《とうやまみつる》を敬慕する尊皇主義者だった。頭山の依頼で田辺が経済援助をした玄洋社の末永節は、かつてフィリピン独立運動の闘士アギナルドを支援していた。欧米列強の植民地支配への激しい抵抗精神の持ち主だった田辺は戦前には「拳闘報国」を唱え、戦後は「日本人の自尊心の回復」をボクシングに託した。田辺は「挫折した勤皇・愛国主義、ひいては「大東亜」の理想を再生しようとしていた」と著者は見ている。

ボクシングはそもそもアメリカ植民地支配の落し子であった。スペインから二千万ドルで領有権を譲渡されたアメリカの基地文化が、フィリピンをボクシングと軽音楽の先進国にした。日本はフィリピンを通して、三十年遅れでアメリカ文化を追いかけていたともいえる。

昭和三十二年（一九五七）に首相となった岸信介は東南アジアとの外交を重視した政治家だった。アメリカからの相対的自立を目ざして東南アジアとの経済的結びつきを強めようとした。就任の年に二度フィリピンを訪問するが、大東亜共栄圏復活ではないかと警戒された。人種差別はしないと言いながら、「日本人は比島人の兄」というのが日本の軍政のスローガンだったからである。日本への不信感を払拭する役目を担ったのがボクシングだった。東洋チャンピオン・カーニバルというイベントがその年の秋に東京で開催された。外務省が後援し、岸首相も接待役を務めた。外貨不足の折りにもかかわらず、派手な催しになった。「機能不全を起こした政治に成り代わって」ボクシングに特別な使命が与えられたのだった。

ボクシングという入り口から見た日本の政治と外交は、なまなましい肉体を持った歴史となって語り直されている。その一方で、リング上の主役だったボクサーたちの生の声を聞くことにも精力が注がれている。昭和二十八年に行なわれた「比国戦犯釈放感謝記念試合」にも出た元東洋フェザー級チャンピオン金子繁治、戦後十五年目にマニラで、地元の庶民からの声援を受けた元東洋ジュニア・ライト級チャンピオン勝又行雄など。それぞれの「東洋」も掬い取られている。

本書を最後まで読み進んで、かつての東洋ボクシング連盟は、東洋太平洋ボクシング連盟に改組されていることを知った。うかつなことであった。

第六章　天皇陛下の存在とタブーの拘束

◆定本コーナー

新史料の出現により、「昭和の御代」の終焉を決定的に告げたのは、平成二年（一九九〇）秋の「昭和天皇独白録」の出現であった（「文藝春秋」12月号）。「昭和天皇拝謁記」（第一章参照）の出現が平成から令和への時代の移行を告げたように、「独白録」は昭和の御代から、フラットな平成の世への転換を告げた。**『昭和天皇独白録』**（文春文庫）には、終戦直後の昭和天皇の〝肉声〟が詰まっていた。菊のヴェールに隔てられていた「人間天皇」が、ここでは昭和史を語っていたからだ。「独白録」作成の目的は、秦郁彦が推測したように東京裁判対策であったから、混じりけのない、百パーセントの〝肉声〟とは必ずしもいえない。しかし必読の書であることは間違いない。『独白録』発掘以前では、**黒田勝弘・畑好秀［編］『昭和天皇語録』**☆（講談社学術文庫）があった。即位から昭和六十年（一九八五）までの昭和天皇の発言を公刊された文献から集めたもので、「語録」についての論評は控えたため、昭和天皇の人格、人柄が浮き出されている。

ルース・ベネディクトは『菊と刀』（第七章参照）で、「天皇のない日本なんて考えられない」、「もし天皇がそうお命じになれば、日本は明日にでも早速武器を捨てるであろう」、「たとえ日本が負けたとしても、日本人は十人が十人まで天皇を崇拝しつづけるであろう」という戦時下の日本人俘虜の圧倒的な声を伝えている。俘虜の声が民の声、国民の声であったことは、戦後の日本の歩みをみれば了解できる。ただし、その「声」はユニゾンではなく、さまざまな声を含みこんでいた。その事実を確認するには、多くの「声」を収録した本にあたるのが一番の近道である。そうした本も昭和が終わった直後にたくさん出た。

『昭和天皇の時代――「文藝春秋」にみる昭和史　別巻』*（文藝春秋）は、「文藝春秋」誌に載った昭和天皇についての原稿、記事、座談会などのアンソロジーだ。秩父宮、三笠宮など弟宮たちの発言から、事件と天皇、素顔の天皇、昭和天皇論などを集めてある。総じて、昭和天皇への敬意と親しみに溢れている。鶴見俊輔・中川六平［編］『天皇百話（上下）』*（ちくま文庫）は、生誕から崩御までを、側近から批判者まで、公文書や新聞記事も含むさまざまな証言で辿っている。「戦前・戦中・戦後と、同時代の何億もの人たちにくだかれた天皇の印象を、鏡の細片のようにつなぎあわせてみましょう。一つ一つが独立した見聞ですが、全体が一つのノンフィクション、一種の民間学になるような本にしてみませんか」と語った編者・鶴見俊輔の編集方針が成功している。

昭和天皇の伝記もたくさん出ているが、相当のボリューム感があり、典拠もきちんと明記された本がやはりいい。伊藤之雄《ゆきお》『昭和天皇伝』☆（文春文庫）と高橋紘《ひろし》『人間　昭和天皇（上下）』☆（講談社）は前者は歴史家、後者は新聞記者の手になるが、どちらも決定版伝記といえる。昭和天皇と戦争というテーマにしぼった本では、加藤陽子『天皇の歴史8　昭和天皇と戦争の世紀』（講談社学術文庫）がある。加藤は立憲体制下で「無答責の地位」に置かれ、「政治的人間たることを禁じられていた」昭和天皇に、あえて「政治的人間」という尺度をあてる。

「昭和天皇は、ヴェーバー［『職業としての政治』］が第一次世界大戦後に展望した意味での政治的人間（＝客観的課題に対して全責任を負担する精神を有する人）ではなかったが、武田泰淳『史記』が太平洋戦争中に展望した意味での政治的人間（＝歴史の動力となるもの）ではあった。最後の元老西園寺公望が［一九］四〇年に死去して以降においては、特にそうであったと筆者は考えている」

ふつうの人間でも少年少女時代は大事だが、「帝王学」をほどこされる身となれば、その比ではない。**大竹秀一『天皇の学校――昭和の帝王学と高輪御学問所』***（ちくま文庫）は、学習院院長の乃木希典大将が発案し、東郷平八郎元帥が総裁に任命された高輪御学問所での七年間の教育を明らかにしている。教師陣の中で一番重要なポストは「倫理」担当だった。選ばれたのは私立日本中学の校長、教師陣唯一の民間人で、「国士」「精神家」「皇漢学者」「敬神家」の杉浦重剛だった。御学問所のいくつかの教科書は後に活字化された。**杉浦重剛『倫理御進講草案（上中下）』***（やまと文庫）が初めて公刊されたのは昭和十一年（一九三六）で、ベストセラーになった。杉浦「倫理」の根幹は、「三種の神器」「五箇条の御誓文」「教育勅語」の三つにある。

昭和天皇が最も尊敬していたのは祖父・明治天皇であった。**飛鳥井雅道『明治大帝』**（文春学藝ライブラリー）は独自の明治天皇伝である。飛鳥井という家名からもわかるように公家の出なのだが、左翼の歴史家として京大教授となった。

「なぜ戦後派［昭和九年生まれ］のわたしが「明治天皇序説」を『明治大帝』のタイトルで書きはじめるのか。／近代史のなかで、いや日本史のなかで、この天皇以外に大帝はいないからである。明治天皇は大帝たる足跡を確実に残した。われわれは事実から出発せねばならない。（略）明治は、「極東の一孤島」が「世界最強の一」となった奇蹟だとヨーロッパ人はみなしており、「陛下の御生涯も亦実に奇蹟を以て満たされ」、「もし欧洲の帝王にして在《おは》すならんには、必ずゼ、グレートと冠し奉る英主に在《まし》ます御方なりしなり」と。／つまり「大帝」の表現は、ヨーロッパのピョートル大帝などとの対比で、まずカタカナの「ゼ、グレート」として出現したのである。（略）元号否定論者たるわたしも、明治天皇を論ずる時は、その人格と時代が切りはなしえない奇跡の時代に従って考えねばならぬ」

その飛鳥井は、国会開設の詔が出た明治十四年（一八八一）に転機を見ている。「天皇の実像と虚像が次第に乖離」し、「機構として確立してくる天皇」と「機構をこえるカリスマとしての天皇」という二つの側面が生まれてきたと考えるからだ。**米窪明美『明治天皇の一日──皇室システムの伝統と現在』**（新潮新書）は、「明治宮廷での、天皇、女官、侍従たちの何気ない一日の生活ぶりをじっくり見てゆく」。「長い朝」「優雅な午前」「長い長い昼食」「何もない午後」「賑やかな夕食」──宮中版「家政婦は見た」とでも評すべき、「みやび」な「御日常」への好奇心あふれる眼差しが光っている。

昭和天皇の父・大正天皇への思いは複雑であった。その大正天皇の従来からの像を打ち破ったのが**原武史『大正天皇』**（朝日文庫）だった。皇太子時代の潑剌ぶりが実証的に明らかにされ、「遠眼鏡事件」だけで語られる大正天皇像とはかけ離れている。気さくで奔放な性格は、一流と評価される大正天皇の漢詩や書に通じているのかもしれない。**山口幸洋『大正女官、宮中語り』**（創元社）は、大正天皇の権典侍《ごんのてんじ》だったが、「皇后様「貞明皇后」のご意向を慮って」命婦《みょうぶ》に変わった「椿の局」の口述記録。椿の局は写真で見るとおり、洋装も和装も似合う、なかなかの美人だ。本書はもともと「御所ことば」研究のためだったので、その言葉遣いが豊富に収められている。

戦前の男子皇族は陸海軍の軍人となることに決まっていた。天皇は「大元帥」という別格で、陸軍、海軍の双方を統帥したが、皇族軍人は陸軍か海軍のいずれかの軍人の道を歩んだ。彼らの中で大きな影響力を持ち、期待の存在でもあった宮様は限られる。海軍であれば伏見宮博恭《ひろやす》王、陸軍であれば東《ひがし》久《く》邇宮《にのみや》稔彦《なるひこ》王が逸せない。**野村実『天皇・伏見宮と日本海軍』***（文藝春秋。ただし中公文庫では『山本五十六再考』と改題）は、昭和八年（一九三三）から八年間も軍令部総長というトップにおり、海軍の将官人事を左右した人物の問題点を取り上げる。昭和天皇より二十六歳年上で、日本海海戦では三笠艦上で戦傷を負ったという「勲章」を持ち、単なるお飾りではなかったからだ。**浅見雅男『不思議な宮さま――東久邇宮稔彦王の昭和史』**☆（文春文庫）は、日米開戦直前には有力な総理大臣候補であり、終戦直後には内閣を組織した、いわば皇族の「切り札」的存在の、やんちゃでわがままな人物像を解明している。昭和天皇よりは十四歳年上で、聡子《としこ》夫人は明治天皇の第九皇女だった。昭和天皇の長女・成子《しげこ》内親王は、東久邇宮の長男・盛厚《もりひろ》王に嫁している。

弟宮たちも当然のこととして軍人への道に進んだ。陸軍へ進んだのは一歳年下の秩父宮雍仁《やすひと》親王と十四歳年下の三笠宮崇仁《たかひと》親王、海軍へ進んだのは四歳年下の高松宮宣仁《のぶひと》親王である。兄と弟の緊張関係があったとされる一歳差の弟宮の評伝としては**保阪正康『秩父宮――昭和天皇弟宮の生涯』***（中公文庫）がある。**細川護貞『細川日記（上下）』***（中公文庫）は、義父の近衛文麿から高松宮へ情報を届ける役目をおおせつかった細川護貞（細川護熙元首相の父）の昭和十八年（一九四三）から二十一年（一九四六）までの日記で、初刊時のタイトルは『情報天皇に達せず』だった。戦後には歴史学者となった**三笠宮崇仁『古代オリエント史と私』***（学生社）には、戦前の回想も収めてある。

昭和天皇の周辺にあった元老、重臣、政治家などについては他の章に出ているので、ここでは割愛し、身近で仕えた侍従と侍従武官の本を挙げていこう。侍従といえば、**朝日新聞社［編］『入江相政日記（全12巻）』***（朝日文庫）が長大だが、読み飽きない。侍従となった昭和十年（一九三五）から侍従長で退官する昭和六十年（一九八五）までを収める。例えば日米開戦の日は、「来るべきものが来たゞけの事であり却ってさっぱりした」とあり、真珠湾の戦果を聞き、海軍出身の百武《ひゃくたけ》三郎侍従長、鮫島《さめじま》具重《ともしげ》侍従武官と握手している。その翌十二月九日の出勤後の様子はこう記されている。

「斎戒沐浴《さいかいもくよく》、祭服に着換えて綾綺殿《りょうきでん》に先着。天皇陛下三殿御親拝の御服上、宣戦布告を三殿に御奉告あらせられ、御告文を奏せられる。おごそかなる玉音を簀子に御剣を奉じつゝ、涙と共に拝する。参謀総長、軍令部総長等度々出て戦況を御報告申上げる。三時よりは東郷［茂徳］外相拝謁。昨日から当直は三人になり、今日は予の外に徳川［義寛］、戸田［康英］両君。武官も陸海軍各々一人、上奏物も山のように来る」

刊行された日記は抄録なのだが、是非とも完全版を読みたい。その一方で、二〜三冊程度に凝縮された版も欲しくなる。これも昭和史の一級史料である。**藤田尚徳『侍従長の回想』**（講談社学術文庫）は、終戦時の侍従長による間近で接した天皇像である。昭和二十一年（一九四六）一月には、こんな述懐を聞かされる。

「こうした頃、公職追放令がGHQから指示されてきた。直ちに訳文をお手元に差しだすと、ご覧になっていたが、一読後に私に仰せられた。／「ずいぶんと厳しい残酷なものだね、これを、この通りに実行したら、いままで国のために忠実に働いてきた官吏その他も、生活できなくなるのではないか。／藤田に聞くが、これは私にも退位せよというナゾではないだろうか」／真剣なおたずねであった。（略）陛下は思いつめた表情をなさった」

岸田英夫『天皇と侍従長』*（朝日文庫）は、歴代の侍従長を通して宮中の昭和史を描いている。著者は『入江相政日記』刊行にも関わっている。侍従は天皇の日常生活に仕えるが、侍従武官は「大元帥」としての昭和天皇にそば近くで仕える。現役の陸海軍軍人が任命された。**本庄繁『本庄日記』**（原書房）は、満洲事変時の関東軍司令官だった本庄が凱旋後に侍従武官長を拝命した時期の日記が中心となっている。「至秘鈔」などは側近奉仕時の日記から抜粋清書したもので、天皇の発言や御下問が多く書かれている。二・二六事件の四日間については「帝都大不祥事件」として詳しく記す。**野村実［編］『侍従武官城英一郎《じょうえいいちろう》日記』***（山川出版社）は、海軍航空畑出身で後に特攻隊攻撃を上申する軍人の侍従武官時代の日記である。昭和天皇の自然科学への関心も日記からはよく読み取れる。

外国人の研究としては、**デイビッド・アンソン・タイタス［著］大谷堅志郎［訳］『日本の天皇政治――宮中の役割の研究』***（サイマル出版会）と**ピーター・ウエッツラー［著］森山尚美［訳］『昭和天皇と戦争――皇室の伝統と戦時下の政治・軍事戦略』**（原書房）が、いまだに示唆を与えてくれる。前者は「内大臣」についての先駆的研究で、『木戸日記』に登場する人物の登場回数をカウントしたりもする。後者は「昭和天皇の行動と思想を、私個人の価値判断を加えずに解明」する試みで、「軍事的意志決定に天皇裕仁が果たした役割」と「軍事的決断に天皇が関与する基盤をつくった知的背景」の研究である。結論部分を少し引用する。

「日本の評論家も米国の学者も、理想化された立憲君主制の概念を採用し、天皇が正式な裁可の前に、他の指導者とともに長らく舞台裏で軍事・政治方針の形成に関与したことを見落としている。天皇は政府ではなかった。しかし、それと正反対の戦後の異論にもかかわらず、天皇は政府に参画する一員だったのである」

平川祐弘『平和の海と戦いの海――二・二六事件から「人間宣言」まで』*（講談社学術文庫）は、戦争の時代にもあった日米双方の当事者たちの「魂の交流」を描いている。米国大使ジョゼフ・グルーと学習院教授R・H・ブライスといった知日家と、日本側では斎藤實（内大臣）、鈴木貫太郎（侍従長、首相）、山梨勝之進（学習院院長）といった海軍の元提督たちの「魂の交流」である。本書は小泉信三の家で山梨がヴァイニング夫人と和やかに会話するシーンで終わる。**E・G・ヴァイニング［著］小泉一郎［訳］『皇太子の窓』**（文春学藝ライブラリー）は、中学生の皇太子（明仁上皇）の家庭教師として招かれた夫人の日本滞在記で、帰国後に出版され、アメリカでベストセラーとなった。平川によると、「皇室にまつわる誤解」が氷解したばかりではなかった。

「アメリカにとってもっとも憎むべき日本人《ジャップ》であった、あの真珠湾に不意打ちを喰わせた山本五十六が、実は日米戦争の回避に努力した海将であったことが米国民に知られるようになったのも、山梨さんが山本元帥についてヴァイニング夫人に懇々と説ききかせたからであった」

戦後の天皇及び天皇制についてもおびただしい本がある。GHQ、新憲法、新皇室典範といった核となる部分の最重要本のみを挙げる。**豊下楢彦『昭和天皇・マッカーサー会見』**（岩波現代文庫）は、極秘会談の核心部分を明らかにし、『マッカーサー回想記（上下）』（朝日新聞社）の叙述に疑義を呈した。さらには、東京裁判に「謝意」を表し、サンフランシスコ講和条約を高く評価し、象徴天皇であるにもかかわらず「天皇外交」を行なったと、「能動的」天皇像を提出した。**和辻哲郎『新編　国民統合の象徴』**（中公クラシックス）は、日本国憲法によって「象徴」と位置づけられたが、象徴という理解のほうが日本の伝統に合致するとし、「国民の統一、国民の総意は、いつも天皇において表現されたのである。この事実は武力によって強制されて起ったものではない」とした。本書は「国体は変更した」という立場の憲法学者・佐々木惣一との論争も読めるように編集されている。

奥平康弘『「萬世一系」の研究――「皇室典範的なるもの」への視座（上下）』（岩波現代文庫）は、平成末期の「生前退位」問題が起きた時に注目された名著である。なぜなら「天皇の退位」、「女帝」、「庶出の天皇」、ふつうの日本人になる「脱出の自由」といった続出する難問を、悪魔的にクリアに捌いていたからである。それもおよそ天皇制を論じるという堅苦しい感じではなく。敗戦直後の退位問題は野球に喩えられる。「裕仁退位という犠牲フライに打って出て、天皇制そのものの永続化をはかるという作戦」といったふうに。

「私は本書を通じて、現在の制度およびその運営や慣行から来る「不自由」「差別」は、結局のところ、憲法第一条（天皇の象徴性）・第二条（その地位の世襲的継承制）という、それ自体一義的とはとても言えない、不分明で包括的なふたつの規定が織りなす天皇制という制度がもたらしたものであることを、論証しようとした」

生前退位問題の時、奥平は既に死んでいて議論には加われなかったが、「パンドラの箱」が開かれると共に、皇室へのタブーという拘束は否も応もなく薄まっていった。

◇書評コーナー

●田代靖尚『昭和天皇のゴルフ――昭和史を解く意外な鍵』＊主婦の友社

ゴルフという一点突破による昭和天皇研究で、こんな方法もあるのかとびっくりした。著者の本業はゴルフライター。六十八歳（刊行当時）にして、東大日本史学科の研究生となっている老書生で、自分の得意分野を生かしたユニークな研究だ。

侍従武官長の奈良武次や侍従次長の河井弥八の日記を使いながら、天皇や皇后のゴルフライフをあとづける。ヨーロッパでのゴルフ開眼から、昭和何年にゴルフ断ちをしたかまで、調べ出したらとまらない。東大の図書館に籠って調査をする。

本の構成がふるっていて、1番ホールから最終ホールまでの18章仕立てになっている。今はない吹上御苑や新宿御苑のゴルフコースを地図上に推定してしまうのだから、本格的だ。ゴルフに関することならトリビアルなところまでゆるがせにしない。それが思わぬ発見を生む。

通説では、昭和天皇は支那事変がはじまってゴルフをやめたことになっているが、入江相政侍従の日記を読み込み、それは正しくないと気づく。入江の著書『いくたびの春』にはこうあった。「昭和十二年七月七日に、シナ事変がはじまった。それから間もなく、陛下はおっしゃった。「もうゴルフはしないから、ゴルフ場の手入れをやめるように」と。だから陛下のゴルフは昭和十二年六月の末が最後である」

ところが入江日記をよく注意して読むと、那須の御用邸では昭和十四年（一九三九）八月六日までゴルフを楽しんでいる。

この年の八月とは、日英東京会議の決裂、第二次ノモンハン事件での大敗、独ソ不可侵条約の締結による平沼騏一郎内閣の「複雑怪奇」声明と、内外とも多難な時期にあたる。ゴルフをいつ止めたかの一事からも、昭和天皇の内面を推測する材料にはなる。少なくとも、昭和天皇の支那事変観の再考を促す発見である。

9番ホールまで作られた吹上御苑のゴルフ場が戦時中にどう変化したかも著者は描く。

「こうして、吹上御苑コースの1番ホールと5番ホール一帯に「大本営付属室」、4番ホールのグリーンと5番・7番ホールのティーグラウンド一帯に「お文庫［吹上御所］」が建設され、吹上御苑コースは完全に姿を消したのである」

——「新潮45」二〇一七・一一

●井上亮『天皇の戦争宝庫——知られざる皇居の靖国「御府」』ちくま新書

日本最高の〝秘境〟への探検の書である。地図からは消されていることが多く、写真などの映像もほとんど出まわらない。そんな人跡稀なる場所が東京のど真ん中、千代田区千代田一番一号にあったのだ。果敢な冒険野郎は、日経新聞編集委員の井上亮。十年前にいわゆる「富田メモ」を発掘したスクープ記者が、今度もたった一人で挑んだ。毎日新聞の書評で、磯田道史は「我々の歴史認識を前進させた一書。著者に敬意を表したい」と書いていた。同感である。

「富田メモ」には靖国神社のA級戦犯合祀への昭和天皇の不快感が記されていた。「だから　私あれ以来参拝していない　それが私の心だ」という言葉である。今度の本『天皇の戦争宝庫』も靖国とかかわる。副題が「知られざる皇居の靖国「御府《ぎよふ》」」とあるように、井上は秘境である「御府」を、皇居内の「もう一つの靖国神社」と表現している。

「御府」とは耳慣れない言葉だが、日清戦争以後の戦争で得た戦利品（「分捕品」と呼ぶのが普通だったらしい）などを収蔵する倉庫であり、展示スペースだった。明治天皇の意向で戦没者の名簿と写真も集められた。靖国神社の展示施設「遊就館」の皇室専用御用達の建物と思えばいいのかもしれない。靖国とは違い、敗戦の翌年にGHQの意向で廃止され、兵器類は日本鋼管川崎工場で鎔解された。「明治天皇が命じた戦利品・記念品の数々は、昭和天皇を守るためにこの世から消された」。そこまでは完璧だったとしても、建物は残った。振天府《しんてんふ》、懐遠府《かいえんふ》、建安府《けんあんふ》、惇明府《じゆんめいふ》、顕忠府《けんちゆうふ》のうち、いまだに四つがそのまま健在だという。

井上はほとんど史料が残されていない「御府」の実像と虚像を徹底的に調べあげていく。本書の中には、宮内庁宮内公文書館が所蔵する「御府」の外観と内部の写真がふんだんに掲載されている。それだけでもとても貴重なヴァーチャル拝観なのだが、往時の史料に基づいた「御府」の案内まで再現してくれる。至れり尽くせりなのだ。

「御府」は当初、陸海軍の将校や華族、議員、高級官僚に限られて公開されていた。案内役も宮内大臣や侍従武官長といった大物である。彼らの説明では、天皇陛下の「兵を思う心」が事細かに語られる。「親しく此所に玉歩を運ばせ給ふ毎に、凝乎《じつ》と、御佇立《ごちよりつ》のまゝ、畏れ多くも玉眼に御涙をさへ、さしぐませ給ふを常とし給ひしやに洩れ承はつて居る」といった有難いお話で、感激を新たにできるのであった。

井上が文献で調べると、こうした説明と矛盾した事実が浮かび上がってくる。『明治天皇紀』を見ると、天覧は日清戦争を記念した振天府に一度限りだった。大量の戦死者を出した日露戦争の戦死者を記念する建安府には「玉歩」を運ぶことはなかった。「不可解なことだ」と井上は驚いている。

昭和天皇の場合はどうであったか。昭和三年（一九二八）の済南事変以降の昭和の戦争を記念する顕忠府への行幸は、記録上は昭和十一年（一九三六）の一度きりであった。昭和十九年（一九四四）の「修身」の教科書には、「顕忠府御造営に際しては、「写真も広く普及したことであるから、戦死者の写真は、下士官兵の分まで全部集めよ」と仰せ出された。伝へ承るだに、私どもは、今更ながら、皇恩の無辺であることを覚えずにはゐられない」とあった。写真の大きさは下士官と兵は名刺判と定められ、裏面には姓名、戦死の年月日と地名などを記すことまで決められた。

「御府」廃止で、その写真はどうなったか。井上は宮内庁に問い合わせた。答えは「建物内に戦没者の写真はない」であった。返却されたか、焼却されたか、それともどこかに眠っているのか。「わからない」という返事に、井上は焼却されたのではと憂いている。なお、顕忠府の建物の写真は本書にはない。井上は宮内庁関係者を通じて見ることだけはできたが、掲載を断られている。昭和の戦争の建物ゆえに生々しい存在だからだろう。

ほっとさせるのは、近代の天皇の中で最も影のうすい大正天皇が皇太子時代に御府を詠んだ和歌である。「武夫のいのちにかへし品なればうれしくもまた悲しかりけり」。大正天皇の御製《ぎょせい》から、戦死者と遺族に同情し、その「境遇を想像することができる優しい心根の人」であったろうと、井上は大正天皇の人柄を思い描いている。一番多く御府に足を運んだのも、大正天皇であった。

御府は戦後には倉庫となり、平成になってからは、昭和天皇の数万冊の蔵書と遺品の保管庫になったらしい。井上が取材を続けていくと、御府の中には戦艦大和の建造中の写真といった「お宝」もひっそりとあることがわかってきた。その話を井上から聞いた大和ミュージアム館長の戸高一成は「血圧が百くらい上昇し」、公開を強く望んだ。

井上の想像は膨らむ。昭和天皇が後世に残すために入江相政侍従長に書き取らせた「拝聴録」が御府には納められているのではないか。『昭和天皇実録』編纂にあたって、行方がわからなかったとされた昭和史の最重要未公開史料である。昭和天皇の日本人全員への遺言ともいえる「拝聴録」を、まさか紛失してしまったり、焼却してしまったりしていることはあるまい、と私も思う。おそらく井上は「拝聴録」に辿り着くために、ここまで執念を燃やして「御府」を調べているのではないだろうか。「拝聴録」公開を決断できるのは天皇陛下だけであろう。「聖断」が平成のうちにあるか、次の代になるか。どちらであろう。

●田中俊雄『アメリカは昭和天皇をどう見たか——戦争とジャーナリズムの交差点』幻冬舎ルネッサンス新書

百数十ページの薄っぺらな新書版である。自費出版の「幻冬舎ルネッサンス新書」なのだが、本の内容はあなどれない。なかなかのものだ。帯には推薦文がある。専門家のお墨付きだ。

「米国雑誌が描く昭和天皇像の変遷を追うことで生まれた新たな研究だ！——原武史氏（放送大学教授）」

『アメリカは昭和天皇をどう見たか』というタイトル通りで、中身は詰まっている。「タイム」「ライフ」「フォーチュン」といったタイム社の雑誌が、日本と天皇をいつ、何回くらい、どのように書き、論じてきたかを網羅的に調べて書かれている。対象にした時期は一九二三年（大正十二年）以降。「近代日本の天皇像を外側から把握」するために選んだのがタイム社の雑誌だった。アメリカにおいて「全国紙」的存在だったこと、豊富な情報量があり、「感情的な誤描写」が少ないことなどの理由で。

「日本の戦後と密接不可分であるアメリカの当時の民衆レベルの天皇観、あるいは皇室観を考察することは、現代においても決して無意味なことではない」

写真週刊誌「ライフ」は日本特集を一九三七年、一九四〇年、一九六四年と三回出した。最初の特集に「上海南駅の赤ん坊」という写真が載った。アメリカ国民は写真で「日本人の残虐性」を見る。「日本のイメージ形成において、「日中戦争期」にこそ、『ライフ』は威力を発揮した」。

「裕仁」が表紙になったのは「ライフ」では一回だったが「タイム」では戦前戦中に五回、戦後に一回あった。軍人が表紙になるのは陸軍四回、海軍八回である。米内光政だけ二回（上海事変時、総理就任時）で、山本五十六、永野修身、嶋田繁太郎らは一回。

図像だけでなく、記事の分析もある（原文と訳文を併記）。一九三七年には、「もしも中国を手に入れようものなら、日本は、世界で最も人口の多い帝国となってしまうだろう」とある。一九四〇年からは攻撃対象は軍部にしぼられ、皇室は好意的な描写になるという。

巻末には執筆のもとになった「Hirohito」が用いられた「ライフ」の記事一覧（百八本）もある。昭和が終わった時に、『ニューズウィークで見る昭和』という本が出たが、『タイムに見る昭和』といった同種の本を欲しくなった。

●川瀬弘至『孤高の国母　貞明皇后――知られざる「昭和天皇の母」』産経NF文庫

――「新潮45」二〇一八・五

近代皇室最大の功労者は誰か。その有力候補として名を挙げるとしたら、この方の名は逸せないのではなかろうか。大正天皇のお后として、お腹を痛めて四人の皇子を産んだ貞明皇后である。昭和天皇、秩父宮、高松宮、三笠宮、四人はみな順調に育っていった。

本書は、その「国母」貞明皇后の評伝である。皇室の伝記というと、どうしても尊敬の念が溢れかえってしまって、素顔が見えにくいという難点がつきものである。尊敬の念が自然であったとしても、不自然に過剰であればなおさら。そのいずれでもない本書は、稀有な皇室本である。ヘンな表現になるのを承知で言えば、書籍の中とはいえ、「基本的人権」のある「人間」として描かれているのだ。まるで選挙権を持ち、婚姻の自由もあったかの如くに。

その点は著者の川瀬弘至は自覚的であろう。貞明皇后は五摂家の名門九条家に生まれたお姫様だが、すぐに東京郊外の高円寺の農家に里子に出され、元気に育った。色白でなければ美女とされない当時にあって、「九条の黒姫さま」と同級生からあだ名された少女だった。著者は書いている。

「華族女学校時代の節子《さだこ》姫について、戦前の文献は「御謙譲の徳に富ませたまひて、露ほども婦人の態度を失ひ玉はず、学友と御物語のときなども、温然として人々の話に御耳を傾むけさせられ……」などと紹介するが、戦後の文献からはむしろ、茶目っ気たっぷりの、はつらつとした様子がうかがえる」

その「戦後の文献」にしても一定の制約があり、皇室物の「定番」の範囲内にあった。著者が選んだ方法は、宮内庁の内部に眠っていた未公刊の資料をひも解くことだった。「膨大な量の閲覧請求申請」を提出して、「貞明皇后実録」、同「稿本」、同「編纂資料・関係者談話聴取」を入手し、ふんだんに引用するのである。「談話聴取」とは貞明皇后の同級生、お付の女官たち、おっかない教育係、宮中の要人たちなどさまざまな人々の思い出話を取材したもので、彼ら彼女らの「オーラル」から伝わってくる人間「貞明さま」が鮮やかなのだ。

本書はもともと産経新聞に連載されたものである。著者は社会部編集委員であり、産経の編集局が全面的にバックアップしたからこその成果であろう。著者が「あとがき」で、「〝オール産経〟で書き上げた連載」と述べた通りである。しかし、安易な小説仕立てにはせず、典拠史料を「註」として明記して、アカデミズムの検証にも耐えうるようになっている。『明治天皇紀』『大正天皇実録』『昭和天皇実録』といった宮内庁編纂の歴史書の欠点克服も目指されているのだ。それでいて読みやすいのが不思議である。

貞明皇后が亡くなったのは昭和二十六年(一九五一)の五月だった。「貞明皇后実録」の編纂は、その年から昭和三十四年(一九五九)にかけて行なわれた。天皇制の行方がどうなるか不明だった占領期をやっとおえ、独立を回復する頃から始まっている。昭和三十四年とは民間から正田美智子嬢が皇室入りをした年である。つまり「オーラル」の話を集めた時期は、皇室についてもっとも自由に、伸びやかに語る空気があった時代だったということになる。

貞明さまのお人柄もまた、その時代に語るにふさわしい伸びやかさを持っていたのだろう。「オーラル」取材に応じた関係者たちが、貞明さまならこんなエピソードをお話ししてもお許しになるでしょう、と〝菊のハードル〟を下げて胸襟を開いたのではないだろうか。親友の証言によれば、近視のために目つきがあまりよくなくて、意地悪だと誤解されたという。新婚早々、夫婦でテニスをするのが嬉しくて、御殿から外に出る時、階段を二、三段飛び降り、老女官に「ほう、叶ひませんな」と呆れられる。窮屈な宮中の暮しには泣き言も漏らしている。「結婚の翌日から泣いて暮した」、「九条家の娘として臣下に嫁いでゐたら私はもつと幸福だつたかも知れない」。

夫の大正天皇は大正七年に発病する。

気晴らしにと、側近たちによる園遊会や仮装行列を企画する。軍服に長い軍刀を引きずった仮装姿の侍従が怒った仕草をした。「まあ、あれは山県(有朋)のつもりよ。本人が見たらどんな顔をするかしら」と妻が笑って言うと、夫も声を立てて笑った。大正天皇は口やかましい「一介の武弁」の元老山県有朋が苦手だった。

夫の晩年には献身的な介護で尽くした。病室に付き添って、痰や咳の世話までする。ベッドの上り下りも手をとって助けた。侍従の万里小路《までのこうじ》元秀の証言によれば、「お小水の事までも皇后がお世話をなさいました」。看病も空しく崩御すると、貞明さまは一室に亡き夫の肖像画を飾り、「生ける人に仕へるが如く御奉仕」した。その部屋では、晩年に到るまで「寒中といへども敷物を御用ひなさいませんでした」。

ことさら「ちょっといい話」だけが集められているわけではない。「母子対立」という一章も設けられている。なぜか長男の昭和天皇とは意見を異にすることが多かったからだ。戦争の行く末については、支那事変の時から、勝てるとは考えていなかった、という証言が紹介されている。証言者は関屋貞三郎元宮内次官の夫人・関屋衣子《きぬこ》である。湯《ゆ》浅倉平《あさくらへい》内大臣や宮様方にそう話していたというのだ。

貞明さまの人物については、戦後に侍従長となった大金益次郎の人物評が全編を要約している。「卑近な言葉で甚だ相済まないが、一箇の親切な伯母さん」。

●望月雅士『枢密院——近代日本の「奥の院」』講談社現代新書

戦後には廃止されてしまった組織というのはわかりづらい。本書のテーマである枢密院はその最たるものだろう。旧憲法では第五十六条に規定があった。著者の望月雅士は、憲法を作った伊藤博文の構想を『憲法義解』に基づき説明する。

「天皇は君主の務めをはたすため、内閣と枢密院というふたつの最高機関を置いた。内閣は内外の政務を担い、迅速に対応し処理する。一方、枢密院は思慮を凝らし、古今の歴史をふまえ、学識にのっとってその可否を判断し、天皇はそれを受けて最終的な決断を下す。これが憲法発布直後に伊藤の描いた、立憲君主制の基本的なシステムである」

伊藤亡き後、伊藤の下で憲法の起草にあたった伊東巳代治、金子堅太郎らが枢密院を「憲法の番人」としていく。大きな転機は昭和の開始と共に訪れる。昭和恐慌下、若槻禮次郎内閣の「台湾銀行救済緊急勅令案」を枢密院が否決し、内閣は総辞職する。

枢密院は国政上のガンとなっているとして、激しく批判されるようになる。美濃部達吉は、枢密院と立憲政治との間に矛盾があるとして、枢密院不要論を唱えた。

別の動きもあった。満洲事変以後への対応である。顧問官の石井菊次郎（元外相）は、朝鮮軍の独断越境は大権干犯ではないか、と質した。錦州爆撃、満洲事件費、日満議定書締結、国際連盟脱退などの事案に枢密院から危惧が表明される。これらは、「採決での承認を前提に、昭和天皇の「御前」で国策の問題点が表明され、政権への警告となることが期待されていた」。その意味では、「戦争の泥沼を突き進んでいく国家を押しとどめ得る最後の砦として」の期待もかけられていた。

「その「奥の院」［枢密院のこと］が衆議院から弾劾され、デモクラットたちから存在を否定されながらも、戦時体制と戦争の遂行に最も批判的な国家機関であったという事実は、近代日本のあまりにも深刻なアイロニーである」

枢密院の最後の仕事は、占領下での憲法改正だった。美濃部達吉顧問官からは改正手続への根本的疑義が提起された。改正案は美濃部の反対一票のみで可決となる。

●浅見雅男『学習院』☆ 文春新書

秋篠宮家の悠仁さまが行かなかった学校「学習院」と、近代史のただならぬ関係に注目したユニークな本だ。著者の浅見雅男は皇室と華族についての第一人者で、本書も学習院の「入学者名簿」「退学者名簿」を閲覧した上で書かれている。

まずは意外な中退者である東條英機の話題から入る。華族の学校である学習院の初等科（小学校にあたる）に軍人の息子だった東條は途中入学し、成績不良で落第したと言われていた。それは事実なのか。浅見の調査によると、三年時に編入し、一年二ヶ月しか在籍していなかった。落第ではない。

ほぼ同時期に陸軍皇道派の将軍となる小畑敏四郎も学習院で学んだ。小畑は父親が男爵だったから、普通の選択だった。五輪の馬術で金メダルを取り、硫黄島で戦死する「バロン西」こと西竹一《にしたけいち》も父親が男爵で、学習院に学んだ。浅見の推論では、平民をバカにする「華族の学校」に馴染めず、東條は厄介な状況に置かれたのではないか、となる。

華族の子弟は無試験で入学でき、授業料もいらない。そのまま進めば帝国大学に入学できる。数々の特権のある特殊な学校が学習院だった。白樺派の志賀直哉や武者小路実篤（父が子爵）、時代はずっと後になるが三島由紀夫も初等科から学んでいる。

意外なところでは「ワンマン宰相」吉田茂がいる。吉田は「学習院から東大へ進学できる」という理由で中等科六年に編入した。昭和史への影響の大きさでは近衛文麿（中等科まで）、木戸幸一（高等科まで）らの世代だった。敗戦の責任を負う貴族政治家たちだ。外交官では松平恒雄（秩父宮妃の父。駐英大使、駐米大使、宮内大臣）、武者小路公共《きんとも》（実篤の兄。駐独大使）、斎藤博（駐米大使）と昭和史に関わる外交官も多い。

近衛、東條、吉田だけではなかった。学習院在籍者の総理は戦後に輩出した。東久邇宮稔彦《なるひこ》王、細川護熙（高等科）、小渕恵三（中等科）、麻生太郎（初等科から大学まで）、鳩山由紀夫（初、中等科）と並ぶと、不思議なキャラクターが揃っている。やっぱり特殊な学校である。

乃木希典、野村吉三郎（日米開戦時の駐米大使）、山梨勝之進（人間宣言に関与）といった軍人出身の院長も含め、「学習院」はさらに研究されるべき学校であろう。

●片山杜秀『皇国史観』文春新書

江戸時代の水戸学から説き起こし、「結果的に天皇の延命に貢献した」一九八〇年代の網野善彦の天皇像リニューアルに至る。「皇国史観」をキーワードにした、見晴らしのいい近代日本政治思想史講義である。「天皇をどのように日本という国家のなかに位置付けるのか」という近代日本が背負い込んだ大テーマに、いとも軽やかに突進する。

「いわば緊急対応策として、明治政府は天皇を中心に据えたのだと考えます。そして、天皇により強い求心力、束ねる力を持たせるために、様々な仕掛けがつくられていった。緊急対応だから、そこには様々な無理や矛盾もはらんでいました。皇国史観もそうした近代化への仕掛け、緊急対応のひとつだった、というのが本書の立場です」

取り上げられるのは五箇条の御誓文、大日本帝国憲法といったグランドデザインから、不穏が表面化した南北朝正閏《せいじゅん》問題、天皇機関説事件へと進む。

「では、日本でそうした求心力を持つイデオロギー、国民を束ねる力になりえたのは何か、といえば、やはり天皇しかなかった、と私は考えます。(略)結局、一九四五(昭和二十)年になっても、日本は「天皇陛下万歳」しか、玉砕のためのロジックを持つことができなかったのです」

昭和期の思想家で語られる人選はユニークだ。平泉澄《きよし》、柳田国男、折口信夫、そして網野善彦という豪華版だ。東京帝大国史科教授で、「皇国史観」の代表的論客だった平泉は、天皇親政を理想としていた。昭和七年(一九三二)に御進講の機会がやってくる。その機会に後醍醐天皇を礼讃するも、「後醍醐天皇のおとりになった処置について何か誤りはなかったか」と御下問があり、警戒されてしまう。終戦時、宮城事件でクーデターを起こした陸軍将校たちは平泉の門下生だった。平泉自身は終戦となると、「承詔必謹《しょうしょうひっきん》」の態度をとり、東大を辞め、帰郷する。

平泉の「アジール（聖域、無縁所）」論を下敷きにして、新たなアジール論を展開し、宮崎駿の「もののけ姫」にまで影響を与えたのが網野歴史学だった。柳田民俗学は稲作と天皇を強く結びつけ、「戦後日本に適合した天皇像」を打ち出したが、時代は農業中心から商工業中心へと転換した。網野の非農業民論が注目されるのはその時だった。若き日の網野は教え子の「なぜ天皇は滅びなかったのか」という問いに答えられる学問を築こうとした。その「現段階での拙い答え」が『無縁・公界・楽』という代表作になる。

●古川隆久『建国神話の社会史——史実と虚偽の境界』中公選書

「建国神話」が教室でいかに教えられ、生徒たちはどんな反応をしていたのか。どこまで信じていたのか。そうした素朴な疑問を発し、答えようとしたのが本書である。教育関係の同時代資料を主なる手がかりとする。時代による変化を見据えながら議論は進められている。

極端な例は、戦時下の昭和十八年（一九四三）、茨城県の国民学校（小学校）に在学していた「T氏」の体験談だろう。「国史の時間に、国史の掛図の「天孫降臨」をみて「先生そんなのうそだっぺ」」と問うと、二、三の級友も同調した。すると教師は大変いかり、ただちに教員室に生徒をよびよせて、「貴様は［逆賊の］足利尊氏か、とんでもない奴だ」と啖鳴り校長以下多くの先生方の前で、木刀で頭部を強打した」。

著者の古川隆久は、同類のエピソードを探したが発見できなかったと書いている。孤立した例なのか、半信半疑とも読める書き方である。しかし時代をさかのぼると、「建国神話」をどう教えたらいいのかと苦悩する教師像が次々と発見できる。

「児童の理性が発達して来て、「先生人間が天には居ることは出来ないと思ひます……雲の上なんどに居たらすぐにおちてしまひます」……「雲の上は空気がうすいですから呼吸が出来ませんすぐに死んでしまひます」とか小理屈をいふに至つては無下に叱りとばさないで何処の国でも古代のことははつきりしてゐないそれで我国の大むかしのことなども、はつきりしてゐない（略）しかとわからぬといふ様にしておく」

以上の例は明治末期に出た「教師用指導書」の伝授する模範解答だ。現場の教師のナマの声の悩みも発見する。

「「先生、まだ出雲にはそんな蛇が居りますか。」とか「天から降りるつて落つこちはしませんか。」「先生、飛行機ならい丶ですね。」などといふ質問が後から出てきまして、ハツと思ひました。」今はいいがもっと大きくなって神話の全体を否定するとか、神代を軽視するとかが心配だ。「何とかいい方法はないものでせうか」」

この先生の悩みは大正末年から昭和初期、まだ国史教育にも「ゆとり」があった時代のもので、「歴史教育」誌に応募されている。それだけでなく、古代史を研究する学者たちの解答や転向も本書では示される。

天皇機関説事件の翌年、昭和十一年（一九三六）刊の受験参考書では、本当か嘘かと疑わず、「其の話の心持を考へ、ねうちをさがすやうに心がけることが大切」としている。なるほど。

――「新潮45」二〇一六・三

●伊藤晃『「国民の天皇」論の系譜――象徴天皇制への道』*社会評論社

二十八年目に入った「平成」の世と皇室を読み解く鍵が、この本には埋め込まれていると感じた。伊藤晃の『「国民の天皇」論の系譜――象徴天皇制への道』は、タイトルこそおとなしいが、中味はハードである。著者は大学で近代日本史を教えてきた人のようだが、立場ははっきりと共和主義である。その立場から誠実に思考を重ねることによって明らかにされるのは、著者自身にとってはまことに不本意な事態である。つまり、近代日本と平成日本で、「天皇制」が強固に長持ちし、「国民の天皇」が完成するという結論に立ち至ってしまうのだ。

「国民の天皇」とは、北一輝が大正十二年（一九二三）の『日本改造法案大綱』において提出した天皇像である。ほぼ同時期に津田左右吉は、「国民的精神の生ける象徴として」の皇室への敬愛を位置づけた。敗戦による大打撃の際に、津田、和辻哲郎、金森徳次郎らの穏健な天皇主義による戦後へのソフト・ランディングが「国民の天皇」として受け容れられた。長い戦後の後の昭和天皇崩御は、国民の天皇への関心喪失を招くかと思えた。

四半世紀を経て、事態はどう動いたか。護憲・平和・慰霊・仁慈によって、戦後民主主義と親和してきた「明仁・美智子夫妻の天皇制史に残る業績」によって、むしろ「天皇のもとでまとまる国民の一体性」という「虚構」が完成しつつある。著者はむしろその点を、危機感を持って受けとめている。「自分のことは自分で考え、解決する」という「人間の尊厳」から、かえって遠ざかっているのではないか、と。

「昭和天皇実録」公開後のもっとも重要な天皇研究は、現時点では豊下楢彦『昭和天皇の戦後日本――〈憲法・安保体制〉にいたる道』（岩波書店）であろう。その本の終結部に現われるのは、「明仁天皇の立ち位置を立脚点としつつ、今後の日本が進むべき道を」展望しようという豊下の姿勢である。伊藤晃はこれを批判する。新刊書でいえば、保阪正康『天皇のイングリッシュ』（廣済堂新書）も似た傾向を示している。保阪は「今の天皇と皇后」への「信頼感が私自身のものの考え方の基盤」になり、「自分の考えの縁にしてゆく」と述べている。豊下も保阪も期せずして、戦後民主主義の内側にある明仁天皇を、師表と仰ぐかの如き態度をとるのである。

平成の初めに、吉本隆明は、「天皇と天皇制が民衆の上に存在せずに傍に存在するというようになるべきだ」と書いていた（『天皇制の基層』）。そうした時代が平成の世に遂にやってくると吉本は予想していたと思われる。伊藤晃にもその思いは共通していたのではなかろうか。しかし、そうはならなかった。民衆ではなく識者の、傍ではなく、やや上方に天皇が存在している——。日本国憲法の最大の焦点は、成立の事情からしても一条と九条であることは言うまでもない。喧しく議論されるのはいつも九条のほうである。伊藤晃は別のアプローチをとる。九条ではなく、「第一条を思い出すことから」本書を出発させるのだ。

象徴天皇制の第一条の問題を、明治から現在まで、思想史として捉えかえす伊藤の本書を読んでいると、それは天皇の「抱擁力」と、知識人の「ためらい」、そして巧妙な官僚制、の三点に集約されてくるように思えた。

大逆事件の時、徳冨蘆花は、天皇が幸徳秋水ら「謀叛」の社会主義者を抱擁しうると信じた。こうした「親天皇」の立場は大正デモクラシーに引き継がれたというのが伊藤の歴史観である。二十世紀という新しい世界に対応すべく、天皇制は懐を拡げるだろうと期待する。このような「期待」は昭和に入っても続き、転向者や、現状打破を模索する無産政党の政治家をも天皇に向かわせる。「ためらい」は、コミンテルンからの天皇制打倒の指令に困惑し、民衆の天皇崇拝の前で立ち尽くすしかなかった共産党幹部の姿に典型的に現われる。戦前の、そして現在の知識人をも広く被っている感情ではないだろうか。

戦前の統治機構とは、「天皇の裁可をめぐる諸意志の争い」を本質とした、と伊藤は見る。「上意の奪い合い」ともいえよう。非常にクリアな解釈である。その争いの勝者を「天皇主権が保証」し、天皇によって定まった国家意志は絶対服従すべきものになる。したがって、大日本帝国憲法の「天皇の絶対不可侵」は、「統治集団の肉体に食いこんだ精神をも表現して」いた。戦争に負けた後も、統治集団は生き延び、「かつては天皇主権を、いまは国民の意志（国会における多数）を、狡猾に利用する」。

帝国憲法七十三条に則って、「勅命ヲ以テ議案ヲ帝国議会ノ議ニ付」し、憲法は現在の姿に改正された。その時、帝国憲法を自ら批判することがなかったことを伊藤は指摘する。形式論に過ぎる批判とも言えるが、皇室と昭和史を真摯に考えようとするならば、立ち止まるべき批判の声ではあろう。こうした問いが本書にはいくつも内在している。

もっともスリリングな観点は、美濃部達吉の天皇機関説との対比で、ドン・キホーテ的な役どころだった上杉慎吉の天皇論を〝再評価〟している部分である。上杉の思想が憲法第一条に伏流として流れ込んでいると見ているのだ。美濃部は「解釈改憲」、上杉は「天皇主義ポピュリズム」と耳目に入りやすく図式化されている。ふつうなら、こんな言葉遣いは上滑りになってしまう危険があるのだが、本書の中では例外的にそれをまぬかれている。著者の力量を感じさせる点だ。

●山本七平『戦争責任は何処に誰にあるか――昭和天皇・憲法・軍部』さくら舎

――「週刊ポスト」二〇一六・一〇・七

NHKのニュース速報という尋常ならざる形で始まった一連の天皇「生前退位」報道は、高齢の陛下への同情が一気に高まって、国民の〝合意〟があっという間に形成された。「畏きあたりより洩れ承った」という主語不明の戦前のフレーズが、民主的に再登場した光景だった。

この翼賛的事態を山本七平が生きていたら、どう見るだろうか。二十五年前に死んだ評論家の剛速球の「異見」を聞いてみたいと私は思った。山本七平こそ、日本の社会が「空気」によって支配されているオカシさを発見した戦中派の思想家だったのだから。

その渇をいやす本がまさに新刊として出ていた。「戦争責任論と憲法論は表裏にある！」「知の巨人が『天皇と憲法』に迫る！」と帯のコピーに謳った本書『戦争責任は何処に誰にあるか』である。「山本七平先生を囲む会」という愛読者の集まりが編集に関わり、山本七平の生前未刊行の論考をまとめる「さくら舎」のシリーズ八冊目である。多作だった著者にまだこれだけ面白い論考が残されていることにも驚くが、編集に工夫をこらし、現在の状況への発言としても有効、有益である。

「生前退位」についての言及があるわけではないが（そんな言葉そのものが山本存命時には存在していない）、さかのぼっては鎌倉時代からの日本人の法意識を解剖し、明治以降の大日本国憲法の下で、「署名機械」だった大正天皇、「憲法絶対」にこだわった「立憲君主」昭和天皇の姿を描出する。

天皇を「象徴」と最初に定義した津田左右吉、戦前の日本で人々がもっとも興奮して政治を論じ合ったのが昭和十二年（一九三七）一月の「宇垣内閣の流産」だったという思い出、昭和十年代は陸軍大臣が実質的には宰相だったことなど、山本七平の捉われない史観と視野の広さが、今の論客たちの近視眼から生じる不備を補ってくれる。

これだけ明晰な山本七平にして、筆を「自粛」したと思わせる箇所が、実は少しある。天皇の存在の大きさが、ふと頭をよぎる。

●御厨貴《みくりやたかし》［編著］『天皇の近代――明治150年・平成30年』千倉書房

――「週刊ポスト」二〇一九・一・一／四合併号

平成の世の空気を呼吸しながら、昭和という時代を恋い慕って暮らしている。そんな時代錯誤の我が身を、嫌でも現実に引き戻したのが、「平成の玉音放送」であった。

退位の意向を強く滲ませた今上天皇の「おことば」は、平成二十八年（二〇一六）八月八日に全国放送された。ビデオメッセージというよりは、「御下賜」という古めかしい言葉がふさわしい、仰々しい取り扱われ方であった。約一ヶ月前のNHKのスクープ報道から、人為的に作られた流れに沿って、大多数の国民は「おことば」を素直に、有難く拝聴した。

昭和が化石化したような偏屈な「聞く耳」しか持たない私は、「これまでのように、全身全霊をもって象徴の務めを果たしていくことが、難しくなるのではないか」という一節に、微かな違和を覚えた。「全身全霊」といった自己評価を慎むのが、昭和までの日本人の倫理観だったのではないか。これが「平成流」なのだろうか。

そんな私の感想などはどうでもいい。むしろ、多大な人的損害をもたらした昭和史の悲劇をあらためて想起させたのが、「玉音放送」としての大きな価値だったのかもしれない。改元を前に、その昭和史を有耶無耶、曖昧にしてはいけない、という危機意識が、当事者に近いところで静かに起こっている。御厨貴編著『天皇の近代――明治150年・平成30年』（千倉書房）である。編者の御厨東大名誉教授は、「天皇の公務の負担軽減等に関する有識者会議」の座長代理として、この会議のスポークスマンを務めた。

御厨は一代限りの退位を認める特例法の「決定関与者」となった自らの政治的役割を、一歩引いて「研究者」の立場から解剖している（第10章）。官邸と宮内庁の間にかわされたバトル、官邸の徹底した情報管理、有識者会議に課された「国民の総意」というクッションと憲法違反からの回避というお役目などを洗いざらい提出する。天皇の「能動化」への危惧を、開けっぴろげに検証しているのだ。

●岩井克己『［宮中取材余話］皇室の風』講談社

――「週刊ポスト」二〇一八・一〇・五

現在、考えられる限り最良の皇室と天皇制の案内役が『皇室の風』の著者・岩井克己ではないだろうか。昭和末に朝日新聞の皇室担当となってからの三十年余り、時には諫言も辞さず、是々非々の立場でウオッチを続けてきたジャーナリストの「宮中取材余話」と呼ぶには余りに濃厚な情報が詰まっているのが本書である。

直接取材の機会がほとんどない不自由な空間で、時間をかけて側近や関係者との信頼関係を築き、記事には書けなかった秘話を著者は膨大に蓄えている。その一端が次々と披露され、驚きの連続だ。温和な笑顔しか知られていない現天皇（明仁上皇）の「逆鱗」に、蒼白となっている側近たち、御成婚からわずか半年後に、「この結婚は失敗だった」と絞り出すように語った侍従長の一言などが、本書のあちこちに地雷のように埋め込まれている。読むほうはそのたびごとに、皇室のリアルな姿を垣間見ることになる。

そうした非常事態だけではなく、日常の細部も見事に切り取られている。昭和天皇の「ネエー」「ソーカイ」「ナンダイ」「ダッテー」といった口吻から御機嫌を察していた「内舎人《うどねり》」という下働きの人々のメモも紹介される。武蔵野陵に棺と共に収められた昭和天皇の副葬品の詳細も出てくる。未公表のこの一覧表からは、人間天皇が愛したものがよくわかる。古代の天皇陵の副葬品と比較すると、「戦前の「大元帥」の影を極力消し去っていった」昭和天皇像もまた見えてくる。

皇室尊崇派で人情家の宮内庁長官から、「なぜ昭和天皇は敗戦の責任を負って退位されなかったのだろうか」と問われ、真剣に語り合った思い出も書かれている。二人の会話がけっしておざなりなものではなかったであろうことは本書を読んでいると想像できる。

宮内庁の報道規制や、NHKによる単独取材への疑問も率直に記されている。「常に甘い綿菓子のような報道しかしないメディアを誰が信用するだろうか」。硬派な著者の覚悟の言葉である。

●小林忍＋共同通信取材班『昭和天皇　最後の侍従日記』文春新書

国会図書館の憲政資料室で「小林忍関係文書」の公開が始まったという報に接した。昭和天皇の侍従で、平成になってからは、皇太后宮職御用掛として香淳皇后に仕えた小林侍従の日記が誰でも読めるようになった。一度、読みに行ってみようか。

『昭和天皇　最後の侍従日記』は、小林侍従の日記の抜粋を書籍化したもので、読みでがあった。記述はかなり率直で、目がとまる箇所が数々あった。遺族から日記を提供された共同通信社会部の取材班の目にまず飛び込んできたのは、昭和六十二年（一九八七）四月七日の記述だった。

「お行事軽減について御意見。仕事を楽にして細く長く生きても仕方がない。辛いことをみたりきいたりすることが多くなるばかり。兄弟など近親者の不幸にあい、戦争責任のことをいわれるなど」

小林侍従は昭和天皇に「お気になさることはない」と申し上げた。小林が侍従になったのは昭和四十九年（一九七四）で、それから十数年、天皇はかなり心情を打ち明けていたようだ。小林は人事院にいた時に憲法調査会の仕事をしており、戦争責任論の話が出た時に法的な観点で対応するという要員も兼ねていたという。

宮内庁の仕事の進め方にも批判を持つ「一言居士」だったらしいことは日記の文面から伝わってくる。たとえば皇太后の近況、病状についてもっと発表をした方がよいとか。「週刊誌では既にかなり露骨に書かれているのだから、全く発表がないのも妙に白々しい」。

皇族の写真撮影についても言いたいことがある。「秋篠宮殿下が両手を前に組んでいるのは論外。

最高の正装をし極めて改まった写真であるべきところ、こんな姿では良識を疑われるというべき」と撮影に立ち会った側近の責任を問うている。

「何事もできるだけお揃いでというのが平成流だから」仕方がないが、皇后陛下誕生日の皇族の祝賀を両陛下が並ぶのはいかがなものか、皇后お一人でいいのではと意見を述べたりする。

「小和田雅子さん」が皇太子妃にと決まるの報道に接しては、「あたら英才を籠の鳥にしてしまうのはいかにも残念だが、皇太子の幸せのためには止むをえないのか」と考えこむ。

小林侍従の長男は、「昭和天皇、香淳皇后の側近としてお支えできたことは、国家公務員として、とても充実していたと思います」と述べている。

第七章　個人的な昭和史——日記そして伝記

◆定本コーナー

昭和史を知るだけではなく、昭和史を感じることが必須だ。まだ「歴史」にはなり切れていない「昭和」のさまざまを伝えてくれるのは、日記だろう。日記といえば、荷風の『断腸亭日乗（全七巻）』（岩波書店）にとどめをさす。**永井荷風［著］磯田光一［編］『摘録　断腸亭日乗（上下）』**（岩波文庫）は『断腸亭日乗』全七巻から、文芸評論家の磯田が「摘録」したもの。全七巻も読みたいが、まずはこちらが必読書で、岩波文庫のロングセラーになっている。磯田はエッセイ「日記文学の極北」（『磯田光一著作集6』所収）で、荷風日記の魅力を書いている。

「大正六年から昭和三十四年の死の前日まで書きつづけられたこの日記は、一作家の半生の記録であるとともに、時代の証言としての性格をもち、しかもその文章の魅力と鋭い観察眼によって見事な文学作品にまで昇華しているのである。（略）岩波版の『断腸亭日乗』には、日記の扉の部分が原本の筆跡のまま復刻されているが、戦時中の日記についてみると、昭和十七年以後、元号の昭和を用いず西暦が採用されている。ところが戦後にいたってアメリカ一辺倒の時代が来たとき、昭和二十一年の年号表記は「昭和」にもどる」

磯田はこのエッセイでは、激しい時局批判の二ヶ所を引用した。再引用しよう。
「日支今回の戦争は日本軍の張作霖暗殺及び満洲侵略に始まる。日本軍は暴支膺懲と称して支那の領土を侵略し始めたが、長期戦争に窮し果て俄に名目を変じて聖戦と称する無意味の語を用ひ出したり」（昭和16・6・15）
「戦敗後の世情聞くもの見るもの一ツとして悲愁の種ならぬは無し、昨日まで日本軍部の圧迫に呻吟せし国民の豹変して敵国に阿諛を呈する状況を見ては、義士に非ざるも誰か眉を顰めざるものあらむ」（昭和20・9・16）
荷風は空襲で麻布の偏奇館を焼け出され、転々とした後に八月十五日を岡山で迎えた。「宿屋の朝飯、鶏卵、玉葱味噌汁、はや小魚つけ焼、茄子香の物なり。これも今の世にては八百膳の料理を食するが如き心地なり。飯後谷崎君の寓舎に至る」。「谷崎君」とは谷崎潤一郎のことで、当地に疎開中の谷崎家で、前夜は牛肉を食べ、歓談を尽くしていた。荷風が谷崎に出した礼状は**谷崎潤一郎『疎開日記――谷崎潤一郎終戦日記』**（中公文庫）で読める。
谷崎は八月十三日の日記に、再会した荷風の風貌を書いた。
「ついで午後一時過頃荷風先生見ゆ。（略）カバンと風呂敷包とを振分にして担ぎ外に予が先日送りたる籠を提げ、醤油色の手拭を持ち背広にカラなしのワイシャツを着、赤皮の半靴を穿きたり。焼け出されてこれが全財産なりとの事なり。然れども思つた程窶《やつ》れてても居られず、中々元気なり」
谷崎の『疎開日記』は昭和十九年（一九四四）正月からの日記で、発表を禁じられた「細雪」を執筆しながら戦時下をやり過ごす日々は、荷風に比べてはるかに生活に余裕がある。十二月二十二日には「細雪」中巻を完結できた。昭和二十年三月十日の東京大空襲の直後には、知人の安否が心配で熱海から上京する。荷風の家にも電話をするが、電話はつながらなかった。

文庫本になった作家の日記はやはり読むに値するものが多い。**大佛次郎『終戦日記』***（文春文庫）は昭和十九年九月からの一年一ヶ月の記録で、巻頭に「物価、と云っても主として闇値の変化を出来るだけくわしく書き留めておくこと」とある。巻末に収められた敗戦直後に発表されたエッセイも必読であろう。**高見順『敗戦日記』**（中公文庫）は、膨大な『高見順日記』（勁草書房）のうち昭和二十年部分の抜粋である。高見が生涯に書いた日記は原稿用紙にして一万四千枚もあった。死の淵にあって高見は書いた。

「この巻は私にとっていわゆる戦争協力の証拠を自分からさし出すようなもので、こっそり捨て去ったほうが利口なのにとおもう人があるかもしれないが、これが当時のいつわらざる私の姿なのだから、そのまゝそっくり公開することにする。それはこういう形での懺悔ということともちがう」

内田百閒『東京焼盡』（中公文庫）は、「ナゼ疎開シナカツタト云フニ行ク所モ無カツタシ又逃ゲ出スト云フ気持ガイヤダツタカラ動カナカツタ」という百鬼園先生の空襲被災日記である。五月二十五日の空襲で番町の家は焼けた。「家並は焼け落ちて燄《ほのほ》は低くなつてゐるが、両側の電信柱が一本残らずみんな火の柱になつて燃えてゐる。昔の銀座のネオンサインの様で絶景だと思つた」。勤め先の日本郵船ビルまで歩く途中で、「新しい火事のにほひのする青い煙」が流れてくる。「東京駅が広い間口の全面に亙つて燃えてゐる。煉瓦の外郭はその儘あるけれど、窓からはみな煙を吐き、中には未だ赤い燄の見えるのもある」。

作家の日記で一番異色なのは、**海野十三［著］橋本哲男［編］『海野十三敗戦日記』***（中公文庫）ではないか。海野はSF作家、当時でいえば空想科学小説の作家だった。異色たるゆえんは八月十五日の日記でわかる。

「○本日正午、いっさい決まる（※終戦のラジオ放送）恐懼《きょうく》の至りなり。ただ無念。／しかし私は負けたつもりはない。三千年来磨いてきた日本人は負けたりするものではない。
○今夜一同死ぬつもりなりしが、忙しくてすっかり疲れ、家族一同ゆっくりと顔見合わすいとまもなし。よって、明日は最後の団欒してから、夜に入りて死のうと思いたり。／くたくたになりて眠る」

海野は八月十三日に遺書をしたため、妻と四人の子供と共に死んで、「魂魄此土ニ止リテ七生報国ヲ誓」っていたが、死ねなかった。海野が結核で死ぬのは、その四年後だった。

まだ医学生だった**山田風太郎**の『**戦中派虫けら日記——滅失への青春 昭和17年〜昭和19年**』（ちくま文庫）、『**戦中派不戦日記**』（講談社文庫、角川文庫）は早熟な目が見た戦時下の人々の姿が生々しい。

徳川夢声の日記も文庫になっている。**徳川夢声**『**夢声戦中日記**』（中公文庫）、**徳川夢声**『**夢声戦争日記 抄——敗戦の記**』（中公文庫）の二冊で、肩の力がいつも抜けていて、読みやすい。かつては『夢声戦争日記（全七冊）』（中公文庫）として出ていた昭和十六年（一九四一）十二月八日からの完全版も読みたい。夢声も言っている。

「大政治家や大軍人の書いたもの、各大学者、文学者の書いたものはあっても、一般俗人の書いた記録はあんまりないようである。一般俗人が実は国民の正体なので、その意味においてこの日記は、読む人によっては最も注目すべき内容なのかもしれない」

伊藤整『**太平洋戦争日記**（全三冊）』*（新潮社）も太平洋戦争の全期間をカバーする日記なので有難い。伊藤には作家らしい観察と生活者らしい日常感覚とが並存していて、作家の日記でもあり、なおかつ「俗人」の日記という性格をも併せ持つ。開戦の日は、「誰も今日は笑わないのだ」、「日本は美しいなと思う」、「ラジオで軍歌、「敵は幾万ありとても」をやるとわくわくして涙ぐんで来る」、「新聞売台はすぐカラ」などを詳しく書く。夜になるとお金の心配、原稿の心配、徴用にとられる心配、言論統制の心配が重なる。その日の感想。「我々は白人の第一級者と戦う外、世界一流人の自覚に立てない宿命を持っている。／はじめて日本と日本人の姿の一つ一つの意味が現実感と限ないいとおしさで自分にわかって来た」

まだ作家修行中といえる**一色次郎**《いっしき》**『日本空襲記』***（文和書房）は二段組みで七百頁近くある日記だ。米穀通帳や国民労務手帳、戦争保険契約書や徴用解除令書、また米機から撒かれた謀略伝単（ビラ）といった実物の写真版も挟まっていて臨場感がある。空襲警報のサイレンで眠れない日々が執拗に書かれる。一色は「みたみ出版社」で編集の仕事をしているので、原稿取りの記述も多い。坪田譲治の家に行くと、長男も次男も出征中である。「氏の童話で親しまれた善太も三平も戦っている」。

野田宇太郎『桐後亭日録《とうごてい》**――灰の季節と混沌の季節』***（ぺりかん社）は、戦中に最後まで出し続けた文芸誌「文藝」の編集者の日記本文と回想の組み合わせとなっている。「文藝」は昭和十九年に改造社が解散に追い込まれ、河出書房に十万円で譲渡され、野田が編集責任者となった。野田は太田正雄（木下杢太郎）、川端康成、豊島與志雄、火野葦平を編集人に迎えた。野田は中野重治から志賀直哉に贈るプラトンインキの大型瓶を託される。横光利一とは「特攻隊」について話し、太宰治には内緒の家で飲もうと誘われる。三月十日、日本橋の河出書房は焼けた。野田はすべての原稿を「防空用のカーキ色のショルダー」に入れて身につけてあったから大丈夫だ。社長が廃刊と言うが、「このまま一人だけでも続けてゆくと云ってやった」。作家志望の東大生が来社する。「いつも彼の態度は生意気で、えらく自信たっぷりな喋り方をして学生らしくないのが気に触った」。この青年の二作の小説のうち一作はキッス場面があるので掲載は不可能なので、もう一作を活字化した。三島由紀夫の「エスガイの狩」だ。

三島は自伝「私の遍歴時代」に、「二十歳の私は、自分を何とでも夢想することができた。薄命の天才とも。日本の美的伝統の最後の若者とも」と書き、「野田宇太郎氏の厚意で、短篇「エスガイの狩」が「文藝」に載った」とも書いた。特異な天才も時代の子であるから、その自伝は昭和史の重要な一頁である。**三島由紀夫『太陽と鉄・私の遍歴時代』**（中公文庫）には二つの自伝と、自決直前のインタビューが載っている。三島という大正十三年（一九二四）生まれの「戦中派」を知るためには必読であろう。三島より一歳年上の吉本隆明は自伝を書かなかったが、「一種の自伝になっている」と本人も認めたエッセイ集がある。**吉本隆明『背景の記憶』***（平凡社ライブラリー）がそれだ。三島は赤紙（召集令状）が来たが、身体検査で即日帰郷となった。吉本は理系の大学生だったので、召集はされなかった。

「わたしは怠惰な学生であったが、戦争にたいしては無私で献身的であった。文科の学生たちは軍隊に動員され、高工［米沢高等工業学校］時代の同級生たちもほとんどすべて軍隊に入っていた。いわばたえず特権的な感じから追跡されていた。だからこそ一途に純粋に献身的な思いへ、じぶんを追いやっていたのかもしれない」（「戦争の夏の日」）

「わたしは半世紀前には日本の愚かな軍国学生のひとりとしてアメリカにたたきのめされる敗戦を身をもって体験した。じぶんの主観的な誠実も、献身も、文学好きの読書の教養も、何の役にもたたず、愚かな見当外れの判断にしかならなかった。わたしに足りなかったのは何かを、精神と生活のどん底にありながらかんがえぬくことから敗戦後の生涯がはじまった」（「軍国青年の五十年」）

さらに一歳年上の**安田武『戦争体験――一九七〇年への遺書』**（ちくま学芸文庫）は、学徒出陣組で、「生き残り戦中派」を自称した評論家が、なぜ戦争体験に固執せざるを得ないかを書いたものだ。終戦の日の早暁、ソ連兵の銃弾は安田の十センチ隣の兵を殺した。単行本は学徒出陣から二十年の年に出る。安田は日本戦没学生記念会（わだつみ会）の再建に関わり、常務理事を務めたが、運動家とはいえない。

「戦争体験ということをいう時、戦争体験がつくり上げた（或は、掘り崩した、）この精神の空白、この空しさの実感にふれずに、私たち（と、敢えて複数でいうのは、そういう世代が、確かに存在するからなのだが。）は、何も語ることができない。（略）ところが、奇妙といえば奇妙、当然といえば当然のことのようだが、私たちの虚無感、空白感のなかには、いかり、いかりが混在する。無力感の底で、暗いいかりが焔を燃やしている」

ここで三島に戻ると、三島は最後のインタビューの最後の部分で、日本語を語っている。「日本語を知っている人間は、おれのゼネレーションでおしまい」、「日本の古典のことばが体に入っている人間というのは、もうこれからは出てこない」と。昭和の戦前と戦後を分かつものとして日本語があるのかもしれない。戦後の言語改革、言語政策は徹底的だったからだ。そこで二人の碩学の自伝をひもとく。**大野晋**《すすむ》**『日本語と私』**（河出文庫）と**白川静『回思九十年』**＊（平凡社ライブラリー）で、日本語の辞書、漢字の字書の巨大な作り手の昭和史だ。

大正八年（一九一九）生まれの大野は東京帝大国文科では「橋本文法」の橋本進吉の弟子となった国語学者である。大野は旧制一高の寮生活で、「本質的にちがうように見えるヨーロッパを、分らないまま何故日本は追いかけて行かなくてはならないのか」という疑問にとりつかれ、「日本の中核をつかみたい」と「万葉集」に取りかかった。大野の育った深川は東京大空襲で壊滅した。「キリストすら知らない東洋人という人間以下の物体は、無差別に叩きつぶしてかまわない存在だった」。敗戦は日本そのものの危機であった。

「そして日本語も滅却させられるかもしれない。私は日本語を通して日本の根本条件を明らかにしようと志して来た。だから日本語が消滅する日までは、敗戦、勝戦に拘らず私の目標は意味を失わないはずである」

明治四十三年（一九一〇）生まれの白川静は福井の尋常小学校高等科を中退して、大阪で書生となり、夜学に通い、大学まで進んだ。学者としては変則的な学歴だが、民政党の代議士事務所の蔵書で漢籍を勉強できた。

「いわゆる大東亜戦争は、中国の歴史や文化に何の理解もない軍部が、何の理念もなく気まぐれに展開したものである。東洋の理念を求め続けている私にとって、それは見るに堪えぬ自己破壊の行為であった」、「漢籍は大人の教養書であり、そこには概ね一種の理想主義があった。戦後の教育は漢文を旧弊として軽視したが、同時に成人としての大事な教科を失った」、「私は東洋の理想を求め、その歴史的な実証を志して出発した。しかし世の中は、私と全く異なる、逆の方向に進行した。私は崩壊してゆく東洋を目前にしながら、より古く、より豊かな東洋の原像を求めて彷徨した。（略）私の行動は、そのためつねに、反時代的なものとされた」

白川より一歳年上の松本清張は、高等小学校を卒業して社会に出た。戦前の日本社会では多数派に属す。**松本清張『半生の記』**（新潮文庫）はその多数派側から描いている。初めて貰う給料が十一円で、中学に進んだ同級生を路上で見かけると、コンプレックスの強い清張少年は横道に逃げ込む。三十歳を過ぎて召集されるが、軍隊生活は「人間抹殺」ではなかった。

「「ここにくれば、社会的な地位も、貧富も、年齢の差も全く帳消しである。みんなが同じレベルだ」と言う通り、新兵の平等が奇妙な生甲斐を私に持たせた。（略）新聞社では絶対に私の存在は認められないが、ここではとにかく個の働きが成績に出るのである」

大正十三年（一九二四）生まれの**高峰秀子『わたしの渡世日記（上下）』**（文春文庫）は、映画界という特殊な環境ではあるが、子供の時から働かされた少女の自伝である。映画「馬」で主演女優として知り合った長身の青年助監督に「恋ごころ」を持つ。わずか十五分の。その恋の相手役だった黒澤明『蝦蟇《がま》の油──自伝のようなもの』（岩波現代文庫）と共に、誰が読んでも面白い自伝といえる。

饒舌な語りで繰り出されるエピソードが面白いのは、二人の代表的インテリの回顧録だ。松沢弘陽・植手《うえて》通有・平石直昭［編］『定本　丸山眞男回顧談（上下）』（岩波現代文庫）と鶴見俊輔『期待と回想』（ちくま文庫）は、弟子筋が聞き手なのでリラックスした座談になっていて、戦前戦中の回想もふんだんにある。丸山は大正三年（一九一四）生まれ、鶴見は大正十一年（一九二二）生まれで、丸山はジャーナリスト丸山幹治の息子、鶴見は政治家・鶴見祐輔の息子と環境も違う。

同じ年生まれで比較対照しながら読むといいのが、大正二年（一九一三）生まれの二人の歴史学者の自伝だろう。家永三郎『一歴史学者の歩み』*（岩波現代文庫）と林健太郎『昭和史と私』（文春学藝ライブラリー）は、二人とも軍人の家に育ち、前者が東大国史学科、後者が東大西洋史学科を出ていて、戦後は左派と右派の論客となった。家永の父は陸大を出たが大正八年（一九一九）に名誉少将となって予備役に、林の父は海兵で山本五十六と同期だったが、軍縮時代のため大佐進級と同時に予備役になった。二人は志を得なかった軍人の息子なのだった。林は戦前はマルクス主義者、家永は戦後の教科書裁判が記憶に残る。家永は文庫本に収録された生前未発表の原稿「私と天皇制・天皇」では、昭和二十五年（一九五〇）に学習院高等科在学中の皇太子（現、明仁上皇）に「日本史単独授業」を一年間行なったことを明記している。

以上、「個人的な昭和史」を挙げてきたが、意外と兵役に就いたものが少なかった。兵隊にとられた者の本は他の章で取り上げているせいもあるが、ここでは特殊な戦争体験であるシベリア抑留の本を二冊取り上げたい。敗戦後に満洲などから日本軍の兵士や民間人が旧ソ連に送られ、捕虜収容所で強制労働をさせられた。その数は約五十七万人で、そのうちの一割が死亡した。立花隆『シベリア鎮

魂歌　香月泰男の世界』（文春学藝ライブラリー）は、抑留体験を「シベリア・シリーズ」として描き続けた画家・香月泰男の回想『私のシベリア』を第一部とし、第二部では立花隆が香月のシベリアを追体験し、世評の高い「シベリア・シリーズ」を徹底的に分析する。なぜこのような構成になったかというと、昭和四十五年（一九七〇）に出た『私のシベリア』に、二十九歳のルポライターだった立花隆がゴーストライターとして関わっていたからだ。ゴーストといっても、立花は山口県の香月のアトリエに通いつめ、毎晩ワインを飲みながら話を聞き、その上でまとめた本であって、共著に近い。それから四半世紀後、立花はNHKの取材で、香月がかつていた俘虜収容所を訪ね、香月のシベリアをリアルに追体験する。風も激しい極寒の地を凍える肌で感じ、六十キロの荷物を背負って冬の道を歩こうとする。とても人間には耐えられない苦痛であることを知るのだ。その上で、あらためて香月がなぜ死ぬまで「シベリア・シリーズ」を書かずにはいられなかったかに迫る。シリーズは全部で五十七点あるが、「全体を一つの絵巻物」と見る。横に並べれば六十三メートルにもなる。生涯をかけて描くことで、「戦争をつくる体制というものを総括し、批判し終えた」のではないか。問いかけてくるものの多い画であり、本だ。

高杉一郎『極光のかげに――シベリア俘虜記』（岩波文庫）は、四年間の抑留の間に「頭のなかに鬱積しているものを全部吐きだそう」として書かれた。高杉は出征前は改造社の編集者、それも「文藝」の編集主任だった。改造社から河出書房に売却され、野田宇太郎が焼け跡の東京で編集を続けた「文藝」である。高杉は改造社が東條内閣により解散させられた後に、召集されて満洲に送られていた。高杉がシベリアで見たのは、スターリン体制下の実態であり、迎合する日本人俘虜たちの民主運動だった。

時代を冷静な目で見ていたリベラリストたちについては、安定した評価軸が出来ているが、やはりここで著名な三人の評伝を紹介する。昭和史をトータルに見る時に、頼りになるからだ。『暗黒日記』（第一章参照）の清沢洌《きよし》は戦後まで生きていて欲しかったジャーナリストである。昭和二十年（一九四五）五月に急逝した。**北岡伸一『清沢洌——外交評論の運命　増補版』**（中公新書）は、外交史家としてもすぐれていた清沢の評伝である。**御厨貴『馬場恒吾の面目——危機の時代のリベラリスト』**☆（中公文庫）は、人物評論を得意にした馬場のコラムニストの側面にも光をあてた。馬場は戦後は読売新聞社長となり、読売争議の前面に立った。**上田美和『石橋湛山論——言論と行動』**（吉川弘文館）は、「東洋経済新報」で自由な経済言論を行なった石橋の評伝。石橋は戦後には大蔵大臣、そして総理大臣となるも病に倒れ、岸信介が次の総理となる。

彼らが常に冷静さを保ったとすると、時代の熱気にのめりこんでいった人々もいる。従軍文士、従軍画家として目立ったために傷つくことになる二人の行動力は、端倪すべからざるものがある。**川本三郎『林芙美子の昭和』**（新書館）は、従軍した後の戦中の沈黙と戦後のバイタリティにも注目している。**近藤史人『藤田嗣治——「異邦人」の生涯』**（講談社文庫）には、目立ちたがりで、目立ち過ぎたフジタの日本という風土には適さない人物像が描かれている。

◇書評コーナー

●**岩井秀一郎『渡辺錠太郎《じょうたろう》伝——二・二六事件で暗殺された「学者将軍」の非戦思想』**小学館

ベストセラー『置かれた場所で咲きなさい』の渡辺和子シスターの父親・渡辺錠太郎の評伝である。和子が九歳の時、父は二・二六事件の犠牲となって、娘の目前で殺害された。

なぜ渡辺大将がクーデターの標的にされたのかはわかりづらい。派閥抗争の激しい陸軍の中にあって無派閥であり、「学者将軍」とも呼ばれていた。渡辺は川島義之陸相に「意見書」を提出しており、皇道派の将軍たちを議論でやりこめ、正論を堂々と披歴するタイプだった。時の天皇機関説問題について、「機関説排撃、国体明徴を余り騒ぎ廻ること、殊に軍人が騒ぐのはいけない」と訓示して、大きな波紋を立ててはいた。

渡辺の履歴は特殊だ。貧しくて、ろくろく小学校も出ていない。「自学力行《りっこう》」をモットーに努力して、陸軍士官学校、陸軍大学校と進む。山県有朋に見出され、長らく副官を務めた。渡辺の語る山県像は、陰険な山県イメージとは違う。軍事の新刊書をまず副官に読ませ、ポイントを色鉛筆で傍線させる。しかる後に、自分で通読し、副官の読解力を採点していた。渡辺は「丸善へ毎月俸給の半分近くを持っていかれた」と夫人が回想するような「本を読む将軍」であったから、山県のメガネにはかなった。

山県は「嫌われ者」だったが、渡辺はその点は違っていた。台湾軍司令官として赴任した時に、渡辺に傾倒した田澤震五という実業家がいた。田澤は渡辺の「引き入れられるような温味」に魅せられ、数十度の「渡辺通い」をした。田澤は渡辺が台湾を去ると、すぐに『人格の人　渡辺大将』を出す。本人には無断で。「話せば反対されるに決まっている」からだった。

軍人としての渡辺はどうだったか。世界大戦中のドイツに駐在し、敗戦国ドイツをつぶさに見ていた。戦争の悲惨は、「敗戦国のみならず、戦勝国にまで後遺症を与える」という警告を発し、経済と民族間の反感が戦争の原因となると注意を喚起していた。

「終章　「赦す」ということ」では、渡辺を襲撃した安田優少尉の弟・安田善三郎と渡辺和子の、事件五十年後の「和解」が語られる。以後三十年、安田は毎年二回の渡辺家の墓参を欠かさない。「安田は一時間以上かけてほとんど一人で清掃を行ない、ようやく線香をあげ、手を合わせた」。

●湯浅博『全体主義と闘った男　河合栄治郎』産経NF文庫

左右の全体主義と勇敢に闘い、東京帝国大学経済学部を追われ、それでも不屈の闘いを続けて死んだ河合栄治郎の評伝である。

旧制一高弁論部出身の熱弁は東大生を虜にし、「ハーバード大学のサンデル教授を上回る「白熱教室」である」と表現されている。河合ゼミの厳しさはアメリカの大学院の上をいき、半年間で洋書を二十冊近く読ませた。「門下の木村健康《たけやす》［河合に殉じて辞職。戦後は東大教授］は、社会運動に身を投じたゼミ生が、官憲の拷問には耐えたが、河合助教授の演習指導には悲鳴を上げた、と象徴的に書いている」という。

二・二六事件が起きるや、河合は覚悟を決める。「情勢の如何によってはクルッグ（賢明）であることは必要だ。然し自分は原理として構わずに自分を貫こうと思う。あとは運命だ――」と日記に書いた。「栄治郎にとって自由主義が人格的な成長を目指す命題である以上、まず自己の去就を明確にすべきだと考えていた」からだ。

教授職を失ってから書いた書下ろし『学生に与う』は昭和十五年（一九四〇）という厳しい時代に出されたがベストセラーになり、戦後まで読み継がれた。社会思想社の「現代教養文庫」でずっと読めたが、同社は二〇〇二年に廃業した。同社からはかつて『河合栄治郎全集』全二十三巻も出ていた。同社の創業がそもそも、戦中に五十三歳で病死した河合の精神を戦後に受け継ぐ、というものだった。昭和二十一年（一九四六）にできた「社会思想研究会」は河合の門下生たちが中心となった組織で、関嘉彦、山田文雄、土屋清、猪木正道などが名を連ねた。

本書の特徴は、この河合の系譜を戦後に辿っている点にある。河合のいわば孫弟子にあたる世代では碧海《あおみ》純一、芳賀綏《やすし》、気賀健三、高坂正堯、勝田吉太郎、木村汎、西原正、矢野暢《とおる》、田久保忠衛《ただえ》、住田良能《ながよし》などがいる。産経新聞の社長となった住田は、著者に執筆を強く促した。

河合の流れは進歩的文化人とは一線を画し、政党でいえば民社党の流れとなる。河合門下にはまた日銀マンが多かった。山際正道、宇佐美洵《まこと》、佐々木直《ただし》、白川方明などである。

河合の敗戦一年六ヶ月前の死は、『暗黒日記』の清沢洌の敗戦三ヶ月前の死と並んで、惜しい死であった。

●中田整一『四月七日の桜――戦艦「大和」と伊藤整一の最期』講談社文庫

戦艦大和が沖縄特攻で撃沈されたのは昭和二十年（一九四五）四月七日だった。本書のタイトル『四月七日の桜』とは、戦艦大和と運命を共にした第二艦隊司令長官・伊藤整一中将の東京の家の庭に咲く桜を指している。

「淡紅の花びらのひとひらひとひらが、かつて九州南方の東シナ海に散った若者たちの命の転生のように美しく咲き誇る。（略）戦時中、杉並の大空襲にも焼け残った樹齢八十年を超える幹回り三メートルの親桜。そしてもう一本は、戦後にその根っこから芽が生えた蘖《ひこばえ》の子桜だ」

伊藤中将の息子・叡《あきら》は続いて四月二十八日に、神風特攻隊として沖縄で戦死した。父は五十五歳、息子は二十一歳だった。本書はその伊藤家の家族の肖像である。

著者の中田整一は、NHK時代に数々の昭和史物のドキュメンタリーを手がけてきた人で、「整一」という名は、本書の主人公と同じである。単なる偶然かと思うと、それは違っていた。

「私が生まれた昭和十六年十月はちょうど伊藤が軍令部次長に昇進した頃である。伊藤の生家である開村とは山一つ隔てた、有明海に面した「唐船」という炭都大牟田市の僻村に生まれた自分は、軍国主義華やかなりし頃、郷土の偉人にあやかって同じ名がつけられたと聞いている」

「軍令部次長」とは海軍の作戦部門のナンバーツーで、日米開戦を目前に控えて伊藤は重要ポストに就任したのだから、確かに「郷土の偉人」だった。ただし、郷土の人たちが知る由もないのだが、伊藤の次長就任は難航した。「開戦反対派の有力な人物」だとして、陸軍が反撥していたからだ。

伊藤は家族思いだった。「いとしき最愛のちとせどの」と記された妻への手紙がある。日付は四月五日で、最後の手紙となる。

「此度は光栄ある任務を与へられ　勇躍出撃　必成を期し殊死奮戦　皇恩の万分の一に報いん覚悟に御座候（略）お前様は私の今の心境をよく御了解になるべく　私は最後迄喜んで居たと思はれなばお前様の余生の淋しさを幾分にてもやはらげる事と存じ候　心からお前様の幸福を祈りつつ」

●津野海太郎『花森安治伝――日本の暮しをかえた男☆』新潮文庫

「暮しの手帖」という雑誌を買ったのは昭和四十三年（一九六八）の夏に出た「戦争中の暮しの記録」特集だった。初版八十万部が完売し、増刷、さらには単行本としてもロングセラーになった名企画だ。私は八十万分の一だった。

「しかし、君がなんとおもおうと、これが戦争なのだ。それを君に知ってもらいたくて、この貧しい一冊を、のこしてゆく」

『花森安治伝』の著者・津野海太郎は、この無署名記事は花森自身だろうとする。その通りだろう。読者投稿をもとに戦時下の暮しを再現するという試みは、いまでは九段の昭和館をはじめ、全国にある大事な伝承の原型となった。

花森安治といえば女装とスカート、「暮しの手帖」といえば商品テスト、そして朝ドラの「とと姉ちゃん」だが、戦争中の有名な標語「贅沢は敵だ！」が原点にある。大政翼賛会の有能な宣伝技術者となる側面である。馬場マコト『花森安治の青春』（白水社）は花森の戦争加担を厳しく問うていた。本書はその告発になんとか応えようとしている。「あの旗を射て」「欲しがりません勝つまでは」という標語も花森の作と言われたが、それらに関与はあっても、花森の筆ではない、と津野は弁護している。

「こんなことを書くと伝記作家としてはルール破りになるのだろうが、あえていってしまおう。ほんとうは花森さん、あなた方が夢想した「チェンジ」があっけなく砕け散った「大政翼賛会の」第一次改組（一九四一年）か、おそくとも第二次改組（四二年）で岸田国士が去ったとき、ギリギリ、あなたが再召集とその解除をへて『切の工夫』を刊行しおえた四四年三月にでも、思い切って大政翼賛会をやめてしまえばよかったんじゃないですか――」

この何ともいえない口惜しがり方に、津野の花森安治への敬愛が感じられる。花森は戦後をずっと沈黙で通した。その代わりの実行が広告のない雑誌「暮しの手帖」であり、「戦争中の暮しの記録」だったのだろう。昭和四十六年（一九七一）に花森は「週刊朝日」で弁明した。

「ボクは、たしかに戦争犯罪をおかした。言訳をさせてもらうなら、当時は何も知らなかった、だまされた。しかしそんなことで免罪されるとは思わない。これからは絶対だまされない、だまされない人たちをふやしていく。その決意と使命感に免じて、過去の罪はせめて執行猶予にしてもらっている、と思っている」

――「新潮45」二〇一四・五

●斉藤利彦『作家太宰治の誕生――「天皇」「帝大」からの解放』岩波書店

こんな歳になって、青春文学そのものである太宰治なぞを読み返す酔狂を起こすとは、思いもしなかった。その原因は、斉藤利彦の『作家太宰治の誕生』を読んだからである。

自意識とか反抗とかいったものは、とっくの昔に卒業（それとも中退だろうか）したはずの当方としては、作家論とか文学論の対象としてのダザイにも、「上司幾太（情死、生きた）」（『人間失格』）の波瀾万丈にも興味はない。本書のアプローチは、教育学者らしく当時の文部省や学校の資料を駆使し、昭和史の大海の中に、太宰治＝津島修治という一人の過敏におののく青年を置き、「官権」の巨視的な目を最大限に活用して、「時代の子」を追っている。

その際のキーワードが「天皇」と「帝大」である。「近代日本を生きた知的青年たちの多くにとって、何らかの形で（それが否定的な形であるにせよ）向き合わざるを得なかった主題」がこの二つであり、「時代と生身で対峙してきた」太宰の中に根深く潜む主題だったというのだ。立花隆は『天皇と東大』（文春文庫）というタイトルで、成功と失敗の日本近代史を描いたが、期せずして、その関心の焦点は共通している。

処女作「思ひ出」（『晩年』）でまず語られる三歳の太宰の記憶は、「叔母は、てんしさまがお隠れになつたのだ、と私に教へて、生き神様、と言ひ添へた」という明治天皇崩御である。青森県有数の地主であり金融資本家である津島家で、幼い太宰に大きな影響を与えた二人——祖母と父の天皇との距離の近さがまず確認され、その父は最晩年に多額納税者として「天皇による勅任議員である」貴族院議員にまでのぼりつめる。もし父がもっと生きていれば、成績のよかった期待の息子である太宰は、華族（貴族）の子弟が通う学習院に入れられていた——。

学習院入学が実現していたら、太宰のズーズー弁が恰好のいじめの対象になって、さらにひねくれた太宰治になっていそうだが、この空想は楽しい。太宰が激しい憎悪で攻撃した「小説の神様」志賀直哉は学習院の大先輩となり、太宰を忌み嫌った三島由紀夫が後輩として控えている。志賀、太宰、三島は三人とも、華族でなく平民だが、父親のステータスで比較すれば、太宰がもっとも「貴族」に近いという逆転が起こるからだ。没落貴族を描いた『斜陽』の評価も微妙に変わっていたことだろう。太宰は芥川賞落選作家として文壇に出た時、東京日日新聞に書いた「もの思う葦」で、「私は生れたときに、一ばん出世していた。亡父は貴族院議員であった。父は牛乳で顔を洗っていた」と幼稚っぽく誇っていた。

敗戦直後の『パンドラの匣』で、「いまこそ二重橋の前に立って、天皇陛下万歳！　を叫びたい」と登場人物に言わせ、『斜陽』では、「陛下もこんど解放されたんですもの」という言葉が出てくる。斉藤は青森中学時代の同人誌での「オレは実は皇室が懐しくつてたまらない人々の中の一人なのだ」という言葉から、後年の小説の中の言葉までを手がかりに、「時に絶対的帰依ともとれる表白」が露出する太宰の天皇観を探っているが、ここはもっと分析を進めてほしかったところである。

一方、「帝大」についてはどうか。相馬正一などの虱つぶしの伝記研究があって、新たな資料発掘などなさそうだが、斉藤は自身の本来のフィールドである教育関係資料という搦め手から、津島修治に迫っていく。旧制中学四年修了で弘前高等学校に入学した時の調書では、性質は「温厚篤実至誠事ニアタル」、才幹は「組長トシテ職責ヲ果セリ」、操行は「優良」という、中学の校長が太鼓判を押す典型的優等生であった。「家庭調査票」でわかる津島家の突出した直接国税納額など、残された書類から「撰ばれてあることの恍惚と不安」がまだ本格化する前の肖像が見えてくる。

左翼非合法運動に傾斜していく弘前高校、東京帝大時代の姿を生々しく伝えるのは、警察、特高によって作られ、逐一学校側に報告されていた「調書」である。治安維持法が強化され、内務省と文部省との間で、学生たちの思想対策のため、秘密情報は共有されていた。それらの書類の中で、津島修治が頻繁に発売禁止となるプロレタリア文学運動の雑誌『戦旗』を秘かに購読し（ちょうど、「蟹工船」や「太陽のない街」が連載されていた）、処分こそ免れるものの要注意人物だったことがわかる。帝大入学後には、郷里にいる中学生の甥に「左翼出版物を貸与」し、「社会革命の必然性」を説明し、「社会科学研究会を結成」させている事実も掴まれている。太宰の住居は非合法活動のアジトとなり、二度の警察留置の後に、非合法活動から離脱する。東京帝大仏蘭西文学科も六年目には、除籍となる。

戦前の地方エリートの最優秀層からの逸脱の軌跡を背景に置いて、太宰の作品を読み直した本書は、その逸脱を「天皇」「帝大」からの「解放」と見ている。その「解放」がさらなる桎梏を生んでいくことが、太宰文学の面白さなのかもしれない。太宰の作品を何十年ぶりに読むと、未練たらしく「天皇」や「帝大」への思いが言及されていることに気づく。

貴族の娘が山出しの女中のような言葉を使うと『斜陽』を否定した志賀直哉に対して、徹底的に毒づいた絶筆『如是我聞』ではこう反撃する。「或る新聞の座談会で、宮さまが、『斜陽を愛読している、身につまされるから』とおっしゃっていた。それで、いいじゃないか。おまえたち成金の奴の知るところでない」と。

――「新潮45」二〇一六・五

●石井妙子『原節子の真実』新潮文庫

銀幕とメディアから完璧に姿を消し去って半世紀以上、日本でもっとも難攻不落な取材対象であった原節子に、ここまでやるかと肉迫した本である。その徹底した取材は、ある種、感動的ですらある。母の病気から、戦中の「空白の一年」、義兄との関係や「たったひとつの恋」まで。ゴシップすれすれまで行って、踏みとどまっている。それでいて、幻影の原節子（芸名）と生身の会田昌江（本名）への敬意は一貫している。「やめてほしい、迷惑だ、そっとしておいてほしい」という当人の無言の強い拒否を全身で受けとめ、その上で書かれた伝記である。

著者の石井妙子には『日本の血脈』（文春文庫）というルーツ解明のルポルタージュがある。美智子皇后、紀子妃という雲上人、小泉進次郎や香川照之という複雑な育ちの人々を「家系」という観点から取材した本だ。その本で取り上げられた十人には、「極力お会いできるよう努力したが、おひとりも取材に応じて頂けなかった」と平然と書いている。

『原節子の真実』も、「取材に応じて頂けなかった」ことをバネにしている。本人に万が一取材できてしまったならば、かえって書き難い話題に触れている。「家系」という観点の重視も、原節子を描くには大きな利点になった。原は家族をことのほか大事にする女性だった。映画界入りは家の経済的苦境を救うためであり、映画人だった義兄夫妻の勧めに素直に従ったまでだった。出演作や映画の良し悪しについても家族の意見に耳傾けた。後半生を暮らした鎌倉の棲家は義兄夫妻の離れだったし、最後を看取ったのは甥っ子だった。家族の絆の中で護られ、静かに九十五年の生をまっとうした。

三年余の取材を了え、現存している出演作をほぼ見尽くした上で、執筆の最後にいたって著者は書いている。

「原節子とは何だったのかと聞かれたならば、私は、迷わず「日本」と答えたい」

昭和三十四年（一九五九）の「日本誕生」では天照大神を演じた。昭和二十八年（一九五三）の「白魚」では、ラストシーンで大写しの富士山に原節子の顔がオーバーラップしたという（私は未見）。まさに「日本」そのものだが、著者が言わんとする「日本」とは、原節子その人が昭和史であり、女性史であり、映画史であり、昭和そのものを体現している、ということであろう。

「新しき土」（「サムライの娘」）では、美しい大和撫子としてヨーロッパに紹介され、ナチスのゲッベルス宣伝相に会い、日独提携のプロパガンダを担わされる。わずか十七歳の時である。多くの少年たちを予科練に誘った「決戦の大空へ」のお姉さん、戦後民主主義を体現した「わが青春に悔なし」と「青い山脈」の溌剌たる姿、日本の家族の崩壊を予知した「東京物語」の戦争未亡人。百年後の日本人が「昭和」を知ろうとするなら、原節子の映画を観ることが最短の近道となることだろう。

原節子の「昭和」の中で、最大の問題含みの存在は、義兄・熊谷久虎である。デビューを勧め、欧米旅行に同行し、常に何やかやと口を出し、男女の仲を噂されもした。鎌倉の終の棲家は熊谷の家である。前出の映画「白魚」は熊谷久虎の戦後復帰第一作であり、その撮影中には、実兄の会田吉男キャメラマンが原の目前で事故死するというショッキングな事件が起きる。戦争で実兄と、もう一人の義兄を失っていた原にとってのさらなる悲劇だった。

本書は当然、熊谷久虎に多くのページを割いている。この義兄なくしては、女優・原節子はないからだ。昭和三十五年（一九六〇）のインタビューで、原自身が「義兄夫婦の存在を離れて、あたくしという人間は考えられませんわ」と語っている。「信頼は終生、揺らぐことがなかった」。その熊谷久虎は戦争中に、右翼の思想団体と深く関わっている。敗戦間近には、九州独立革命政府を画策する。戦後は戦争責任を問われ、映画界から追放同然となる。その間、原節子は義兄の傍近くで寄り添っていた。

六本木の「キャンティ」は芸能人が集う有名なレストランである。この店に熊谷は戦争中、足繁く通っていた。当時は熊谷が関係した「右翼団体」スメラ学塾のサロンだったからだ。スメラ学塾は戦争末期に首相候補に名が挙がった末次信正海軍大将が塾頭だった。西尾幹二がいま再評価を進めている思想家・仲小路彰《なかしょうじあきら》も熊谷と同じく中心メンバーだった。やはりメンバーだった小島威彦《たけひこ》の自伝には、「薄茶の軍服姿」で男装した原節子が颯爽と登場するのだという。

原節子伝説は、新たな事実でさらに膨らんでいく。「こんな時勢に女優をしていることが忍びない」

と原が戦中に綴った手紙のことも紹介される。これらは原節子の実像を知る大事な手がかりであろう。熊谷久虎のような存在を「右翼」「ファナティック」と簡単に決めつけて、既製の枠に押し込めるだけではいけないのではないか。原節子の義兄への信頼は、そうした反省をうながす。

本書は映画のこともふんだんに書かれている。「原節子をめぐる五人の男」ともいうべき、熊谷、山中貞雄、黒澤明、藤本真澄（プロデューサーなので、監督作品としては成瀬巳喜男と今井正）、小津安二郎の映画人同士の戦いも興味深い。

原節子の「たったひとつの恋」の相手は、彼ら五人よりはずっと才能が劣った脚本家だった。椎名利夫は戦後、美空ひばり主演の「悲しき口笛」を書いている。井伏鱒二原作の「集金旅行」、梅崎春生原作の「ボロ家の春秋」はまあまあの喜劇だった。そんな男を好きになる女性だったことで、伝説はまた膨らんでいく。

――「週刊ポスト」二〇二〇・九・一八／二五合併号

●濱田研吾『俳優と戦争と活字と』ちくま文庫

文庫オリジナルの地味な書下ろしである。文庫本の新刊の山の中では目立たない。このまま埋もれてしまうには余りにも惜しい名著である。「反戦平和」といった口当たりがよい戦争体験本ではない。我々が顔馴染みの映画演劇の役者たちが経験した戦争、戦場、銃後、終戦の思い出が広く蒐集されている。みんな昭和史の「脇役」たちなのだが、一癖も二癖もある「庶民」のヴァラエティに富んだ肉声となっている。

小津映画の名脇役・高橋とよはモンペ姿で玉音放送を聴く直前、歌舞伎芝居が頭をかすめた。「殿様から切腹を仰せつけられ腹を切る直前の気持は、こんなふうではないのかしら」。役者根性が頭をもたげるのだ。この高橋とよの八月十五日回想は高橋の自伝『沸《たぎ》る』ではなく、雑誌「悲劇喜劇」の「女優の証言」特集に載ったもので、「悲劇喜劇」は昭和史証言に力を入れた演劇雑誌だったらしい。

岡本喜八監督の「日本のいちばん長い日」は敗戦後二十二年目に作られた。私は日比谷の映画館で観た記憶があるが、高校生でお金がなかったのでパンフレットは買わなかった。著者の濵田研吾はその時はまだ生まれていないが、古書店で入手した。出演者アンケートがあり、終戦時の気持を俳優たちが答えている。阿南陸相役の三船敏郎「快哉を叫んだ」は役柄とは大違い。鈴木貫太郎首相役の笠智衆「玉音にタダ涙」と、厚木航空隊の菅原中佐役の平田昭彦「徹底抗戦」は役柄にピッタリだ。加東大介の「死んだ大勢の戦友のことを考えさせられた」には、加東が小津映画「早春」で演じた戦友会での酔っ払いを思い出させる。

徳川夢声や渥美清の回想時期によるちょっとの違いにも著者は敏感に反応する。黒澤映画の名脇役・宮口精二は自ら主宰する雑誌で終戦日アンケートをする熱心さなのに、自身のその日の記憶は「未整理のまま」に亡くなる。その余白を受けとめることも大事だろう。

巻末の人名索引から興味のある役者のページに入っていくのも一興で、発見があること請け合いだ。

——「新潮45」二〇一五・二

●宮嶋繁明『橋川文三《ぶんそう》 日本浪曼派の精神』弦書房

某日の朝日新聞の一面を見て驚いた。一面といっても朝日特有の「角度」をつけて書かれた記事ではない。下段の広告欄、俗に「三八つ《さんや》」といわれる書籍広告欄である。その出版社八社の新刊広告のタイトルに「橋川文三」という名前が二箇所も登場していたのだ。一冊が平野敬和『丸山眞男と橋川文三——「戦後思想」への問い』（教育評論社）、そしてもう一冊がこれから取り上げる『橋川文三 日本浪曼派の精神』である。
丸山眞男の異端の弟子であり、吉本隆明と肝胆相照らし、晩年の三島由紀夫から一目置かれ、猪瀬直樹、片山杜秀といった異能の人にまで影響を与えた（二人は橋川の著作を読み、橋川研究室を目ざして明大の修士課程へ。ただし、片山は歿後の橋川研究室）、橋川はそんな文人肌の日本政治思想史学者だった。

橋川が『日本浪曼派批判序説』でデビューしたのは六〇年安保の年だった。華麗なレトリックで若者たちを戦争体制へと誘惑した張本人として、戦後、断罪され抹殺されてきた日本浪曼派、その中心人物が保田《やすだ》與重郎《よじゅうろう》である。旧制一高時代に保田に心酔した橋川が、自らの「ひたすらに「死」を思った時代の感情」を対象化し、日本浪曼派を歴史の中に正当に位置づけ直すのに、十五年の歳月が必要だったのであろう。本書は『日本浪曼派批判序説』が出るまでの橋川の前半生を執拗に追った評伝である。

著者の宮嶋繁明は橋川ゼミ出身者であるが、師と教え子という関係で橋川を取り上げているわけではない。底流には師への敬意があるのは間違いないにしても、何よりも、「全存在を賭けて戦争に向かい合っていた」、それ故に「長い沈潜・沈黙の時を経た後、皇国少年だったことをバネにして、再び立ち上がっていく」思想家としての橋川文三を蘇えらそうとしている。

いまや死語になりつつある「戦中派」という分類がある。私が戦中派として肯定的に思い浮かべるのは、こんな顔ぶれである。大正九年生まれの古山高麗雄《こまお》と阿川弘之（阿川は広島高師付属中学で橋川の一年先輩）、十年の山本七平、十一年の橋川と安田武、十二年の吉田満、十三年の吉本隆明、十四年の三島由紀夫。

わだつみの世代とも、学徒出陣の世代ともいえよう。橋川は「特攻隊的世代」という、独特で微妙で屈折した呼び方をエッセイ（「歌の捜索」）ではしていた。前記八人の戦中派は「戦争」をいつまでも長く引きずった男たちなのだが、そのうち、軍歴がないのが橋川と三島と吉本である。橋川と三島は病気のため、吉本は理系学生だったためだ。しかし、その三人が橋川の命名する「特攻隊的世代」という言葉に、もっとも似つかわしい物書きであった。特攻隊で死んだわけでもなく、特攻隊になりようもない、それでいて戦争で死ぬことに意味を見出していた、日本浪曼派に影響された青年たち。

宮嶋は前著『三島由紀夫と橋川文三』（弦書房）で、橋川が戦中の自己を罪とみなしたのに対し、三島は戦中の自己に自責の念を持たずに出発した戦後を、遂に罪として処断したと対比させた。そうした関係だったが故に、橋川はアクロバティクに戦後に登場した三島の最良の理解者となり、最強の批判者になりえたのだろう。

宮嶋は玉音放送を聞いた日の橋川の回想を引用している。「死んだ仲間たちと生きている私との関係はこれからどうなるのだろうかという、今も解きがたい思い」を、その日に感じたと。この問いかけには、戦後から現在までに続く左右双方にありがちな、手前勝手に「死者」の思いを忖度する傲慢が入り込む余地がない。口ごもり、恥じらい、自問するしかない場所に居続けた詩人気質の賜物だろう。

橋川は一高時代には、詩人としての評価が高かったという。その一高ではクラス四十人のうち日本浪曼派に関心をもっていたのは十人足らずの少数派だった。戦死者はクラスでただ一人と少なかった。戦後の混乱期に亡くなった級友が九人もいるが、彼らはみな結核だった。こうした意外な数字を教えられることも評伝のありがたさである（橋川が「死んだ仲間」として思い浮かべるのは、予科練に志願した中学の同級生たちだ）。

橋川は結核のため徴兵されなかったが、その代わりの徴用先で、国家の上層部の腐敗を知る。貴族院事務局での筆記係としては、戦局の苛烈さとかけ離れた愚劣な議論が横行する政治の現場を目撃する。農林省食糧管理局では、陸海官の食糧の奪い合いと、官僚たちの秘密の大宴会を知る。東大法学部生だった「橋川が当然の如く抱いていたであろう高級官僚への道を、自らが閉ざすことにつながったともいえる」。

戦後の橋川には貧困、結核、共産党体験、不幸な恋愛、家族の死などが次々とふりかかる。戦後日本は橋川にとって、自らの流謫の地だったとしか思えない。その中で、編集者として出会ったのが丸山眞男だった。丸山の代表的論文「軍国支配者の精神形態」の担当編集者が橋川だった。これをきっかけに、橋川は丸山の学外の門下生となって、生涯の師と仰ぎ、「社会科学的な視野と方法論」を学んでいく。そればかりか、就職の世話、内職の紹介、借金、結婚の媒酌、と世話のなりっぱなしとなる。

「師丸山に対する礼節を軽んじることは、決して無かった」橋川は、吉本隆明と並んで丸山の学問の批判者となってゆく。宮嶋が引用する橋川歿後の丸山のインタビューの全文を読むと（『橋川文三著作集7』月報）、丸山の皮肉と批判が意外ときついことがわかる。人間力では橋川に軍配を挙げたくなった。

――「新潮45」二〇一六・七

●村瀬学『鶴見俊輔』言視舎評伝選

昨年、九十三歳で亡くなった、戦後を代表する思想家のスリリングな伝記が現われた。「言視舎評伝選」という意欲的なシリーズの一冊、村瀬学の『鶴見俊輔』は、鶴見を思いっきり突き放し、時には寄り添い、その思想から何を受け継ぐべきかという問題意識をもって、鶴見の生涯を検証した本である。

『思想の科学』を半世紀にわたって出し、戦前戦中戦後を『転向』という切り口で共同研究した鶴見は、「ベ平連」や「九条の会」といった市民運動を続けた社会運動家でもあった。六〇年安保では東工大を、七〇年安保では同志社大を辞職して抗議した。戦争を忘れないために、八月十五日になると頭を丸坊主にするといったパフォーマンスにも長けていた。

そうした多面的な活動は、老年期にいたって、『期待と回想』以下の十冊に近い回想本によって自身の口から飽くことなく語られた。その闊達自在な語り口で、鶴見の魅力は最大限に引き出されたといえる。聞き手はおおむね鶴見の熱心な読者であり、信奉者であった。そのためか、鶴見の奔放な語りに「突っこみ」が入ることは少なく、言いっ放しという感があった。「回想」と「著作」と「行動」のどこに鶴見の真意が込められているのか、ヌエ的なアイマイさが残った。自らをタヌキに擬する座談の名手に、はぐらかされた気分になるのだった。

その鶴見の「回想」に、果敢な「突っこみ」を入れたのが、村瀬の評伝である。村瀬がもっとも力をこめて解明したのが、鶴見と母との関係だった。鶴見の回想は判で押したように、両親の悪口から始まる。「一番病」の学校秀才で、総理大臣になりたがり、自由主義から超国家主義に無自覚に転向した政治家の父・鶴見祐輔。大物政治家だった後藤新平の娘に生まれ、ゼロ歳の時から息子を折檻して、「お前は悪い人間だ」と言い募る母・愛子。異様な子育てをする母に反抗して、不良となり、退学と自殺未遂をくり返し、遂にはアメリカに放逐となる「小学校卒」の学歴しかない問題児。鶴見はハーバード大を卒業しているのだから、「小学校卒」という学歴〝詐称〟は、逆自慢話にしか聞こえない嫌味なものだ。

そうした鶴見の屈折を解くキーワードとして、「貴種を折る」という耳馴れない言葉を村瀬は提示する。「暴力を振るう母」という鶴見の語りのパターンを読み込む中で、村瀬は母の「暴力」を読み替える。祖父・後藤新平伯爵という存在から発する「特別な扱い」を享受して、得意となっていた幼い息子に対し、偉いのはお前ではなく、お祖父さん、お父さんですと諭すために暴力は振るわれた。鶴見もそのことに気づいているからこそ、母の悪口を言いながら、「母の正義」「母の正しさ」を認めていたのだろうと。

後藤新平は自分の娘と同じ年くらいの「妾」を大邸宅の中に囲い、七人の子供を次々と産ませ、戸籍に入れず、養子養女に出していた。母の愛子は、世間的には立派な自分の父親の「私生活の顔」を知っていたがゆえに、息子の俊輔が「得意」になることを許さなかった。

「貴種」を折檻して、矯《た》めるという母の行為は、息子の鶴見の軌跡にさまざまな痕跡を残した。「鶴見俊輔の生涯はこの「貴種」を「折る」ということの戦いの生涯であったといえる」とまで村瀬は書いている。中学生時代に、鶴見は無政府主義者クロポトキンの『ある革命家の思い出』と出会い、「貴種」に生まれた者の苦悩を確かめる。「貴種」の探索は、古事記にまで遡り、『アメノウズメ伝』を鶴見に書かせるまでになる。

村瀬が本書を書くのに大いに役立ったとする二冊の本がある。ともに藤原書店から出た本である。藤原書店は、鶴見の姉・鶴見和子の著作集を出し、後藤新平再評価に取り組み、その流れで、後藤新平の「妾」と「婿」の伝記も近年出版した。村瀬は「妾」の伝記を読んで、鶴見和子・俊輔という秀才学者姉弟が、家系図から欠落させた「河崎きみ」という「妾」の生涯に着目し、「妾」の孫である河崎充代が鶴見の『期待と回想』に不満を持っていることを嗅ぎ取る。鶴見が『期待と回想』で、「河崎」を「川崎」と誤記していることも村瀬は見逃さない。

もう一冊の「婿」とは、俊輔の父・鶴見祐輔である。初代総理伊藤博文の幼名「俊輔」を父からつけられたことを恥じる鶴見は、転向研究は父親への批判であると広言していた。「転向して戦争を支持した知識人」の筆頭として父親の名を挙げた。しかし「婿」の伝記を読めば、その父の評価が誤解か曲解であり、むしろ日米戦争を避けるべく努力した政治家であることは明瞭である。鶴見のアメリカ留学は父のネットワークがあってこそ実現したし、敗戦後すぐに「思想の科学」が創刊できたのも、父の力であった。そうした事実を否定したいがために、父が矮小化されたのではないか、と村瀬は追及していく。

本書を読んで、鶴見が父と母を過剰に「糾弾」し、祖父・後藤新平を、父母とは反比例して、不問に付した、という印象を持った。鶴見の公平で誠実な近代史認識に照らせば、後藤新平の植民地経営やシベリア出兵決定は、大いに批判されてもおかしくないからだ。「十五年戦争」とは鶴見の造語である。それは満洲事変以前の歴史を不問に付すことにもなりかねない。鶴見の祖父と両親とに対するダブルスタンダードには、近代史を解く重要な鍵が隠されているのかもしれない。

漫才を愛し、批判によく耳傾ける思想家だった鶴見が、村瀬の「突っこみ」にいかに応じるか。存命中に本書が完成しなかったのが惜しまれる。

●森正蔵『挙国の体当たり――戦時社説150本を書き通した新聞人の独白』毎日ワンズ

戦後最初の「昭和史」本にして、終戦直後のベストセラー『旋風二十年』の著者・森正蔵の戦時下の日記が本になった。森は戦時中には毎日新聞論説委員で、戦後は社会部長となった。『旋風二十年』は部下たちと手分けして書かれたが、日記はもちろん森自身が書いている。発表を想定していないので、当時の報道の裏話が詳細に書かれ、率直な記述が面白い。

開戦の日は臨時社員会議があり、「聖上万歳を三唱」する。帰りの電車では、乗客たちが「ものに酔ったように話している」。翌日にはすでに暗雲が立ち込める。ドイツ軍の東部戦線での攻撃作戦中止だ。森の海軍贔屓、陸軍嫌いは端々に日記に出る。社説の書き直しもさせられる。ソ連を刺激するな、と当局はうるさい。昭和十八年（一九四三）秋には、海軍報道班員として南方を廻る。昭和十九年（一九四四）には竹槍事件が起こる。東條首相の毎日新聞潰しである。サイパンが陥落して、東條は総辞職する。

「東条という奸臣を放逐するためには、われらもまた戦ってきた。（略）生かしておくべき人間ではないと思った。今度の往生際も極めて悪い。（略）夕方、社の八階で清酒一本で論説陣の一同が杯をあげる。東条の退陣を祝する意味である」

昭和二十年（一九四五）三月五日には、「敵の本土上陸を見越し、如何なる新聞をつくるべきか、その基本的事項の決定について審議する」。ドイツが敗北すると、人心は動揺する。「社のなかにも厭戦気分、敗戦気分を見逃すことができない。由来新聞に携わる者のうちには小才子が多く、腹の据わった者が少ないから」と憤慨する。森は杉浦重剛、頭山満の薫陶を受けた「国士」で、日本の戦争を支持する立場を終戦まで持ち続けていた。以下は終戦前日の日記。

「昨日はまた［空襲で］命拾いした。しかし拾って幸せな命であったろうか。（略）われらは敗れたのである。（略）負けてはならぬ戦争であったし、また戦いようによっては負けなくてもよい戦争であった。（略）社の編集局内、いつになく社員の顔が揃っているが、すべて沈痛」

八月十七日には毎日新聞の社賓だった徳富蘇峰が辞表を出した。

「あの老人の性格として大抵のことならば、平気で頬被りをして、昨日の説を今日の議論に変えてゆくことくらいのことは、何でもないのであるが、今度という今度はさすがにそうは参らぬのである」

森の日記は既に戦後一年間の分が、『あるジャーナリストの敗戦日記』（ゆまに書房）として出ていた。

できれば遺っている四十二冊をすべて読んでみたい。読むに値する、昭和史の貴重な記録である。

――「新潮45」二〇一七・一

●清水明雄［編］『清水文雄「戦中日記」――文学・教育・時局』笠間書院

新潮社のPR誌「波」をめくっていた時に、ある書籍広告のコピーが目に飛び込んできた。「天皇と三島。清水は二人の紛れもない師であった。」

今回取り上げる本『清水文雄「戦中日記」』について、松岡正剛が書いた推薦の辞であった。清水文雄は学習院中等科在学中の平岡公威《きみたけ》に筆名「三島由紀夫」を与え、小説「花ざかりの森」を自分たちの雑誌「文藝文化」に掲載した。三島終生の師である。その清水が今上天皇（明仁上皇）の「師」でもあった、というのである。

この部厚い戦中日記を読むと、正反対であるかのように見える二人は、清水という学習院教授を接点にして、九学年違いにもかかわらず、交錯したという因縁があるのだった。いままでは「正田美智子嬢」と三島との歌舞伎座でのお見合いという因縁が語られてきた（工藤美代子『皇后の真実』では、正田家側の重要人物二人が否定証言をしているが）。そうした「週刊誌天皇制」のゴシップではなく、ことは次代の天皇陛下の「帝王学」に関わっていた。

苦学の末に、二十八歳で広島文理大を卒業した清水は、いわば「民草」の国文学者だが、昭和十三年に恩師の推輓で学習院教授となった。昭和十六年（一九四一）には岩波文庫で『和泉式部日記』を出している。昭和十八年（一九四三）元旦には参内し、「大君の尊顔を拝し、感泣」する。当時の学習院は宮内省の下にあったがゆえの光栄だった。歌会始にも「陪聴仰付け」られ、「長年の念願かなひし也」と感激する。その年の七月、三年後に中等科進学予定の東宮殿下の「御教育案」作成を山梨勝之進院長から命じられる。清水の日記の記述は多岐にわたるが、日記最大の主題は、この「御教育案」づくりである。

授業カリキュラムと教科書編纂を通して、いかに未来の帝王にふさわしい「御修学」をしていただくかに心を砕く。昭和天皇の御学問所時代の教科書を調査し、明治天皇の侍講だった元田永孚《ながざね》の「進講録」を研究する。「元田翁天皇学の中枢」は「論語」為政編にありと感得する。外国語は英語にすべきか否か、教科書に選ぶ教材の吟味、特に「国文」では、国体、歴代御聖徳、臣子の忠誠、敷島の道、「みやび」などに力点が置かれる。

恩師や同僚や友人にも意見をもとめ、完璧を期さんとする。最も信頼する教え子である三島にも「例の件につき意見を出してもらふ」とある。教え子では三島が一番頻繁に清水のもとを訪れていた。三島からの手紙も、清水が感銘した箇所は日記に書き写されている（三島の書簡は既に『師・清水文雄への手紙』として刊）。三島の父からは、「御中元」として月桂冠の一升壜が届けられる。物不足の戦時下、「珍品中の珍品」であった。

三島の次によく顔を出す教え子に瀬川昌治がいる。戦後は映画監督になって、フランキー堺や渥美清主演の喜劇を撮った。陸軍に入隊した瀬川から、「自身の毛髪がをさめられた」封筒が届けられる。「意のあるところ自ら通じ、心底にじーんとくるものがある」。茨城県内原の満蒙開拓幹部訓練所に動員された生徒は、軟弱な院生だったのが、見違えるように「気魄に溢れ」てきた。彼らの詠んだ和歌の最高点をとっている井原高忠は、戦後は日本テレビで「11PM」「ゲバゲバ90分」等を制作する。井原の歌「天皇の御楯とならむ身にしあれば鍬もつ腕も力みなぎる」。成績のいい生徒の中に顔恵民がいる。台湾出身の顔恵民の娘は、シンガーの一青《ひとと》窈《よう》である。なお成績不良者は本書では実名ではなくイニシャルになっているので、ご心配なく。

清水は妻子を広島に疎開させている。子供たちの便りを日記に書き記し、子供の成長や進学を心配する子煩悩な父親である。第二国民兵として訓練に参加する。数え四十二歳の厄年だが、「まだお役に立つかと思ふと、腹の底から青春が蘇ってくるのを感ずる」。清水の盟友・蓮田善明は、この時二度目の召集で南方戦線にある。敗戦直後に自決し、晩年の三島に大きな影響を与える蓮田は、だから日記にはほとんど登場しないが、日記の陰の重要人物といえよう。日記を読むと、三島はあこがれの詩人・伊東静雄と清水宅で遭遇している。清水を介して、「日本浪曼派」「文藝文化」「コギト」の文人たちが交差していて、まだ彼らに失意の戦後は訪れていない。

押し詰まった戦局にあって、清水は同僚たちと句会、歌会を開いて、心の憂さを晴らしている。防空壕から空を見上げ、「腹の立つほど、敵機の姿が美しく見える」と感嘆もする。「聖戦」を信じていた人の日常が惻々と伝わってくる貴重な日記である。

清水たちが精魂込めた「御教育案」は空しく却下となった。清水は昭和二十年四月から日光の金谷ホテルで教育にあたる。六月十一日にいたって、御教育再考の必要を書いている。「やはり厳格な軍隊教育の如きものがよいのでないかと思ふ。最近の御様子を拝するに、以前よりもいくらか弛緩の嫌ひあり。御学友の問題もこの際再燃させる価値があると思ふ」。日記は八月十五日で終わる。

付録の年譜によると、翌年は小金井校舎で教える。十月二十九日、皇太子の家庭教師として来日したクウェーカー教徒のヴァイニング夫人が、初めて小金井に来る。「その直後、持病の胃痙攣の激しい発作に逢う」。翌年四月、清水は学習院を辞職し、妻子のいる広島へ向かった。その時、行動を共にした山本修は、御教育案をともに練り上げた同僚である。三谷信『級友三島由紀夫』（中公文庫）には、山本先生が三島に与えた影響も大きい、とあった。

●山本一生『哀しすぎるぞ、ロッパ――古川緑波日記と消えた昭和』講談社

――「新潮45」二〇一四・九

小林信彦の『日本の喜劇人』（新潮文庫）は、エノケンではなくロッパから始まっていた。小学三年生のガキを喜劇狂にしてしまったインテリ芸人・古川ロッパへのオマージュからである。『日本の喜劇人』では、ロッパが膨大な日記を残したことにも触れていた。その後、晶文社から全四巻の分厚い日記が出現した。四千頁近い量に圧倒され、もちろん敬遠した。本書『哀しすぎるぞ、ロッパ』によると、日記原本はそれどころではなく、四百字詰め原稿用紙換算で優に三万枚を超えるという。日記は二十六年分あるから、年平均千二百枚。普通の単行本にしたら百冊分といったところか。

怖るべき執念の日記魔に対し、無謀にも挑んだのが、著者の山本一生である。こちらは日記読み魔である。前著『日記逍遥　昭和を行く』（平凡社新書）は木戸幸一から笹川良一までの日記と昭和史を交錯させて、日記の読みどころを伝授していた。東大時代の恩師・伊藤隆に協力して『有馬頼寧《よりやす》日記』（山川出版社）編纂にも関わったセミプロである。『有馬頼寧日記』は女性関係が正直に書かれ、かつ活字化に際して削除を免れた稀有な日記であった。

ロッパは「女性関係はお盛んだったようだが」、日記には出てこない。「最も重要なことは記述されない」という、日記読み魔が体得した日記の重要原則に照らせば当然である。そっち方面には深入りせず、「とらえにくい時代を知るための望遠鏡」としてロッパ日記を読み込んでいく。

ロッパは政治には関心が薄い、と日記読み魔は判定する。時代の動きを丹念に記述する代わりに、人気俳優だったがゆえに、日記は「普通の人々を映す鏡」として機能する。そこに注目するのだ。

ロッパは普通の人ではない。名門のお坊っちゃまである。祖父は帝国大学総長の加藤弘之男爵、実父は宮内省侍医の加藤照麿男爵、兄弟には探偵小説家でもある浜尾四郎子爵、貴族院議員で「愛国行

進曲」の仕掛け人でもある京極高鋭《たかとし》子爵など、皇室の藩屏《はんぺい》が揃っている。昭和二十年四月二十一日の日記には「恐れ多くも、貴いお方が、僕のラヂオは必ず、おき、になる」とある。雲の上の情報も入ってくる身分なのである。

若き日に映画雑誌の編集で失敗した時、役者になれとアドバイスをくれたのは、文壇の大御所の菊池寛と、宝塚歌劇の育ての親で東宝社長になる小林一三であった。芸の保証人からして、超VIPの大物である。

そんなロッパが「普通の人々を映す鏡」となるのは、興行という修羅場で、客の入りに一喜一憂し、観客席の反応に曝される日々を送ったからだ。つまらぬ芝居に他愛なく笑う満員の客に接して、「高踏的なものを狙へないと思ふ。又、狙ひたくもない」と感想を記すのだ。

印象的なのは支那事変勃発直後の記述だ。小林一三から「軍事物をやれ」と命令が下る。出し物には「出征」とか「軍歌日本」とかが用意される。劇団員に赤紙も来る。昭和十二年九月十七日の日記。「僕らは根本に於てむろん非戦論である。それだのに、此うなって来ると、銃とって立ちたいやうな気分になって来る――こ、が僕らの大衆性なのではあるまいか」。

「非戦論」のロッパは迷う。積極的に行くべきか、消極的に留まるべきか。小林一三に相談にいく。「積極策だ。他が積極的に出られない時に大いにやるべきだ」。

軍隊ギャグが満載された菊田一夫作の「ロッパ若し戦はゞ」は、肥ったロッパ二等兵に爆笑の連続となった。劇評も傑作との評価が出揃う。

戦線が中国大陸の奥深くに引きずり込まれるように、ロッパが戦争物で奮闘する姿が本書の中心に据えられてゆく。兵隊作家・火野葦平原案の「ロッパと兵隊」では、舞台にサンマを焼く匂いと煙がたちこめる。戦地で正月を迎える兵隊たちの望郷の思いがこもるその匂いに、客席は感動の涙となる。

見物客にはロッパに劣らない日記魔がいたことを、日記読み魔である著者は見逃さない。木戸幸一と大蔵公望。東條英機を首相に奏薦するA級戦犯侯爵と、満鉄理事として東亜政策に関わった男爵が、ともに家族を連れて有楽座で観劇した。「戦地に於る兵の苦心を現はし得て妙なり」と、大蔵はえらく感心している。

日米開戦では、特殊潜航艇で真珠湾に突入した九軍神を舞台化する。軍神報道解禁の半月後に、「若桜散りぬ」を急遽上演する。軍神の父が上京して見物に来る。「わしの倅はあんな柔弱な男ではない」と怒り、父役のロッパに、「あの老け込んだ父親はなんだ」とお門違いのクレームをつける。海軍省もお気に召さず、ラジオ中継は突如中止である。

戦局も押し詰まった昭和二十年（一九四五）二月、ロッパは重要な言葉を記す。「近頃のやうに、多事多難なる人生を味はってゐることは、此の日記、なまじの小説よりは、後年読んで面白いこと受合ひなり」。

日記人生への倒錯的なまでの自信は、敗戦、占領そして死が迫る日まで、実人生が思う通りにいかなくなり、壮烈な闘病の日々になればなるほど、膨れ上っていく。「日記のための人生といふものがあっても可笑しくはあるまい。人生そのものより日記が好きなら、此の世に不幸は無いことになる」。昭和三十五年（一九六〇）十二月二十五日が、ロッパ最後の日記となった。その夜、新刊書の『夢声戦争日記』を途中で抛り出し、病苦に耐えるのが精一杯となる。それからの三週間、日記は書かれなかった。その最後の日々が、ロッパにとって幸福だったか否かは、永遠の謎である。

●殿岡駿星［編著］『橋本夢道《むどう》の獄中句・戦中日記——大戦起るこの日のために獄をたまわる』勝どき書房

「警戒警報解除となる。／四月の十日から私はこの日記をつけはじめた。／長い囹圄［れいぎょ］の生活から戻つて来て私がやつた仕事といへばこれ位ひのものである」（昭和十八年九月三日）

本書は自由律のプロレタリア俳人・橋本夢道の獄中句と出所後一年間の日記を収める。「大戦起るこの日のために獄をたまわる」という句で事情がわかるように、昭和十六年（一九四一）二月に逮捕され、日米開戦を巣鴨の東京拘置所で知った。獄中の代表句は「うごけば寒い」。自由律の新興俳句であり、その「自由」こそが問題視され、俳人たちは弾圧された。開戦時には、「祖国未曾有一瞬ながき血がたぎつ」「詔り畏み拝す總身に」とも詠んだ。「足かけ九年宮本顕治はここにいる私の房の前」という壮大な字余りの句もある。

夢道は明治三十六年（一九〇三）徳島に小作人の倅として生まれ、風呂敷一つで上京し、丁稚奉公から始めた。「みつ豆をギリシャの神は知らざりき」という自作句をコピー代わりに、銀座の甘味処「月ヶ瀬」を成功させる。その傍ら、荻原井泉水の「層雲」で俳句を詠んだ。逮捕時は三十七歳で、恋女房と二人の子供を持ち、月島の長屋住まいだった。

いまなら「もんじゃ焼き」で有名な月島は銀座まですぐで、銀座に行く日も多い。夢道は仮出所中なので、日記には「特高大塚さん」「月島署の名取さん」と警官の名が頻出する。彼らに見せても大丈夫な内容しか書いていないのだろうが、それでむしろ東京の一庶民の戦時下の日記となっている。経済的には余裕があり、外食をよくしている。

「夕食は藤田君にさそはれて烏森の鳥新へ伊藤君も一緒にゆく。ビールも酒もあつて焼鳥もうまい。二、三年昔のように甘［うま］いとは思へないが、こういふものがこんにち口に出来るといふことはありがたいことであり、もつたいないことでもある。／新ばしから地下鉄で銀座に出る。街は夜になるとほとんどまっ暗である。昔のように銀座をぶらついてたのしむわけには行かない。／藤田くんと勝鬨橋《かちどきばし》をあるいて渡り自家へ帰る。友だちとのんだり語ったり、あるいたりすると力が湧いて来る」

この年は芭蕉の二百五十回忌、翌昭和十九年（一九四四）になっても、築地本願寺での月例俳句会はあり、「たのしかった」。前衛俳人ではあるが、戦時下の自然にも目を向けている。

――「新潮45」二〇一四・六

●八代目林家正蔵『八代目正蔵戦中日記』中公文庫

頑固一徹で怒りん坊、信心深くて働き者、それでも「欲シガリマセン勝ツマデハ」といった綺麗事なんかは唱えない。戦時下なのに朝酒も飲むし、窮屈な配給暮らしに不平を洩らす。これぞ典型的な「長屋の住民」だった落語家の戦中日記が出た。

八代目林家正蔵（晩年は林家彦六。戦中は五代目蝶花楼馬楽）は今年が三十三回忌というから、とっくに過去の人のはずだ。なのに多くの人が身近に感じるのは、弟子の林家木久蔵（現・木久扇）が高座や「笑点」で、師匠のものまねをオハコにしてきたからだ。身体と声を震わせながら「バ、カ、ヤ、ロ、ー」と鼻の穴から声を出すと、師匠がずっと住みついた浅草は稲荷町の長屋の空気がたちまち、たちこめる。

格別な非常時だった戦時下の日記は今までにもたくさん出版されている。お笑いの世界では、古川ロッパと徳川夢声の克明な日記が双璧であろう。しかし、ロッパは男爵家の御曹司として生まれ、早大英文科出、夢声は日本一の名門校・府立一中（現・日比谷高校）卒だ。インテリである。

正蔵師匠はといえば、浅草で育ち、尋常小学校四年を了えると奉公に出された。十八歳で噺家になってからも長年の貧乏暮らし、貧の一字が身体に染みついてしまっている。やっとこ売れて生活が安定し、いまや四十代後半の働きざかりなのに、あくまでも市井のふつうの庶民の日記なのだ。そこがまた面白い。

記述の過半は、芸のこと、芸界のこと、客の入り、芸人同士や劇評家との喧嘩反目など寄席まわりの記述だが、その一方で目立つのが、長屋の住人としての銃後の日常である。

「雪隠《せっちん》が一パイになったので、汲み出し作業をやらかした」「便所の汲み取りをやって往来で手ばなをかむ」「おわいを汲むにバケツが腐ってゐて底ぬけ、泣きたいほどのくささなり。これも戦争の影響なるかな」などと頻出する。人手不足で汚わい屋が来なくなり、臭い仕事に精を出している。凝り性の仕事熱心のせいで、しまいには長屋中の便所掃除を引き受ける。「だんだん深く壺を汲んでゆくと何処の家のも特色がなくなって一ツになるのは、人間終局の空になるのと同一で頗る面白いものだと思った」。

隣組の重要な仕事としては空襲に備えての警防団の任務がある。この記述もやたらと目につく。寄席の掛け持ちで東京中を歩きまわる日々に、夜勤が交じる。なかなかハードなお役目には、「生きがひを感じる」こともあれば、「莫迦々々しい任務が多く腹立たしく」なることもある。昭和十七年（一九四二）四月のドーリットルによる東京初空襲には病身をおして、警防団本部に出動する。それまでの戦勝気分は吹き飛ぶ。その日の深夜、「立哨してゐると、空襲警報が鳴り出した。一瞬ガタガタふるへた。武者振ひと謂ふか」とは、江戸っ子の負け惜しみであろう。

昭和二十年（一九四五）三月十日の東京大空襲では、正蔵の長屋は危うく難をまぬがれた。隣組の連中の必死の消火活動で、火を直前でくい止めている。自伝『正蔵一代』（青蛙房）では、「多少火災についての知識は注入されてますからね」と語っている。警防団をやっていた甲斐はあったのだ。

日記では、空襲の様子を「あわただしい戦場」と表記している。銃後ではなく、そこは戦場となったのだ。三月十二日の記述にはこうある。「平常心とは何時でも死ねる心境なり」。翌十三日「尊き霊位トラックで運ばれる街を往く」。十四日は久しぶりに湯に浸かれて一句「湯上りや　神を念じるこゝちして」。

その日は講談落語協会会長の一龍斎貞山の死体が上野の山で四日ぶりに発見される。死体引き取りの諸費用は金一千円。棺桶代百十円（ベニヤでペコペコ）、「公園課の係りに壱百円献上した」（謝礼か賄賂か）。師の円遊も病気で亡くなり、二つの御弔いは十九日に同時に行なわれた。あの時代としてはずいぶん丁重に葬られたほうであろう。翌二十日「湯に這入った。調髪もした。文楽さんの宅で分けていただいたブドー酒にも酔った。煙草も喫った。久しぶりで人間世界のぜいたくを全部つくした。神仏にお許しを乞わねばならない行状だ」。この記述に、稲荷町の師匠の真骨頂を見る。

桂文楽の名前がここには出ているが、日記全体では古今亭志ん生、三遊亭円生らのこともよく出てくる。同世代のライバルたちの芸と行状を厳しく見つめている。各寄席の客の人数、地方慰問のギャラ、ラジオの出演料など、落語家の懐ろ具合もよくわかる。戦況に左右される客の入りに一喜一憂する姿を追跡していけば、戦時下の庶民感情を数値化することもできるかもしれない。戦争報道への反応は意外と少ない。むしろ戦時下の日常の方が大事だったのだろう、ある時期までは。そうしたいろいろなことに手がかりを与えてくれる貴重な日記である。ひほし狩り（潮干狩り）、シゲ（ひげ）、ピリッピン（フィリッピン）などという東京弁が発音通りに記されているのも懐かしい。こんな老人は東京の町からもう消えてしまったのではないか。

私が一番驚いたトリビア記述は、立派な弓場のある家で行なわれた余興の客に、独ソ不可侵条約の報に接して、「欧州情勢は複雑怪奇」との迷言を残して昭和十四年（一九三九）夏に内閣総辞職をした元首相がいたことだ。検察を牛耳った、国粋主義の大立者でもある。

「お客様には平沼騏一郎閣下がおみえになりてゐ、よく笑って下すったのは有難かった」

強面の老政治家が笑っている。これはまだ戦勝気分一杯の昭和十七年三月の記事である。

第八章　占領期は「戦後」か

◆定本コーナー

占領期七年の間に、五人の総理大臣がGHQの下で政治を担当した。東久邇宮稔彦、幣原《しではら》喜重郎、吉田茂、片山哲、芦田均、そして再び吉田茂である。幣原、吉田、芦田の三人が外交官出身であることから明らかなように、優先課題は国内問題よりも、まずGHQへの対応にあった。**五百旗頭真《いおきべまこと》『占領期——首相たちの新日本』**（講談社学術文庫）は歴代の首相たちが、「何を想い、何を資源として、この地に堕ちた国を支え上げようとしたか。そして何に成功し、何に行き詰まったか」を描く。「首相たちの苦闘を小バカにして見下げるのではなく」、「共感をもって理解」するというやり方で。占領下の「主権者は、天皇でも日本国民でもなく、最高司令官「マッカーサー」なのである」から。

占領期の問題点の数々は本書で指摘される。「ポツダム宣言」と、九月六日に米国政府からマッカーサーに発せられた「日本に関して最も強引にして乱暴な指令［初期対日方針］」との関係は、そのひとつである。「ポツダム宣言に「無条件降伏」という言葉は残されたが、それは、「国家の無条件降伏」ではなく、「全軍隊の無条件降伏」に注意深く限定されていた。（略）八月二五日の軍人への勅諭とともに日本帝国陸海軍の戦闘部隊は解体され、復員事務のみを残す陸海軍省となった。／日本政府が組織的抵抗能力を解消すると、米国政府は半月とたたぬうちに、日本とは条件つきの契約関係ではなく、無条件降伏であった、と言い直し」た。占領期の前途は多難であった。六年後、占領を終わらせたのは、吉田茂のサンフランシスコ講和条約と日米安保条約という選択だった。

「敗戦後の日本国民は素朴に平和を願い、飢えの中で食べて行ける経済を求めていた。吉田路線の意義は、そうした切実な国民的希望に、国際関係の中で成り立つ解をもって答えたことにあろう。／それは、五人の首相が占領下で行ってきた政治を覆すものであるよりは、集成であった。（略）はじめは冷戦下の国際政治の現実に、そして新しい国際関係にも通用する解として、親米・軽軍備・経済重視のパッケージを、吉田は講和外交において指し示したのである」

住本利男『占領秘録』☆（中公文庫）は、独立を回復した昭和二十七年（一九五二）四月二十八日の紙面から始まった大型連載の単行本化で、著者は毎日新聞の政治部長だった。政治家、官僚、元軍人などの当事者に面会してのインタビューも満載されている。「幣原喜重郎氏はじめ、ここに登場してくるほとんどの人物が、メモや日記をめくりながら、また記憶をそのまま、語ってくれたものだった」。連合軍の進駐から、憲法改正、天皇制、財閥解体、公職追放、農地改革、そして東京裁判の判決にいたっている。

マーク・ゲイン［著］井本威夫［訳］『ニッポン日記』＊（ちくま学芸文庫）は同じ時期を、「シカゴ・サン」紙東京支局長のジャーナリストが記録した日記で、ニュースのあるところならどこにでも行く。国会、首相官邸、宮城前広場、日比谷公園、裁判所、妓楼、そして総司令部、対日理事会。地方出張も精力的にこなす。志賀義雄、賀川豊彦、石原莞爾、尾崎行雄、高松宮、橘孝三郎などさまざまな日本人へのインタビューも。ゲイン記者は友人には都留《つる》重人がおり、ニューディール派に共感する左派の記者で、途中からは追放同様となる。日本の新聞では書かれなかった日本をゲインは記録している。

ゲインとは違う形で、占領下日本の実状に迫ったのが、**袖井林二郎『拝啓　マッカーサー元帥様――占領下の日本人の手紙』***（岩波現代文庫）である。「占領軍総司令官として君臨したマッカーサーとその総司令部（ＧＨＱ）にあてて、人々が書き送った推定約五〇万通の投書」をマッカーサー記念館をはじめ、各地の公文書館などに探し尋ねた。「大部分は占領に対して好意的」、「すべては自発的な投書で」、「日本民族の生の声」であり、「権力者と対決することなく一体化する」傾向がほとんどで、占領政策批判は「圧倒的な少数派」であった。著者が選んだ手紙はどれも興味深い。なかには血文字の手紙もある。これらの手紙をマッカーサーがどう読んだのかははっきりしないが、マッカーサー記念館には約三千五百通が保存されているという。

ダグラス・マッカーサー［著］津島一夫［訳］『マッカーサー大戦回顧録』（中公文庫）は、最晩年の回顧録から太平洋戦争と日本占領部分を収録している。全体は自画自賛調で一貫している。「私は日本国民に対して事実上無制限の権力をもっていた。歴史上いかなる植民地総督も、征服者も、総司令官も、私が日本国民に対してもったほどの権力をもったことはなかった」とあけすけに書き、「私は経済学者であり、政治学者であり、技師であり、産業経営者であり、教師であり、一種の神学者でもあることが要求されたのである」とも書いた。「近代国家というよりは古代スパルタに近い存在」だった日本は完全に敗北し、それに代わって、「国民に自由と正義とある程度の防衛力を与えるような新しい日本の建設を、占領の目的としたという。

高坂正堯《こうさかまさたか》『宰相　吉田茂』（中公クラシックス）は、評論家と知識人から評判の悪かったワンマン吉田茂を、「戦後日本におけるもっとも傑出した政治家」、「世界的な評価を受けた数少ない日本人の一人」と再評価した。その時、京大助教授の高坂はまだ二十代だったというから驚く。高坂は吉田を「商人的な国際政治観」の持ち主とした。吉田に対する批判としては、**ジョン・ダワー［著］大窪愿二［訳］**

『吉田茂とその時代（上下）』（中公文庫）が包括的だ。長男だが政治とは無関係で、作家、文芸評論家、食通グルメとして知られる吉田健一の『父のこと』（中公文庫）は、読書が日常的な行為になっている「英米風な読書家」だった父親像を描いている。吉田茂の国葬で、喪主の吉田健一が遺骨を持つ姿はなんとも場違いで、似合わなかった。

佐藤卓己『増補　八月十五日の神話――終戦記念日のメディア学』（ちくま学芸文庫）は、戦争が終わったのは昭和二十年（一九四五）八月十五日ではない、という意表を突く事実から出発する。ポツダム宣言を受諾したのは八月十四日で、戦艦ミズーリ艦上で降伏文書に署名したのは九月二日、その日が連合国の対日戦勝記念日となる。「玉音放送」が流れた八月十五日は、「内向き《ドメスティック》のラジオ放送があった日に過ぎない」。戦後を再考させ、新しい視野を開く「八月ジャーナリズム」批判の画期の書であった。

坂本慎一『玉音放送をプロデュースした男　下村宏』*（ＰＨＰ研究所）は、その強固な八月十五日の記憶を、鈴木貫太郎内閣の国務大臣（情報局総裁）として企画、実現した下村宏（号、海南）の評伝である。下村は逓信省から朝日新聞に移り副社長となる。二・二六事件後の広田弘毅内閣の拓務大臣となるので朝日を退社するが、陸軍は下村を「自由主義者」だとして入閣を許さなかった。下村が去って朝日には「道徳的中心」がなくなったと言われた。終戦の二年前に日本放送協会会長に就任、その時から玉音放送の実現に動き出す。

「彼は自分の功績をすべて昭和天皇のものとすることで、自らの痕跡を歴史から消し去ってしまったのである。この時代において優れた才能を発揮した人は、すべてが昭和天皇のおかげであると天下に宣伝して天皇の偉大さを強調し、自身の偉業を後世に残さないような「魔法」を使ったのであった」

原武史『完本　皇居前広場』（文春学藝ライブラリー）は昭和二十三年（一九四八）までは宮城前広場、

その後は皇居前広場と呼ばれる四十六万平方メートルの空間を「政治学」した書である。天皇制の儀礼空間となった戦前期、うって変わってメーデー、食糧メーデーが開かれ、共産党によって「人民広場」とも名づけられ、占領期には占領軍、天皇、労働者が三者三様に活用。独立直後の「血のメーデー」でも歴史の現場となった空間を「政治学」する。**木下道雄［著］高橋紘［編］『側近日誌――侍従次長が見た終戦直後の天皇』**☆（中公文庫）は、お濠の内側、二重橋の向こう側で激動の時代に何があったかを克明に記した日記で、昭和二十年（一九四五）十月から翌年六月に及ぶ。天皇制が最も危機に曝された時期にあたる。

苅部直《かるべただし》『光の領国　和辻哲郎』＊（岩波現代文庫）は、大正期以来「象徴」の語を愛用してきた倫理学者の戦後の軌跡までを追う。「新憲法が「象徴」の語を採用したことは、自らのかねてからの主張の正しさを確証するものだった。国民の「統合」を「全体性」と解すれば、それが天皇という具体的存在に表わされるという発想は和辻の考えそのものである。そして「象徴」は、青年時代の藝術体験以来重視してきた概念であり、その言葉で天皇を説明したこともかつてあった。これを新憲法の条文に認めたとき、和辻の中で理想と現実とが一本の線で結ばれた。「象徴」規定は、国民国家の偉大なる伝統の顕現なのである。（略）戦後体制の到来は、和辻にとってはまさしく〈光の領国〉の実現なのであった」。

倫理学者と違って憲法学者には、大日本帝国憲法から日本国憲法への「改正」、新憲法の正統性を説明する義務がある。その大役を背負わされたのは東京帝大法学部教授で憲法学者の宮沢俊義だった。宮沢は丸山眞男助教授の協力を得て、「8・15」に革命が起きたとする「八月革命説」を案出した。美濃部達吉の『憲法講話』（第一章参照）にならった**宮沢俊義『憲法講話』**☆（岩波新書）は一般向けに、講義調ではなく漫談調で書かれている。説明では「八月革命」という語は避ける。

「ポツダム宣言とその受諾に際しての日本政府の申入れに対する連合国の回答には、「日本の最終の政治形体」は「日本国民が自由に表明した意志によって定めるべきもの」とあった。これは、国民主権を意味すると解された。したがって、日本がポツダム宣言を受諾したことは、すなわち、日本が国民主権を承諾したことと見なくてはならない。日本国憲法の前文や第一条で明記されている国民主権は、ここに由来するのである」

「もともと天皇主権が「国体」の要素だとされていたのであるから、その天皇主権は否定され、国民主権がそれに代わった以上、本来の意味の「国体」が「護持」されなかったことは、明らかである」

「この憲法改正は、したがって、明治憲法についての支配的解釈による限り、明治憲法の予想した改正権の限界を超えたものである。とすれば、法的にいう限り、ここでなされた憲法「改正」は、合理性を超えて、または、合理性の外で行なわれた変革であり、降伏によってもたらされた「革命」的な変革の一部と見るほかはない。／では、そこで、明治憲法七三条による改正手続をとったのは、なぜか。／ここでの変革は、実は、降伏によってもたらされた超合法的なものであったとしても、それができるだけ合法的な改正の外見をもつことは、非合法性が野ばなしに拡大されることを防ぐためにも、実際上きわめて望ましいと考えられた。そういうねらいからでもあろう、当時の占領軍司令部からも、明治憲法と日本国憲法との法的継続性を保障すべき旨の要望があった」（傍点は宮沢）

宮沢の後輩で、同僚でもある鵜飼信成の『憲法』（岩波文庫）は昭和三十年（一九五五）に岩波全書で出た、高名な憲法学者による一般人向きの憲法入門で、戦後の憲法を護った本ゆえ、一読の価値がある。「新しい憲法制定権者としての国民も、自覚的にその任務を果し得るまでに成熟していなかったから、ポツダム宣言にいわゆる「蹶起《けっき》セル世界ノ自由ナル人民ノ力」を代表して日本の占領管理を行っていた連合国軍総司令部が、この国民の「自由に表明する」意思を、ある程度まで代行せざるを得なかったことは、むしろ自然であった」。鵜飼『憲法』の「憲法改正論の限界」の項を読むと、「憲法の基本的人権尊重主義と永久平和主義とは、国民主権主義と不可分の一体をなしており、それを変更することは、当然に憲法の同一性を失わせることになる」とある。これは憲法九条は改正してはならない、ということだろうか。

憲法に対する根源的な批判は、むしろ保守派の文学者によってなされた。日本国憲法を「当用憲法」と呼んだ福田恆存と、「一九四六年憲法」と呼んだ江藤淳である。**福田恆存**［著］**浜崎洋介**［編］**『国家とは何か』**（文春学藝ライブラリー）に収録されている「当用憲法論――護憲論批判」は、憲法制定の経緯が同じ時期の「当用漢字」制定の経緯と全く同じで、「有効性の根拠が無く、飽くまで当座の用を為す」ものでしかなく、「頗《すこぶ》る出たらめな方法で罷り出て来たもの」と茶化した。**江藤淳『一九四六年憲法――その拘束』**（文春学藝ライブラリー）は、「敗戦以来当時も今も、依然として制限されつづけている日本の主権に対する哀しみと怒り」をエネルギーにして、憲法と検閲の関係を解明したものだ。

昭和二十年（一九四五）という年は、日本にとって大きな危機の年であった。その中での、民俗学の二人の巨人の思考を確認しておくことは重要である。敗戦直前に書かれ、敗戦の翌年に出た**柳田国男『先祖の話』**（角川ソフィア文庫）は、大量の死者が生まれていた時に、日本人の霊魂観、先祖崇拝、死の信仰、民族の慣習などを平易な言葉で伝えた書である。もうひとりの巨人・折口については、戦後ずっと身近で仕えた弟子**岡野弘彦**の**『折口信夫伝――その思想と学問』**（ちくま学芸文庫）がいい。折口は弟子で養嗣子の折口春洋《はるみ》を硫黄島玉砕戦で戦死させた。「春洋の兄に手紙で訴えるときの折口は、宗教を持たない国の戦いによる大量の死者の魂の鎮めの問題を、身を焼く思いで考えつづけていた」。

岡野著には、柳田が『菊と刀』の話題を折口にするシーンがある。アメリカの文化人類学者**ルー**

ス・ベネディクト［著］長谷川松治［訳］『菊と刀——日本文化の型』（講談社学術文庫）は、日本を占領統治するための日本論で、一度も日本に来たことのない人類学者による日本論の決定版である。一方、ヘレン・ミアーズ［著］伊藤延司［訳］『アメリカの鏡・日本　完全版』（角川ソフィア文庫）は、日本の「ヒステリー症状が異常に高ぶっていた」昭和十年（一九三五）に一年間滞日し本を書いた日本研究家が、ＧＨＱの労働諮問委員会のメンバーとして労働法、労働組合法づくりのために占領下日本に滞在した時の書である。帰国後に書かれ、一九四八年（昭和二十三年）に出版されたが、「占領政策は日本国民と文明の抑圧である」と問題点を指摘した。「占領が終わらなければ、日本人は、この本を日本語で読むことはできない」とマッカーサーが烙印を押した禁書で、最初の邦訳は昭和二十八年（一九五三）、邦訳タイトルは『アメリカの反省』（原百代訳、文藝春秋新社）となっていた。『菊と刀』と対になるべき、もうひとつの名著だ。

ミアーズは、東京裁判批判の書を準備していたというが、その本は刊行されなかった。東京裁判（極東国際軍事裁判）とは、国際社会が与えた近代日本の決算報告書といえる。日暮吉延《ひぐらし》『東京裁判』（講談社現代新書）は現時点でもっとも信頼できる基本書となっている。著者の立場は裁判肯定論でも否定論でもない。「政治的で粗雑な「善悪史観」で敗者に戦争責任を負わせるのは「行きすぎた正義」であり、敗者に屈辱感や怨恨感情を残す」。しかし、「敗戦国のやむをえない犠牲として東京裁判を認める」が、過大評価はしない。「東京裁判の欠陥をあげつらったら、それこそ、きりがない。しかし欠陥を理由に裁判を否定したところで、現在の日本の利益にはならない」。

粟屋健太郎『**東京裁判への道**』（講談社学術文庫）は、ニュルンベルク裁判とは異なり、東京裁判は裁判資料が公刊されなかったが、国際検察局の機密文書を発掘し、法廷の表舞台に出ない戦犯選出のプロセスなどを解明し、裁判が開廷するまでを追っている。**清瀬一郎**『**秘録東京裁判**』（中公文庫）は、東條英機の主任弁護人であり、多数被告を代表して「冒頭陳述」（本書に全文収録）を行なった清瀬の最晩年の回想録である。清瀬は冒頭陳述の評判がよかった理由として、「当時、日本国内で、自由率直の発言ができたのはこの法廷だけであったから」という皮肉な理由も挙げている。原爆投下を問題にしたブレークニー弁護人の発言は法廷で日本語に翻訳されなかった。原爆については広島で被爆し重傷を負いながらも、医師として治療にあたった**蜂谷道彦『ヒロシマ日記』**（平和文庫）が迫真の記録で、昭和三十年（一九五五）には英訳され、世界中で反響を呼んだ。

個別の占領史としては、**草柳大蔵『内務省対占領軍』***（朝日文庫）がある。戦前には巨大な権力だった内務省がGHQによって解体されるまでの攻防を描いている。**春名幹男『秘密のファイル――CIAの対日工作（上下）』***（新潮文庫）は、占領期のみならず独立後も活発に行なわれたCIAの対日工作を通した日米関係裏面史である。

「右翼の笹川良一や児玉誉士夫、元陸軍参謀・辻政信、さらに岸信介ら、戦犯容疑者が戦争犯罪を免除されたからくりを、筆者が発見した秘密文書で初めて確認した。彼らは、アメリカの情報工作のおかげで免罪されていた。／日本の戦争責任があいまいにされた理由の一つは、米情報工作にあったのだ。そんな経緯もへて、日本人の〝対米依存症〟という心理構造が形成されていったのである」

占領期の気分を知る手がかりになると思える本を最後に挙げよう。当時は「無頼派」と呼ばれた**坂口安吾**のエッセイ集**『堕落論』**（新潮文庫）が焼け跡闇市の空気に触れるようだ。「堕落論」「天皇小論」「特攻隊に捧ぐ」「太宰治情死考」「戦争論」など。「堕落論」冒頭の有名な一節を掲げておく。

「半年のうちに世相は変った。醜《しこ》の御楯《みたて》といでたつ我は。大君のへにこそ死なめかえりみはせじ。若者達は花と散ったが、同じ彼等が生き残って闇屋となる。ももとせの命ねがわじいつの日か御楯とゆかん君とちぎりて。けなげな心情で男を送った女達も半年の月日のうちに夫君の位牌にぬかずくことも事務的になるばかりであろうし、やがて新たな面影を胸に宿すのも遠い日のことではない。人間が変ったのではない。人間は元来そういうものであり、変ったのは世相の上皮だけのことだ」

◇書評コーナー

●田中宏巳『消されたマッカーサーの戦い——日本人に刷り込まれた〈太平洋戦争史〉』吉川弘文館

——「新潮45」二〇一四・一〇

占領下日本で誰よりも偉かったマッカーサーの、その栄光の戦いが日本人には少しも教えられていなかった——そんな意外な、歴史の皮肉を炙り出しにした本である。

いまでこそ「東京裁判史観」なるものが批判の対象になることが多い。その東京裁判よりも前、もっと決定的に日本人に刷り込まれた「歴史」があった。敗戦の年の十二月八日から全国の新聞で強制的に一斉に始まった「太平洋戦争史」と、そのラジオ版である「真相はこうだ」「真相箱」である。日本人に罪の意識を植えつけるこのプログラムで、マッカーサーは脇役に押しやられ、ニミッツ率いる海軍と海兵隊が華々しく勝利した戦争が語られた、というのだ。

「太平洋戦争史」に注目した江藤淳は『閉された言語空間』で、「真相はこうだ」がベートーヴェンの「運命」のジャジャジャジャーンから始まり、どぎつい阿鼻叫喚がラジオから流れてきた記憶を記していた。演出効果満点の劇画調歴史だったのだろう。

本書の著者・田中宏巳が下す「太平洋戦争史」への評価は低い。きちんとした資料も使わず、一貫性を欠いた記述は「大学生の卒業論文の方がずっとまし」な程度というから、コピペだらけの博士論文といったところか。そんな代用品まがいでも、「対日教育にはこれで十分と判断され」、「こんな材料で作成された記述やシナリオのために、戦後の日本人が精神的に打ちのめされ、洗脳されたとすれば、口惜しいかぎりである」と。プロパガンダとしてはともかく、三流四流の歴史書という評価なのだ。

そんな歴史を、なぜワシントンは公認したか。著者はＧＨＱの民間情報教育局（ＣＩ＆Ｅ）が来日前に米国内で企画したからと推測している。マッカーサーは編集に関与できていないのだ。「太平洋戦争史」のメインは、アメリカのメディアで派手に取り上げられた、太平洋上での日米海軍の決戦や、大きな犠牲をともなった海兵隊の血みどろの戦場であった。ヤンキー好みのハリウッド的物量戦が好まれ、マッカーサーがニューギニアで行なった長くてつらくて地味な島嶼《とうしょ》戦《せん》は無視される。ヨーロッパ戦線が陸軍中心に報じられたのとバランスをとるためもあり、太平洋は海軍のお手柄にする。

その点では、著者はマッカーサーに同情的である。「ミッドウェー海戦による日本敗因論が定着」し、米海軍の好敵手として日本海軍が善玉となった。南西太平洋で日本陸軍を打ち破り、「アイ・シャル・リターン」と予告したフィリピンを取り戻し、南方から日本への補給路を断った作戦は影が薄い。「太平洋戦争史」のそうした不当性に気づいた段階で、マッカーサーはＣＩ＆Ｅのダイク局長を帰国させ、「真相箱」も突如打ち切りとなったと推測している。

マッカーサーは腹心ウィロビーとともに自分たち独自の戦史を企画する。その編纂官に任命されたのがメリーランド大学の歴史学教授ゴードン・Ｗ・プランゲだった。後に『トラトラトラ』を著わし、日本国内での検閲資料をまとめて米国に持ち帰り、そのプランゲ文庫が占領期検閲研究のメッカとなる、あのプランゲである。

この編纂事業は秘密裡に行なわれた。米陸軍内で戦史編纂が許されるのは陸軍省参謀部であり、出先機関にすぎないマッカーサー司令部にできるのは戦史報告書どまりであった。米国の国家事業ではないのだから、秘密主義は当然だった。戦史報告書づくりと並行して、戦史「マッカーサーレポート」が編纂される。その強力な助っ人となったのが、復員省の日本人スタッフである。

その中心となったのが元陸軍大佐の服部卓四郎だった。戦時中に参謀本部作戦課長という最重要ポストにあった服部は、敗戦責任者の一人であり、歴史法廷の被告席がふさわしい人間である。「最も避けなければならない人選だった」と著者は見る。「日本では、歴史に求められるのは客観性であるという近代歴史学が唱えた常識が定着していない」と。

占領終了後に服部卓四郎名義で出版された『大東亜戦争全史』（原書房）は重要資料を駆使した大著で、現在でもまだ歴史書としての生命を失っていない。その点を考慮すると、私には著者の服部評価は厳しすぎると思える。敗戦の秋に、幣原喜重郎内閣が戦史編纂のために組織した「戦争調査会」は、連合国側の意向で翌年廃止されていた。いわば「歴史」が封じられた中で、マッカーサーの禄を食みながら、ぬけぬけと、政戦両略を扱った戦争史を準備していたのだから。

肝心の戦史「マッカーサーレポート」は昭和二十五年には脱稿されたが、五部が印刷されただけだった。刊行されるのはその十六年後で、「既存の太平洋戦争史に対してほとんど影響を与えなかった」という。

それでは歴史は、早く書いた者勝ち、早く流布させた者勝ちなのか。本書を読む限り、その側面は否定できないにせよ、著者はむしろ、全体像の歴史をこれから書き直さないといけないと主張している。

アメリカが日本から接収して持ち帰った資料類は四十五万点にものぼった。そのうち返還されたのは二万点で、九十五パーセントはいまだ全米各地に残され、眠っている。「明日には何が飛び出すかわからないことを銘すべきである」と。

朝日新聞でさえ慰安婦報道三十二年目にして「お詫びなき訂正」をするご時世である。歴史の書き換えは、これからの大きな宿題なのだ。

●鎌田勇『皇室をお護りせよ！——鎌田中将への密命』WAC BUNKO

「閣下は、アメリカの連隊に勤務されたことがあり、マッカーサー元帥ともご知己であると伺っています。ぜひ、マッカーサー元帥に対して万世一系の皇室を護持するよう懇請していただきたいのです。これは日本国民の総意です」

北京にあって八月十五日を迎えた鎌田詮一陸軍中将の戦後は、ここから始まる。毒薬注射を軍医から貰い、自分の命令で死んでいった部下たちの後を追おうとしていた鎌田中将を引き留めたのは、華北交通の宇佐美莞爾総裁だった。鎌田は八月二十一日に、北支那方面軍司令官の下村定《さだむ》大将に同行し、飛行機で北京を離れた。総理大臣に就任した東久邇宮稔彦大将が陸士同期の下村を陸相に指名し、下村は鎌田に帰還を命令した。

鎌田の役目は、米軍の先遣隊を迎えるという大仕事だった。この人事にはマッカーサーの意向が働いていた。先遣隊のテンチ大佐とは昔からの知り合いだったからだ。鎌田は陸軍では珍しいアメリカ留学組で、MITで材料工学を学び、米軍の工兵連隊で大隊長を経験していた。テンチはその時の部下だったのだ。鎌田の最初の重大任務は、軍票使用を米軍に撤回してもらうことだった。

本書の著者・鎌田勇は鎌田中将の息子で、終戦当時は十七歳、陸軍士官学校から学習院へ復学したところだった。横浜の本牧に接待用の鎌田家が準備された。ここで家族ぐるみで米軍高官をもてなすためだった。ある日、背の高い高官が訪れた。勇はパイプオルガンでリストの「ハンガリー狂詩曲六番」を演奏した。高官は勇が学習院に通っていることを知っていて、立て続けに質問する。「君は、皇室を尊敬しているか」、「なぜ、君は皇室を尊敬しているのか」。父はその高官に「ダグ」「ダグ」と親しげに話しかけた。高官はダグラス・マッカーサーで、マッカーサーが「日本で人の家を訪問したという公式記録は残っていない」。お忍びだったらしい。

本書は占領秘話として書かれている。第八軍司令官のアイケルバーガー中将は音楽好きで、著者たちの演奏が始まると、軍楽隊の大太鼓を楽しそうに叩き出したという。

――「新潮45」二〇一八・一〇

●渡辺延志『GHQ特命捜査ファイル　軍事機密費』岩波書店

国家予算の下半身である「機密費」に関しての、本書は貴重な「黒い報告書」である。色と欲に取り憑かれたこの下半身は、おもに「欲」に奉仕している。滅多に表に出ることがない、闇から闇のカネの流れにメスを入れようとしたのは、東京裁判の検事団であった。

『GHQ特命捜査ファイル　軍事機密費』は、昭和二十二年（一九四七）二月からの半年間、新任のアメリカ人検事らがたった五点の機密費文書を手がかりに、帝国日本の軍人、官僚、政治家から聴取した膨大な英文『国際検察局（IPS）尋問調書』を紐解くことから始まる。

リストアップされた日本人が次から次へと聴取に答えている。平沼騏一郎、阿部信行、近衛文麿といった歴代内閣の書記官長たち（現在なら内閣官房長官にあたる）、機密費を取り扱った陸軍省と海軍省の次官（中将が多い）、近衛内閣の商工大臣だった小林一三、さらには笹川良一、児玉誉士夫といった巣鴨プリズンの有名人まで。検事たちの助言者は東京裁判の検事側証人として悪名を馳せた田中隆吉であった。その名前だけで筋が悪く、捜査の困難を予想させる。

尋問の成果が最も挙がったのは富田健治の二日間であった。富田は昭和十五年七月に近衛内閣の書記官長に抜擢された内務官僚である（戦後は衆議院議員になる）。富田の率直な語りは本書前半のハイライトである。日米開戦時には被告人すべてに敵意を覚えたこと、とくに鈴木貞一と木戸幸一に対して。鈴木については、「彼は私欲のために、最後まで戦争を後押しした」と断言している。しかし今になると、被告人だけが戦争責任を問われるのを申し訳なく思い、「日本人全員に責任がある」と意見を改めている。

富田は機密費について知っていることを淡々と答えている。内閣の機密費は年間十万円、それとは別に陸海軍から「それぞれ五百万円を用立てることができました。陸軍と海軍から調達するには、書記官長が陸軍と海軍に金額を要請するのです」。機密費は現金で届けられ、金庫に保管される。「機密費は交際費として使われ、首相官邸での宴会は機密費から支出するものとされていました」。富田が在職期間一年三ヶ月で陸海軍に請求した額は計七百五十万円にのぼる。その中からかなりの額が国会議員や右翼テロリストにも渡っている。

それとは別に、「臨時軍事費」について富田は検事に説明している。臨時軍事費は会計検査が事実上不要で、政府もその細目を知ることのできない巨額な戦費で、そこからも機密費が出ていた。富田は検事の質問「軍閥が目的を達成するために、機密費は重要な役割を果たしましたか」に対し、「軍閥は物理的な力を持っているので、金は目的の達成に決定的な要素ではない」「軍国主義者は機密費がなければ目的を達成できなかったとは言えない」と答えている。そこで例に挙がるのが、軍政下の満洲でさまざまな利権が関東軍によって差配されていたこと、麻薬やアヘンによって鈴木貞一や東条英機が巨額を手にしていたことであった。

一方で、御威光絶大なＧＨＱは五月末に日本政府（終戦連絡中央事務局）に対し、年度ごとの陸軍省機密費を一週間後に提出するよう命令を発した。挙がってきた数字は、昭和五年度から二十年度まで、トータルで約八億三千万円であった。その中で機密費の額が急上昇するヤマが目立つ。満洲事変、支那事変、大東亜戦争のところである。不思議なのは敗戦の年が、国運衰退と反比例して膨れ上がることだ。その解明は本書後半で、著者である渡辺延志自身の手によって行なわれている。

国際検察局の捜査は不発に終わったが、七十年後に捜査の続きを個人的に行なったのが著者である。本書の読みどころはその後半部にあるといえる。敗戦時の陸軍の巨額な機密費は何に使ったのだろう。素朴な疑問を調べて行くと、防衛省の防衛研究所の中から、作成者と作成日時不明の「議会答弁資料」という文書が見つかる。想定問答集である。「東条大将が莫大なる機密費を使ったというが真相は」との質問には、「書類焼却のため絶対確実とはいえないが」と断った上で、陸軍からだけでも千六百万円（現在の貨幣価値に換算すると月額四億円超に相当）、その半分は東条本人ではなく、内閣に渡されたと出てくる。

その文書には、昭和二十年の陸軍機密費の膨張した姿が具体的な数字として書かれていた。著者の調査によると、大将から二等兵に至るまで「一律に」二年分の俸給を退職金として支払ったのだった。その他に陸軍省と参謀本部で、「裏金として蓄えていた公金を山分けした」。国会では明らかにならなかった事実は、著者の手で本書に記された。

機密費に関わる奇々怪々な話は本書に溢れている。別の意味で興味深いのは、石原莞爾と永田鉄山という昭和陸軍の二大実力者が機密費五百円を呉れ、やらぬで私信をやり取りしていたことだ。石原が関東軍参謀、永田が陸軍省軍事課長の時で、満洲事変直前である。巨額をずっと読まされた後では、みみっちい金額なのに呆れるが、それには理由があった。「満州事変は陸軍の軍人たちが好きに使える金が極限にまで減らされた段階で企図されたものだった。そして満州事変は、軍人たちに巨額の機密費という恩恵、余禄をもたらした」。

機密費は今も生き延びている。「報償費」と名を変え、陸海軍に代わって外務省が内閣に上納するシステムとして健在である。暗澹とすること請け合いの現代史である。

●平川祐弘『昭和の大戦とあの東京裁判』河出書房新社

「東京裁判に関係した判事や検察官で、日本語が読めた人は一人もいなかった。この基本的事実を忘れるべきではない」という指摘から本書は始まる。比較文化史の大家・平川祐弘が比較文化論的アプローチにより、東京裁判を捉え直す試みは、自虐史観も愛国史観も排して、冷静沈着な歴史理解を目指している。

平川の悠揚たる語り口は、論者の議論を熱くさせるテーマである東京裁判であっても、平静な場に持ってこさせる芸がある。「当時のいわゆる文明社会では日本はまだ文明国として認められていなかったから」、日本語ヌキの判事と検察官だったわけだが、そこに「源氏物語」の話題を挟む。「アーサー・ウェイリーが独学で日本語を学んで『源氏物語』を訳したと称賛されるが、戦前の西洋で日本研究が最も進んでいた英国においても、日本語を教える学校はなかった。(略)そのような状態であってみれば、連合国側が開いた法廷では、日本帝国については、戦争中のプロパガンダによる偏った知識や見方が支配的となるのは不可避だった。情報源は一方的だった。それらの先入主を通して歴史を見る人々が、東京の法廷に集まったのである」

平川は自分の「歴史の学問上の先達」としてジョージ・サンソムを挙げる。昭和期最高の日本通外交官だったサンソムは『西欧世界と日本』(ちくま学芸文庫)の結びで、「強度の政治的圧力と高度に組織されたプロパガンダによって一九五〇年現在進行中の文化的影響強化の試みが成功するか否かはわからない」、と占領政策を批判していた。

昭和六年（一九三一）生まれで九十翁の平川の強みは、往時の雰囲気や過去の自分の考えも包み隠さず提供する点だ。平川は旧制一高では社研（社会科学研究会）にいて、東京裁判の判決をラジオで一緒に聞いた仲間には不破哲三（後の日本共産党委員長）もいたとか、Death by hanging という判決の英語をきちんと聴き取れなかったと回想している。

平川は竹山道雄の女婿で、竹山の影響を隠さない。竹山こそレーリング（レーリンク）判事と知り合い、東京裁判批判を早くから展開した論客だった。平川自身はパル判事を、デリーの英国軍軍事法廷をも視野に入れた「複眼」で裁判に臨んだと考えている。平川の手元には一九五三年（昭和二十八年）にカルカッタで出版された『パル判決書』がある。絞首刑となった広田弘毅の長男が元の所有者だったという、いわば形見分けだ。比較思想史家・平川の史観を凝縮するとこうなる。

「日本は西洋の帝国主義的進出に張り合おうとするうちに自身が帝国主義国家になってしまった。日本側のいわゆる大東亜戦争は、反帝国主義的帝国主義の戦争だったのではないだろうか」

——「新潮45」二〇一三・二

●大岡優一郎『東京裁判　フランス人判事の無罪論』* 文春新書

東京裁判については、もう論じ尽くされたと思っていた。「勝者の報復」か「文明の裁き」か、事後法で裁くなんてありか、A級戦犯靖国合祀の是非、等々。

講談社現代新書の日暮吉延『東京裁判』がコンパクトにして、細大漏らさず論点を整理し、どれにも的確な答えを与えてくれる。日暮のスタンスは、判決は粗雑な産物だが、「国際政治の結果」と割り切り、「敗戦国のやむをえない犠牲」として受容する、という新世代らしいクールなものだった。その日暮の本でもほとんど触れられていなかったフランス人判事アンリ・ベルナールが、本書の主人公である。

連合国から派遣された十一人の判事のうち、我々に馴染みがあるのは、「日本無罪論」のインド人判事パルが随一で、米国の意向に逆らいつつ裁判長を務めたオーストラリアのウェッブ、それに評論家の竹山道雄の筆で横顔が伝わったオランダのレーリンクがせいぜいだろう。ベルナールはその他大勢、勝者の威光をバックに法服をひるがえす一判事と思い込んでいた、少なくとも本書を読むまでは。

被告全員を有罪、うち七人を絞首刑とした判決は、十一人の判事中七人による多数派判決だった。ベルナールら少数派の意見書は法廷では朗読されなかった。

パルが帝国ホテルの部屋にこもって書き上げた「判決」は、検察側の敷いたレールに乗った多数派判決よりも、質量ともに優れ、日本人の琴線に触れた。占領終了後すぐに単行本となり、今でも講談社学術文庫の二冊本で読める。靖国神社の境内に行けば顕彰碑のパル博士にも会える。

ベルナールの意見書は、フランス語の直訳では「反対判決」となり、多数派判決への強い対決姿勢がうかがえる、という。東京裁判はおかしな裁判であると強烈な内部告発をしたものだから、流布してもよかったのだが、あっさりと忘れられて、今日にいたっている。

著者の大岡優一郎はテレビ東京のアナウンサーが本職らしい（そういえばニュース番組で顔を見たような気も）。そのかたわらパリでベルナール判事の遺品から東京裁判の同僚判事へのメモ類を発掘し、一人息子の手紙を手掛かりにベルナールの人物像にたどりついた。余技とは思えない情熱と周到さである。

裁判の判決と裁判官の思想信条とがどう関係するかは厄介な問題だが、東京裁判のような問題の多いケースでは、判事の歴史観、人間観、法律観が総動員されておかしくない。

では、ベルナールはいかなる人物であったか。

一八九九年に南仏プロヴァンスのアルルで厳格なカトリックの家庭に生まれ、神学校に通って神父となるはずだった。第一次大戦の勃発が運命を変える。当時の若者らしく、自ら従軍を志願する。復員後、法律に転じ、三十年以上のキャリアのほとんどは植民地の司法官であった（それゆえ満洲問題の日本の立場には理解があると著者はいう）。有色人種に対し横暴にふるまう白人に容赦ない判決を下したことは、ベルナールありと、本国で認められる結果となった。第二次大戦下はドゴール派に属したため、国家反逆罪に問われ、欠席裁判で死刑判決を受けた。正義の揺らぎ、正義の相対性に敏感ならざるを得ない人生である。

この敬虔なカトリックの判事が依りどころにしたのは、「自然法」だった。明文化されていないが、普遍的な良心と理性に照らせば明らかなもの。カトリック法思想の根底にあって、「悪法もまた法なり」の法実証主義と対立するもの。この自然法に立脚すれば、急ごしらえで安普請の東京裁判所憲章に根拠を求めることなく、侵略戦争の罪を問える、とした。

著者はベルナール判決を「中立国を代表する役回りを担った」「相対的には最もバランスのとれた判決」と評価している。同感である。

判決の大要は本書の中でわかりやすく紹介されているが、判決文は四百字詰め六十枚ほどの短さなので、巻末付録として収めてもらいたかった。けっして読みやすくはないが、判決を通読すればベルナールの思考の骨組みが直接伝わってくるからだ。

信用できる証拠の圧倒的不足、証拠採用の偏り、検察と弁護の量的不均衡、はじめに結論ありきの進行。「全住民の破滅を企てる」原爆投下を不問に付したことへの批判、捕虜虐殺の責任を政軍の上層部であるA級戦犯に問うという戦争の現場への無知なども挙げ、「欠陥のある手続きを経て到達した判定は、正当なものではあり得ない」と断言する。

この「無罪論」が忘却されたのは、著者も指摘するように、ベルナールが「天皇の戦争責任についてだれよりも強い口調で断じ」たからだ。それは、米国の占領政策にも、国体護持を念願した指導層の観念にも、そして日本人の民衆感情にも、そぐわないものだった。

今年の司馬遼太郎賞を片山杜秀『未完のファシズム』とともに受賞した作品に赤坂真理『東京プリズン』（河出文庫）という長編小説がある。BC級裁判の資料翻訳係をつとめた経験がある母親によって、主人公マリは米国東部のハイスクールに無理やり留学させられる。ディベートの授業で与えられる論題が「天皇には戦争責任がある」。少女は、異国の孤独の中で、東京裁判のやり直しを命じられるのだ。疲労と混乱と痛みの中で、敗戦という事実が骨身に沁みる。「天皇の戦争責任は、あって、ない」。マリはそこにたどりつく。

それは、「歴史」の回復のためには、東京裁判を避けては通れないと語っている。

●三井美奈『敗戦は罪なのか——オランダ判事レーリンクの東京裁判日記☆』産経新聞出版

——「週刊ポスト」二〇二一・一〇・一五／二二合併号

東京裁判の十一人の判事のうち、インドのパル判事に匹敵する存在は、オランダのレーリンク判事であろう。

来日時は三十九歳と圧倒的に若い。裁判の審理内容に最も精通し、日本と日本人を知ることにも貪欲に取り組んだ。その結果、多数派判決に異議をさしはさむ独自の判決を書く。オランダ政府の圧力に抗し、帰国後の再就職の不安も抱えながら、それでも良心と公務の両立を模索する。三年間の日記と妻への手紙などをふんだんに引用し、著者・三井美奈が描き出すのは、占領下日本を見つめる「レーリンク氏の生活と意見」である。

裁判の本ではあるが、堅苦しい本ではない。補欠で選ばれた人事だが、本人は「映画の主人公になったようだ」と興奮して日記に記した。遠い異国への赴任は、妻とは別に進行中の女性関係の清算でもあった。小津映画「早春」の池部良は、岸惠子との関係を清算し、淡島千景との夫婦関係を転勤先で修復しようとする。長身二枚目のレーリンク判事がここで池部良と重なる。レーリンクの場合、妻子同伴が許されず、単身赴任を余儀なくされる。妻からの手紙は、なかなか嫉妬深そうだ。

日本到着は開廷の二ヶ月前だった。京都奈良の古都を満喫し、茶の湯もお茶屋も体験する。「芸者は歌い踊り、判事たちも靴下姿で一緒に踊った。へんてこな世界だ」と日記にはある。広島は飛行機で空から見て、撮影した写真を日記に貼り付けた。「惨めに荒廃した場所」はショックだったのだろう。ファン・プールヘースト『東京裁判とオランダ』（みすず書房）は、「彼の手紙や文章に、原爆のもたらした悲惨な結果について、とくに触れた部分がないのは意外」とするが、そんなことはない。マッカーサーが会食の席で原子爆弾の威力を滔々と語る姿を、レーリンクは冷ややかに見ている。

パル判事との間に築かれた友情と連帯は、本書の中核部分を形成する。法廷で隣に座るパルの存在抜きには、レーリンクの独自意見提出はなかったからだ。

●梅汝璈《ばいじょこう》［著］吉田慶子［訳］『東京裁判までの五十五日——極東国際軍事裁判中国代表判事の日記』銀河書籍

神保町で時たま覗く中国関係専門の東方書店で平積みになっていた。こんな日記の翻訳があるのかと、さっそく購入した。

梅汝璈は東京裁判の判事団の中国代表だった。中国とは当時の蔣介石の中華民国を指す。裁判終了後、「国民党政府からの司法長官の任命を断り、検察官を務めた向思明氏とともに共産党側について、香港を経由して中国に帰国」（訳者解説）する。文革でひどい目に遭い、一九七三（昭和四十八）年に六十八歳で亡くなった。『遠東国際軍事法廷』という手記もあるようだ。本書は東京に到着する昭和二十一年（一九四六）三月二十日から、開廷まもない五月十三日までの日記しかない。肝心なところがないのかと残念な気持ちで読み始めたが、これが意外と面白いではないか。

宿舎は帝国ホテルで、三部屋もある快適な空間に満足する。東京滞在は四、五ヶ月と思っている。毎日の太極拳は欠かさない。米国のヒギンズ判事は、中国の不屈の徹底抗戦を賞賛する。「中国を愛し、中国への尊敬はアメリカの国民の普遍的心理」という言葉に、「こんなに豪快な言葉を聞いたのは、ここ数年で初めて」と満更でもない。開廷までに時間があるので、日本各地への観光をする。一日で関西、広島、鹿児島までを飛行機で廻る。帰りには「皇居の上空を飛行してほしいとお願いし」実現する。

キーナン首席検事の宴会に招かれる。「私を見ると中国で観光した時の楽しさと蔣介石夫人との会見について喋りたてた。（略）判事たちが一番気にかけている問題、つまりいつ正式に起訴状を提出するのか（数人の判事はすでに待ちくたびれている）に関しては一言も触れずにいた。これは判事たちが一番不満に思っている点である」。マッカーサーにも会う。梅判事の関心は、「彼の日本占領政策が我が祖国の発展にどれほどの利益をもたらし、或いは発展の妨げになるか」にある。

やっと裁判が始める。東条英機は石像のようだ。戦犯たちを見て、「憤りが沸き上が」る。「今日この審判席に座り、これらの元凶を処罰できるのも、我々数百万、数千万の仲間の流した血と引き換えに手に入れたものである。私は警戒せねば、厳粛にせねば！」

判事席の梅は、「文明」の法廷にいることをあやうく忘れそうになる。

●古関《こせき》彰一『平和憲法の深層』ちくま新書
――「新潮45」二〇一五・六

本書の著者・古関彰一は、昭和天皇崩御の年に『新憲法の誕生』（現在は加筆されて『日本国憲法の誕生』）で吉野作造賞を受賞している。その憲法学の大家が、古稀を過ぎて、憲法成立過程の文献を改めて読み直し、自身の過去の業績も含めて再検討し、憲法の「常識」を揺さぶっている。刺激的で若々しい本である。

著者の立場は、自民党の改正草案に唖然とする護憲派だが、自分の「立場」から議論を出発させていない。テレビや新聞でよく見かける、憲法を「不磨の大典」視する紋切型からは程遠い。あくまでも「事実の正確さ」を優先させている。

論点は山盛りである。たとえば「ＧＨＱの押し付け」論については、形式的には明治憲法をできるだけ取り込んでいること、東京裁判の開廷をにらんで、昭和天皇の免責を確実にするためにマッカーサーが急いだこと、その結果、「多くの国民が願っていた天皇制の存置が可能になったこと」を対置させている。著者が重視するのは、ＧＨＱ案に影響を与えた鈴木安蔵などリベラルグループの憲法研究会案である。

九条の戦争放棄に関しては、マッカーサーは「本土の非武装化と沖縄の基地化」を、セットとして構想した。憲法の是非を問う昭和二十一年四月の選挙の前には、沖縄県民の選挙権を停止する法改正が既に行なわれていた。沖縄選出の衆議院議員・漢那《かんな》憲和《けんわ》の議会での悲痛な訴えを、著者は速記録から引用してくる。「全国民」（四十三条に「全国民を代表する選挙された議員」とある）から除外された沖縄の「国民」について、南原繁も宮沢俊義も何も発言していないことが書き加えられる。

九条については、当初は「戦争放棄（戦争違法化）条項」であって、「平和条項」ではなかったことも強調されている。「九条は平和主義」と思うのは誤解であり、マッカーサー三原則にもGHQ案にも「平和」は書かれていない。

では、「日本国民は、正義と秩序を基調とする国際平和を誠実に希求し」という文節は、いつ加えられたか。まだ誰もしていない詮索を、著者は議事録にあたって調べ直す。まず社会党の片山哲が「世界に向かっての平和宣言」を戦争放棄の前に別条を設けたらどうかと修正案を出す。政府は当初は乗り気でないが、一週間後には態度変更し、平和に力点を置き始める。一ヶ月後、同じく社会党の鈴木義男が提案し、芦田均と外務省の意向が反映されて修正がなされた。

勿論、憲法案には「平和」はあった。ただし、それは「前文」だけにあった。「前文」にはマッカーサーは関知せず、GHQの前文起草チームが作成した。「前文」は変更を許されない、もっとも「押し付け」色が強い部分であることを著者は認めている。

「前文」の意義が発見されるのは一九六〇年代に入ってからだった、という指摘も意外だが、「前文」は日米のクウェーカー教徒が関わったと著者は推測している。昭和二十一年元日の天皇の「人間宣言」に関わったのが、そのクウェーカー教徒人脈であり、宣言には「官民挙げての平和主義」が書かれている。

「平和国家」という言い方なら、もっとさかのぼって、終戦から半月後、議会開会にあたっての勅語に見出される、と驚きをもって著者は記している。「朕は終戦に伴う幾多の艱苦を克服し国体の精華を発揮して信義を世界に布き平和国家を確立して」云々。「国体の精華」と「平和国家」が平然と結びついていることに私は驚く。「平和」の一語にしてから、現在の感覚から敗戦直後の混乱を体感することが容易でないことがわかるのである。

憲法をめぐっての面妖な事態はまだまだある。いわゆる「芦田修正」もそのひとつだ。「国際紛争を解決する手段としては」と「前項の目的を達するため」を加え、自衛のための戦力を保持できるように修正したとされるものだが、いざ秘密議事録が公開されてみると、「自衛戦力合憲の解釈」を導き出せる芦田の発言はなかったのだという。

疑惑の目は、憲法の守護神ともいえる東大法学部の憲法講座の教授・宮沢俊儀にも向けられる。宮沢は帝国憲法の改正は必要ないと言明していたが、突如、「平和国家の建設」を訴え出した。その間に何があったか。この豹変については、江藤淳が『占領史録』（講談社学術文庫）の解説で夙《つと》に弾劾していたことである。感情的反撥からか、著者の古関は、江藤説をまっとうに検討していなかった。江藤が『一九四六年憲法――その拘束』で、九条二項は「主権制限条項」だと指摘したことを知り、あらためて江藤説を検証し、その「慧眼」を遅ればせながら認める。

宮沢はＧＨＱの憲法案をいち早く知って、コペルニクス的転回（転向）をしたのではというのが江藤の批判だった。古関は東大が宮沢を委員長に「憲法研究委員会」を設置した日付けに注目する。それはＧＨＱ案が政府に手交《しゅこう》された翌日という早業であった。集まった委員は法学部を中心に二十人。東京帝国大学が総力を挙げて激変する憲法体制に対して「政治的ヘゲモニーを握る」のが目的である。帝国憲法において伊藤博文は『憲法義解』を著わして、憲法解釈のオーソリティとなった。伊藤博文の権威を襲い、「立法府や行政府の解釈に機先を制する」。宮沢たちは見事に勝利する。「権威とは先んずることによって権威となるのである」。

完全犯罪のように見事な宮沢にも、抜かりがあった。宮沢はＧＨＱ案の政府の正式な翻訳文を、あろうことか山手線の網棚に忘れてしまったのだ。その失態から、宮沢はＧＨＱ案の外務省仮訳をも入手済みだった、と古関は論証していく。

●高尾栄司『日本国憲法の真実――偽りの起草者ベアテ・シロタ・ゴードン』幻冬舎

――「新潮45」二〇一六・一

この高尾栄司という著者は、確かビートルズの本を書いた人ではないか。その同一人物が、『日本国憲法の真実』と大上段に振りかざしたタイトルの本を書いたのか？　思わず手にとって確認したら、やっぱりそうだった。

ビートルズと憲法。意表を突く取り合わせをする著者の頭はどうなっているのか。読み出した関心はそれだった。著者は日米のみならず、オーストリア、オランダと飛び歩いて取材する。そのたびに神々しい「憲法神話」が崩れていく。そうか、ノンフィクションを書くのに必要なのは、まず好奇心と健脚なのだ。

『ビートルズになれなかった男』（光文社文庫）は、デビュー直前にクビになり、リンゴ・スターに栄光の座を奪われたドラマー、ピート・ベストを探し出す本だった。主人公は「ビートルズ未満」だ。『日本国憲法の真実』は副題にあるように「偽りの起草者ベアテ・シロタ・ゴードン」がヒロインだ。「二十二歳の若さで憲法に女性の人権を書き込んだ戦後民主主義の恩人」は、実際は「小保方晴子」のような存在でしかなかった。いわば「憲法起草者未満」であった、と著者は告発する。

現行憲法案はマッカーサーの命令一下、GHQ民政局に勤める二十五人のアメリカ人によって、わずか九日間の突貫工事で起草された。当時は絶対極秘とされたその作業も、今ではその具体的実情が明らかにされている。日本に来てテレビや講演で、憲法の「素晴らしさ」を伝道し続けたのは、起草メンバーの中で最年少だったベアテだった。彼女は無国籍のロシア系ユダヤ人で、五歳から日本で育った。アメリカの大学を出て、米国籍を取得し、占領下の日本へと赴任し、GHQ民政局政党課に勤務した。仕事は公職追放者のリスト作りだ。

ベアテの父レオ・シロタは東京音楽学校でピアノを教え、戦時下でも演奏会を行なった著名なピアニストだった。彼女は日本に留まった両親の安否を気遣っていたが、軽井沢で無事に生存していた。その彼女に大役が舞い込んだのは、昭和二十一年二月のことだった。幣原内閣に命じていた憲法改正作業に落第点をつけたマッカーサーは、「三原則」の方針を示し、急遽、日本政府に下賜する憲法草案の作成を部下に命じた。日本語能力を買われた彼女は、上司のピーター・ルースト、ハリー・ワイルズとともに、人権条項の草案づくりに没頭し、彼女の主張が堂々通って、日本に男女平等が持ち込まれた。

四年前に八十九歳で亡くなったベアテは、平和憲法を彩る大輪の花であった。著者が憲法の成り立ちに取り組むきっかけは、前著で知り合った元共産党員で、日中貿易に生きた老人だった。徳球（戦後の共産党の名物指導者・徳田球一）の初代秘書だったというその老人の、遺言に導かれての取材だった。憲法制定過程については、研究と証言の膨大な集積が既に日米両国に存在する。それらを調査しながら、著者の関心はベアテに絞られていく。

彼女の書いたこと、喋ったことは本当なのだろうか。綺麗事に過ぎないのではないか？　ベアテ＝小保方説を著者は唱える。憲法にド素人の彼女が、なんでそんな重要な仕事を短期間に達成できたのか。その秘訣はコピペだった、と。世界中の憲法本を都内各所の図書館などから接収して、その中からコピペをしたと、いちいち具体例を挙げて追及していく。彼女のネタ元は主にワイマール憲法とソビエト憲法だった。現行憲法全体が多かれ少なかれコピペを免れなかったとしても、彼女こそが「コピペの女王」だった。憲法学者の樋口陽一は草案作成作業を「密室ではあったが、その空気は澄んでいた」と表現した（鈴木昭典『日本国憲法を生んだ密室の九日間』角川ソフィア文庫）。その言葉は憲法を不可侵とするために、余りにも美しく修飾され過ぎていたとわかる。

秘密の起草を命じられたホイットニー少将率いる民政局のライバルは、ウィロビー少将の率いるGⅡ（参謀二部）である。著者はマッカーサー記念資料館に残るGⅡの極秘ファイルにアクセスする。GⅡが調べ上げたベアテ像は、「日本の警察に異常なほど憎しみを抱いてパージ専門家となる」「GHQ全民間職員三八七七名の中の左翼被疑者十一名の内の一人」という要注意人物だった。GHQ内の敵対勢力の報告書だから、割り引いてみる必要があるかもしれないが、ベアテはアメリカではオーエン・ラティモアの下で対日プロパガンダに従事していた。親しかったラティモアは中国共産党シンパの歴史家である。

ベアテの日本語能力への疑義、自伝本の日本語版と英語版との内容の相違、関係者が亡くなってからの発言の変容など、彼女のイメージは読むほどに一変していく。上司だったルーストの遺児への取材で、「女性の人権」の発案者はルーストの妻ジーンだったとの証言を得る。そのルースト夫妻は熱心な神智学協会の幹部であった。憲法には神秘思想に基づく世界同胞主義も紛れ込んでいるという事実は、別の衝撃である。

昨年の安保法制、今年の「生前退位」と、憲法をめぐる環境は違憲合憲、改憲護憲とかまびすしい。その中で今年は、柄谷行人『憲法の無意識』（岩波新書）、井上達夫『憲法の涙』（毎日新聞出版）という九条を根底から考察した必読書が出現した。「生前退位」翼賛報道の洪水の中にあっては、北大准教授の西村裕一の「「お気持」切り離し議論を」（朝日新聞八月九日）が、快刀乱麻で俗論を痛打した。憲法論議はもっと自由闊達でなければいけない。本書はその一見本である。

●井上達夫『憲法の涙――リベラルのことは嫌いでも、リベラリズムは嫌いにならないでください2』毎日新聞出版

――「週刊ポスト」二〇一六・六・一七

「日本国憲法は、今、泣いています」という衝撃の一文から始まる。

怒りと告発の書である。怒りの巨弾は「劣化した保守」よりも、むしろ「似非リベラル」に向けられる。「憲法を守ると誓っているはずの護憲派によって、(憲法は)無残に裏切られているからです」。著者の井上達夫は法哲学を専攻する東大法学部教授である。「護憲」の総本山であり、総元締めは、GHQ占領下の「転向者」宮沢俊義から始まり、長谷部恭男、木村草太などへと連綿と続く東大法学部の憲法学であることは言うまでもない。その同じ本郷キャンパスから、強烈な「異論」が浴びせられているのだ。これが面白くないはずがない。

著者はまず自らの立場をはっきり表明する。「個別的自衛権の枠内、専守防衛の枠内で自衛隊と安保を維持する」。その点では、護憲派との距離は小さい。アメリカについては、反米、親米、随米のいずれでもなく、「警米」のすすめを説く。

アメリカを信じすぎず、警戒を怠らず、「大人の交渉力」を身につけて、日本の国益を守る。

護憲派とのわかれ道はその後に来る。著者の最善策は「九条削除」である。安全保障の基本戦略を「非武装中立」に凍結してしまった元凶である九条を、まるごと削除する。「九条が平和を守ってきた」というのは嘘で、「自衛隊と日米安保のおかげ」だったことを確認する。その上で、国家の安全保障戦略を国民が決め、「濫用されないための戦力統制規範」を憲法に書き込む。無責任な好戦感情への歯止めとして、あえて「徴兵制」を導入する。良心的兵役拒否権も認める。

押しつけ憲法とは言わないにしろ、「借り物」のままの憲法に依存せず、「解釈改憲」のごまかしはやめ、フェアな政治文化をつくろうとする著者の言論は、首肯させられることが多い。

憲法の条文から論理を組み立てることをもって良しとする、エリート的、詭弁的、官僚答弁的「護憲」の破綻にトドメを刺す、痛快な本である。

●篠田英朗『ほんとうの憲法――戦後日本憲法学批判』ちくま新書

――「新潮45」二〇一七・五

『ほんとうの憲法』とは、穏やかならざるタイトルである。サブタイトルは「戦後日本憲法学批判」とさらに剣呑である。戦後体制の守護神として、日本国憲法を奉戴し、その「解釈権」を護持してきた東大法学部憲法学への異議申し立てなのだから。相手は論理とレトリックの駆使には長けた秀才頭脳集団であり、その配下には多数の司法試験、公務員試験合格者が揃っている。多勢に無勢を承知しての、刺激的な挑発の書である。

数年前の国会で、安倍晋三は「芦部信喜」の名を知らなくて、恥をかかせられたことがあった。本書の「はじめに」で触れられるエピソードである。憲法改正をライフワークとする首相は、累計百万部を超える憲法学の代表的教科書の著者で、東大法学部憲法学を代表した教授の名を知らなかった。安倍が出た成蹊大学法学部は東大法学部の「植民地」であるが、宗主国の事情に疎い、半可通ぶりが浮き彫りになった。

安倍の祖父・岸信介は東京帝大法学部の銀時計組で、恩師の上杉慎吉教授から、大学に残り、上杉憲法学の後継者となるように懇願された秀才だった。上杉の論敵が、東大憲法学の主流派を形成する美濃部達吉であった。「天皇親政説」の上杉は「天皇機関説」の美濃部によって少数派に転落させられた。美濃部の後継者である宮沢俊義は岸信介の同世代である。宮沢は「八月革命説」によって、新憲法の正統性を権威づけ、芦部信喜をはじめとする後継者を置いた。美濃部―宮沢―芦部という東大憲法学の系譜は、安保法制論議以来、テレビで顔と名前がお馴染みになった長谷部恭男と木村草太へと続くことになる。

本書の冒頭で、著者の篠田英朗は、この二人のスター教授を槍玉にあげる。彼らの発言に、「憲法学者とその弟子たちが、国政のあり方を決める」という傲慢を看取する。「抵抗の憲法学」というドクトリンは、権力の横暴を監視する正義派気取りだ。この二人のスター批判は本書の眼目ではない。読売・吉野作造賞をさきごろ受賞した篠田の前著『集団的自衛権の思想史』（選書〈風のビブリオ〉）で、その言論の変説（変節）も含めてすでに批判しているからだ。『ほんとうの憲法』は、憲法史をさかのぼることによって、東大法学部憲法学をさらに追いつめようとしている。

「日本国憲法をよりよく理解するためには、実は19世紀以降の日本の近代国家建設の歴史、そして国際社会の歴史の流れを確認しておくことが必要になる」。この一見、迂遠な道が憲法への見方を変えていく。近代日本はペリーの「黒船」の衝撃から始まった。その時からアメリカという「隣国」の巨大な影は否応なくあった。近代国家として一人前になるために必須だった明治憲法を制定する時期、アメリカは南北戦争の後始末で手一杯だった。その時、伊藤博文が手本としたのはプロイセン流の憲法であり、学者たちはドイツへと留学し、ドイツ憲法学の強い影響下で日本の憲法学は確立されていった。その後遺症は戦後にまで残る。

新憲法がアメリカの圧倒的な影響下で作られたにもかかわらず、憲法学は相変わらずドイツを中心とする大陸法によって解釈された。それが戦後の憲法学だったという。英文を解釈するのに、わざわざドイツ語の辞書を持ち出してくるような伝統芸の確立である。都合のいいことには、こうすれば新憲法の出自の不透明さは自然と隠蔽される。「押しつけ憲法論」という対抗勢力を撥ねつけることもできる。東大法学部で英米法の教授だった高柳賢三は、憲法案を「これは英米法的な憲法だな」と思い、「大陸法的な頭の日本法律家が妥当な解釈をするまでには相当混乱が起こるだろう」と懸念した。

予想はあたり、混乱はずっと続いている。

美濃部達吉の「天皇機関説」が血祭りにあげられたのは昭和十年（一九三五）だった。敗戦までの十年間は東大憲法学の苦難の時代だった。その時、美濃部の後任になっていたのが宮沢だった。宮沢は大学の講義を用心深くこなして右翼からの攻撃を避け、時代に媚態を示す人並みの言論も残した。宮沢がただ者でなかったのは、負の十年間を取り戻し、新憲法を担ぐ「八月革命説」をいち早く公表したことだ。ポツダム宣言受諾の時点で日本は「天皇主権」から「国民主権」に早変わりしたという「物語」の導入である。憲法制定権力である「国民主権」を正当化し、「憲法起草者であるアメリカの影を覆い隠す」ことに成功する。講和条約時には、「顕教」憲法九条とセットである「密教」日米安保を議論の脇に追いやり、アメリカはさらに消去された。

護憲の牙城である東大憲法学の協力を得られなければ、既成の体制を揺さぶることは難易度が高くなるばかりである。東大憲法学に対抗した京大憲法学の大石義雄も、東大法学部の傍流である国際法の横田喜三郎も、同じく英米法の高柳も、東大憲法学に挑んで斥けられた。東大憲法学は国連安保理に於ける常任理事国さながらに、憲法論議に「拒否権」を持つが如きである。

現在の東大憲法学の中心教授である石川健治について、篠田は「憲法の自衛権の概念によって国連憲章を正すべきことすら示唆」したと指摘する。国際法を過小評価し、ロマン主義的に憲法九条を謳いあげる言説はいまだに続いているようなのだ。

憲法賛美が日本人の敗戦コンプレックスの所産だとすると、その克服は絶望的に困難かもしれない。国際関係論と平和構築学の立場から書かれた篠田の好著を読みながら、不吉な未来が思いやられる。

●境家史郎《さかいや》『憲法と世論――戦後日本人は憲法とどう向き合ってきたのか』筑摩選書

――「新潮45」二〇一八・一

憲法改正と世論調査、こんなに相性ピッタシの組み合わせはそうざらにはない。首都大学東京准教授・境家史郎の『憲法と世論』は、安倍政権下でホットなテーマとなった憲法改正と、国民の声という名の変幻自在な怪物との関係にメスを入れる。全有権者が共有できる貴重な問題提起の書である。

現行の日本国憲法では、改正には国民投票が必須になっている。攻防ラインは五割とわかりやすい。いつもの選挙と違って死に票はない。比例も復活もありようがない。国民の声は一点の曇りなく、結果に反映される。投票のやり甲斐があるというものだ。

憲法が出来て七十年、国民投票は一度も実施されていない。本書によると、日本で本格的な世論調査が行なわれるようになったのは、憲法制定の時期とほぼ一致しているという。憲法に関しての世論調査の蓄積は膨大にある。本書は政府と五大メディアが行なった千二百に及ぶデータを網羅的に収集、分析したものだ。

数字がたくさんだと無味乾燥になりそうだが、数字はデリケートに扱われて、細心の吟味がほどこされている。戦後の政治史、メディア史、憲法論議と組み合わせることで、生きた数字になっている。数字の威力で、世に流布する憲法についての通説は次々と葬り去られていく。まことしやかに流通してきた言説が、いかに根拠薄弱であったかが暴き出される。

まず驚くのは、よく引用される伝説的な数字の〝真贋〟である。一九四六年（昭和二十一）に毎日新聞が実施した憲法意識調査には「九条に関連する質問の元祖」とされる歴史的質問があった。「戦争抛棄の条項を必要とするか」。回答は必要が70％、不要が28％と大差がついた。この数字を根拠に、九条は「制定当初より大多数の国民から圧倒的な支持を得ていた」とされる。小林直樹、古関彰一、辻村みよ子といった憲法の専門家、加藤典洋といった戦後を論じる評論家の定評ある本で、議論の出発点となるのはこの世論調査結果だった。著者は、上記四人の識者に代表される見方には、「じつはほとんど根拠がないという点を強調」する。

彼らがまさか数字を偽っているわけではない。数字の性格を把握していないか、無視をしているか、曲解しているか、いずれかであろう。この毎日新聞の調査は特殊なサンプリング方法で行なわれていた。いわゆる有識階級に限定して聞いていたのだ。調査時期は五月、つまり新憲法制定の半年前に実施されたものであった。その質問は、「自衛権の放棄」や「戦力の不保持」を直接問うているわけでもない。「侵略戦争の放棄には賛成でも、自衛戦力の不保持までは同意しない」識者の存在を否定できない。もしもこの時期の国民の九条意識はと聞かれたら、「最も誠実な答え」は、一九四〇年代に関しては「不明である」となる、と著者はいう。信頼に堪えうる調査がないからだ。

著者はあえて推理をすれば、「一切の軍備の不保持」を支持した国民は「けっして多数ではなかったろう」とする。その根拠は、占領終了直前の世論調査の数字である。一九五二年二月の朝日の世論調査では、「戦争はしない、軍隊は持たないときめた」ことを、「よかった」27%、「仕方がなかった」27%、「まずかった」16%となった。「よかった」派でも半分は「今後は再軍備が必要だ」としていて、完全非武装主義は全有権者の一割強程度だった。同年三月の毎日の世論調査では、「軍隊を持つための憲法改正」に対し、賛成43%、反対27%、四月の読売調査では、賛成48%、反対39%であった。この結果から著者は推断する。

「独立直後の時期に、もし最低限の防衛戦力保持の可否に絞って憲法改正の国民投票がなされていたとすれば——吉田首相はこれを望まなかったが——、その改正案が通った可能性は十分にあった、と言えそうである」「少なくともこの時期まで、国民の多くは、反軍国主義ではあったとしても反軍主義ではなかった」

吉田茂政権の「なし崩し再軍備」は国民の意識を変えていき、翌年三月の読売調査では、「軍備をもつための憲法改正」には賛成41％、反対38％と拮抗してくる。自社の二大政党体制が出来た一九五五年には、賛否は逆転する。九条は「自衛隊を超える軍事力は持たない」と読み換えられて許容される。それでも改憲派は三割以上存在していた。「この時期、国民の圧倒的多数が軍隊アレルギーを持っていたなどという見方は、後世の先入観にもとづいた、やはりひとつの神話だといってよい」。

以上、九条と軍隊についての当初十年間の世論を中心に紹介してみたのは言うまでもない。安倍首相が打ち出している改憲が、九条三項に自衛隊を明記するという方針だからだ。著者は「現実の安全保障政策を追認するような九条改正であれば、有権者は必ずしも否定的ではない」という傾向が戦後史を通じて見られると指摘している。おそらくもっともハードルの低い九条改正に安倍政権は焦点を絞ってきている。

本書の与えてくれる新たな視点は、九条以外にも大量にある。世論の不安定性、世論とエリート層の言論との相関関係、購読新聞が読者に与える影響力など。世論調査のやり方、読み方の問題点の指摘も豊富である。

世論の動向をいかに正確に把握するか。改正派も反対派も、そこを見間違うと死命を制される。国民の声を聴き取るために、貴重なレッスンをほどこしてくれる本である。

——「週刊ポスト」二〇二一・四・三〇

●山本武利『検閲官——発見されたGHQ名簿』新潮新書

タイトルではわかりにくいが、「日本人GHQ検閲官」という秘匿された存在の実態報告書である。占領下、GHQは憲法違反などものともせず、新聞、出版、郵便などの検閲、電話の盗聴を何喰わぬ顔で行なった。その仕事に雇われた日本人は二万人とされる。そのうちの六七九四人の名簿（ただしローマ字表記なので漢字は不明）を発見し、そこから辿って、当時の彼ら彼女らがどんな待遇で、どんな仕事をし、後々、その仕事にどんな思いを抱いていたかを徹底調査したのが本書だ。コンパクトな新書判に盛るには余りにも惜しいが、中身はギュッと詰まった執念の書である。

英語遣いゆえに占領下で厚遇に恵まれたエリートたちなので、戦後日本で中核的な地位についた人間も少なくない。よくぞこれだけ探し出したといっていい多くの名前が本書では明らかにされている。後に朝日新聞社に就職する渡辺槙夫は、「敗戦国の男子が、国民と占領軍の間に身を投じて、当座の暮らしをたてようとした立場への自己批判」の沈鬱な空気を感じたという。渡辺は自らの「痛み」を毎日新聞のインタビューで語った。

語る人語らぬ人、罪悪感を感じる人感じない人と、人はさまざまである。証言がたくさん集まるにつれ、占領下日本人の意識が厚みをもって見えてくる。「国会の爆弾男」楢崎弥之助、ポーランド語の大家・工藤幸雄、国際政治学者・神谷不二などは「感じない」派、推理小説作家の鮎川哲也、言語学の大家・河野六郎などは「うしろめたい」派だ。採用試験を受けたが英語ができずに不採用となった思い出を随筆に書いた吉村昭のような人もいる。

著者の山本武利が「緘黙派」と分類した大物に「キノシタ・ジュンジ」がいる。あの『夕鶴』の劇作家・木下順二である。シェイクスピアを訳した英語の達人、著名な進歩的文化人の木下はただし、「緘黙」の代償に、戦争裁判批判の問題劇『神と人とのあいだ』を書いたといえる。ダンマリを決め込むことは不可能だったのだ。

●小宮京《ひとし》『語られざる占領下日本――公職追放から「保守本流」へ』ＮＨＫブックス

――「週刊ポスト」二〇二二・一二・二三

占領下日本の実態を研究するにはアメリカへ行かねばならない。根本史料はあちらにあるのだから。まさにその通りなのだが、より事実に近い占領期を描くには、日本人の側の史料も不可欠である。『語られざる占領下日本』は、後者の史料を存分に使って、灰色の占領史を誰にでもわかりやすく描き直した。

田中角栄、三木武夫といった後の宰相たちが、占領下に政治家としていかなる行動をとり、どんな人脈を活かしたか。昭和天皇のフリーメイソン化工作を阻んだのは誰だったか。発掘される戦後史はどれも興味深いことばかりだ。

なかでも特筆したいのは、「広島カープの生みの親」谷川昇のジェットコースター的有為転変を描いた第一章である。天皇、角栄、三木に比べればほとんど知られていない存在の谷川の履歴の起伏は、占領下を象徴する。戦前は東京市の役人だった谷川は戦後すぐに山梨県知事を三ヶ月務めたあと、内務省警保局長に就任する。

警保局長とは、いまでいえば警察トップの警察庁長官にあたる。政治権力に密着し、エリート中のエリートが座るポストである。その座に谷川がなぜ就けたか。それは彼がアメリカへ行き、ハーバードの大学院に学び、GHQに知人が多かったからだった。

警保局長として谷川は公職追放の実務に関わる。昭和二十一年（一九四六）五月、組閣直前の鳩山一郎日本自由党総裁は、公職追放となり、首相に収まったのが吉田茂だったことは言うまでもない。「谷川が関わった公職追放は日本政治の光景を一変させた」。

谷川はその後、衆議院議員となるが、すぐに自分も公職追放される。GHQ内部の権力争いの巻き添えを喰らってだった。谷川警保局長時代に、民政局のケーディス大佐と鳥尾元子爵夫人の醜聞を警察は内偵していた。谷川のあずかり知らぬ調査が追放の原因であった。

ダークサイド占領史の快著である。著者の小宮京・青学大教授は、「戦後政治が民意を否定することから出発した」点を強調している。

●永井均『フィリピンBC級戦犯裁判』☆ 講談社選書メチエ

「横浜に出迎えた群衆の中に歌手の渡辺はま子の姿もあった。はま子はフィリピンの戦犯死刑囚が作った「あゝモンテンルパの夜は更けて」の歌い手として有名である。彼女は前年（一九五二年）のクリスマスに自ら国交なきフィリピンに赴き、モンテンルパのニュービリビッド刑務所で日本人戦犯と感動の対面を果たしていた」

昭和の歌謡曲史の一コマとして記憶に残るフィリピンの日本人BC級戦犯釈放を、政治史、国際関係史の文脈に置き直して、単なる劇的ドラマではなく、歴史のドラマとして描いている。日本側からではなく、フィリピン側に重点を移しての戦犯釈放の政治学といえよう。

フィリピン人を巻き添えにしたマニラ市街戦で、十万人の市民の犠牲者が出たとされる。戦後、アメリカから独立したフィリピンは戦犯裁判をアメリカから引き継ぐ。「それは戦後、植民地から独立した新生国家による唯一の対日戦犯裁判でもあった」。このほとんど注目されてこなかった裁判に著者は注目し、日比関係史の中で、日本人戦犯が特赦、釈放される経緯を実証的に描いている。

フィリピンの戦犯裁判は百五十一人が起訴され、半数が死刑宣告を受けるという厳しいものだった。「モンテンルパ」の作詞者・代田銀太郎（元憲兵少尉）もその一人で、フィリピン人の「復讐心が極大化していた」時代だった。

この局面を転換させるのがキリノ大統領の恩赦決断だった。キリノはマニラ市街戦で、妻と長女と次男が日本兵に射殺され、三女は刺殺されていた。「もし私がフィリピン解放直後に日本人を見かけたなら、恐らくその人を生きたまま呑み込んでいたでしょう。しかし、より深く考え」、復讐心を乗り超える。共産主義勢力の南下を食い止めるため、「冷戦の現実政治、比日の地政学的関係、さらには「隣国」としてあるべき関係性に鑑みて」のことだった。そこにはまず「神の存在」があり、しかる後に「戦犯恩赦と賠償」との「リンク」があった。

「家族の受難に耐えてきたキリノだからこそ」可能だった決定を冷静な筆致で跡づけている。事実の持つ本物のドラマ性を感じさせる研究となっている。

●野嶋剛『蔣介石を救った帝国軍人――台湾軍事顧問団・白団の真相』ちくま文庫

「我が国の反共同志は皆、閣下が台湾を絶対に確保し、長期持久に耐え、そして好機に乗じて「中国大陸に」進攻するであろうことを確信し、その成功を祈念してやみません」

著者が見つけた手紙の書き出しである。日付は一九四九年（昭和二十四年）十二月三十一日、「閣下」とは蔣介石、手紙の差出人は岡村寧次。四年前には中華民国と日本の戦争の当事者だった二人が、ここでは「同志」となっている。岡村は支那派遣軍総司令官として百万の兵と共に降伏した。「極刑は免れない」と覚悟していた岡村だったが、無罪となる。無罪を提案したのは曹士澂という軍人で、後に元帝国軍人の軍事顧問団「白団《パイダン》」の台湾側窓口となる人物であった。

それから二十年間、百人近い元日本軍人が、密航して台湾に渡り、国民政府軍の軍事教育をして精鋭部隊を作り、大陸反抗計画を立案し、総動員体制を根づかせた。「毛沢東の中国共産党から台湾を守りきるうえで大きな役割を果たした」白団の実像を調べ上げたのが本書である。

アメリカに保存されている蔣介石日記を読むと、蔣は「常軌を逸した信頼感」を白団に持っていたという。白団のリーダー富田直亮《なおすけ》（中国名が「白鴻亮」だったので白団となる）とは、初期には毎週のように一対一で会って話し合っている。「蔣介石にきわめて近い軍事アドバイザー」だった。

著者が取材で発見した元白団のメンバー戸梶金次郎（鍾大鈞）の日記が興味深い。戸梶は富田直亮の補佐役的立場だったので、白団の活動や日常を記していて、「等身大の白団」が見えてくるからだ。六度目の正月を台湾で迎えた昭和三十一年（一九五六）には「台湾勤務に関する所見」を書き記す。給与と仕事は「最上級の待遇」を受けているが、職業に対する不安がある。日本に残している家族も気にかかる。

「年を経るに従って日本国内は安定し、旧友たちは大なり小なりその地歩を固めて自衛隊に入隊した者の地位は逐次向上する。省みて、自分はどうだ。乗っている船［台湾］はいつ沈没するとも知れない」

旧軍人たちは異国で、戦争の「延長戦の日々を送っていた」。

――「新潮45」二〇一四・二

●明石元紹《もとつぐ》『今上天皇　つくらざる尊厳――級友が綴る明仁親王*』講談社

「召し上がりかたは、お世辞にも上品とは言えず、のろく、よそ見をしながら時間がかかったのを覚えている」

「立場上、すましていたが、仲間のなかでは、女子に興味の強いほうの一人だったと私は思う」

なんとも率直な証言である。語られている対象が今上天皇（現・明仁上皇）だから、いささかびっくりする。最初の引用は初等科低学年、次の引用は高等科在学時のお姿である。

書き手は学習院の幼稚園から傘寿を迎えた現在に至るまで、おそらく最も親しい関係の同級生である。中等科ではヴァイニング夫人から英会話の特別講義を一緒に受け、高等科の馬術部ではよきライバルとして競い合い、社会人になっても、多い年には年四十回近く東宮御所を訪れてポロを一緒に楽しむ。自らを「くだらぬ友人」と謙遜するが、バカ話も心おきなくできる、かけがえのない幼な馴染みである。

初等科四年の時の水泳で、「同級の仲間よりも優れた自分を初めて発見した。このころから明るく積極性がでて自信もでてきた」と、明仁親王ののろま卒業も見届けている。異性のほうはといえば、こんな情景を書き留めている。

「上級生のなかには、『殿下は性教育を受けていないのでは？』と心配して、馬術部の部室にわざとエロ本（猥褻本）を置いて行くワルイひともいた。ただ実際に読んだかは確証がない」

自らの見聞による事実をしっかりおさえながら、きわどい線まで伝えるという書きぶりは、この本の中で一貫している。「恥かしながら、全文、嘘や誇張を述べていない」という著者の姿勢は好もしく、「開かれた皇室」本のお手本として、長く伝えられる内容が詰まっている。

どうも「週刊誌天皇制」的エピソードばかり拾っているようで恐縮だが、「英邁な貴公子」「清潔で誠実な」といったステロタイプな像には収まらない「人間天皇」が、本書の中に躍動していることを伝えたかったからだ。

本書を読んで気づくのは、帝王学の孕む問題である。昭和二十一年（一九四六）、中等科入学時に、少人数の御学友とともに特別な教育をほどこす「御学問所」の設置が予定されていた。昭和天皇の帝王教育に倣ったのである。しかし、マッカーサーが難色を示したために、一生徒としてそのまま中等科に進学し、思春期の少年たちの猥雑な世界に放り込まれる。無菌室状態の御学問所とは様変わりである。「初等科時代と違って、殿下をわざと区別せず、敬語も使わなくなり、ご本人も、それが嬉しい時期でもあった」。

そこは綽名で呼び合う世界である。ペチャとか、バカヤスとか、ジイサンとか。「そこで殿下も、チャブという綽名が付いた。色が黒く、茶色い素焼きの豚（蚊取り線香の器）という意味である」。デレスケという綽名の同級生（といっても落第して同級となる）藤島泰輔は昭和三十一年に出した問題小説『孤獨の人』（現在は岩波現代文庫で読める）で、学習院の校風を「爵・金・顔・人・成績」と紹介している。かかる優雅で野蛮な多元的価値観が横行する世界に明仁親王は晒されていく。

初等科時代の自信の源が水泳だったように、高等科では馬術部主将としての活躍がその源だった。「人一倍負けず嫌いで、競争心はかなり激し」く、関東高校大会で優勝を勝ちとる。日常活動では、馬術部の補助金予算獲得のために、自治会で演説をぶって説得力を磨く。それなりに楽しい、人並みな学園生活を送ったことがわかる。

平常心が強く、いつもは穏やかなのに、「本気で怒った」姿を、著者は一回だけ目撃している。正田美智子さんとの婚約祝いを持って馬術部の仲間で押しかけた時のことだ。一人の同級生（本の中では実名を挙げている）の「胸倉を摑んで、文字通り部屋から叩き出してしまった」。オフレコの内輪の話を記事にしたのが、その同級生だったからだ。

学習院の先輩で、顔見知りの三島由紀夫からご進講を受けることは、はっきり拒否する。「三島さんの思想は、八紘一宇、国民皆兵で、天皇は私的な一家の幸せを求めるものではないというんじゃないかな」という理由で。

著者は、日露戦争の影の立役者であった陸軍大将明石元二郎男爵の孫で、初等科時代の日光疎開中には、万が一の場合の「殿下の影武者」と噂されていた（本人は「私は嘘だと思う」と否定しているが）。本書を読めば、今上天皇とは以心伝心の間柄であり、影武者ではないにしても、代弁者としか思えない記述も散見される。「失礼な言い方をすれば、老骨に鞭打って」被災地を訪問されていると健康を心配し、頻繁な海外歴訪の旅について「不躾けに本音を訊」き、「疲れるけどね」という返事を引き出している。著者の宮内庁人事への提言や学習院への苦言も、それゆえ、大事なメッセージなのではないだろうか。

著者は小泉信三を慕って大学は慶應へ進んだ。そこで縁が途切れなかったのは、小泉信三が教育参与として「今上陛下の人間形成に最も貢献した」存在だったからだ。小泉は福沢諭吉の『帝室論』を個人教授して、皇室は「政治社外」にあるべきを伝えた人である。

それで思い出したことがある。昨秋、美智子皇后は誕生日会見で、改憲論議を踏まえて、五日市憲法について言及された。五日市憲法とは自由民権運動から生まれた一憲法私案であり、色川大吉が民衆史の立場から持ち出したものである。そんなに肩入れすべきものなのかどうか。といった質問にも、著者なら率直に答えてくれそうな気がするのである。

第九章　昭和史本評判記

この本全体がいわば「昭和史本評判記」ともなっているのだから、こんな章立てはいらないのかもしれない。それでもここで一章を立てるのは、「昭和」をなんらかの形で俯瞰する必要があるのではと思えるからである。

◆定本コーナー

伊藤隆［監修］百瀬孝［著］『事典　昭和戦前期の日本――制度と実態』（吉川弘文館）は、まさにこの一冊で戦前戦中の昭和を俯瞰するという便利な本だ。平成二年（一九九〇）に出版され、現在でも生きている本なのは確実な需要があるのだろう。著者の百瀬孝は専門家ではない。日曜歴史家が余暇を利用してまとめ上げた、まさに労作である。勇気づけられるではないか。監修者の伊藤隆（東大教授）の「序」を引用しよう。

「本書の著者百瀬孝氏が私を訪ねて来られたのは、昭和五十三年であった。サラリーマンである著者が、そうした「信頼しうる」ハンドブックを作る計画を持ち、既にある程度の原稿を作成されておられるのをお聞きし、驚き、感服し、その完成に大きな期待をかけると共に、果たして完成出来るものかどうかを危ぶんだことも確かである。会社の仕事以外のほとんど全ての時間をその作業に投入されている氏にしても、会社での地位が上昇するとともに、その時間を失うのではないかと危惧したからである。私は氏に、記述の根拠を出来る限り一次的な確実なものにするよう要望した。その後何回もお会いしているうちに、次第に整理・充実されて行くのを、驚きをもって見てきた。(略)本書の刊行が、学界のためにも、そして多くの読書家のためにも、大きな貢献であることは間違いない」

目を引くのは「超憲法機関」という項目があり、元老、重臣、御前会議、大本営政府連絡会議などの項目が立てられている。「男女差別法制」とか「植民地統治」もある。一番驚くのは「第七章　軍隊制度」が全体の三分の一を占めている点だ。存在感の大きさ、昭和史への影響からして当然かもしれないが、それにしてもである。「軍人勅諭」の項を少しだけ引用しておく。

「兵士にもわかりやすいよう勅諭の本文は和文体で平仮名表示するなどの配慮もあり、教育勅語や終戦の詔勅などより、はるかに親しみやすい。明治天皇の軍人に対する信頼感、期待感がよくあらわれた名文である」、「軍隊では軍人勅諭を暗誦させたりしたが、陸軍と海軍では、かなり扱いに差があったようである。はなはだしい場合は一部の陸軍将校は、結婚すると新妻に全文の暗記を求めたという」、「昭和一六年の戦陣訓は、陸軍大臣の布達したもので、陸軍のみのものであるが、戦場における陸軍部隊では軍人勅諭以上に強調されたこともある。戦後この両者について、読んだことのない人から混同して批判されることが珍しくない」

痒い所に手が届くような記述ではないか。実務家の手になる良さが発揮されている。

昭和の戦争については、二人の作家が「戦記」について考察をめぐらせている。**開高健『紙の中の戦争』***(岩波同時代ライブラリー)と**野呂邦暢『失われた兵士たち――戦争文学試論』***(文春学藝ライブラリー)である。開高がベトナム戦争に赴いた戦場記者だったこと、野呂が元自衛隊員で、芥川賞受賞作『草のつるぎ』はその時代を描いていること、いずれもが影響しているのではないか。『紙の中の戦争』

は日露戦争で負傷した桜井忠温《ただよし》『肉弾』から、原民喜『草の花』、井伏鱒二『黒い雨』、ジョン・ハーシー『ヒロシマ』までを扱う。『肉弾』は昭和初期に改造社の円本『現代日本文学全集』の「戦争文学集」の巻に収録されたという。

「しかし、昭和期に入ってから発表された、ことに戦後になってから発表された日本の軍隊についての小説または記録と、『肉弾』にあらわれる日本軍との差のひどさには、いまさらながらおどろかされる。おそらく『肉弾』にはたたきつけるような激語の美文のリズムに流されて事実以上の美化があるのではないかと警戒しておきたいのだが、それにしてもここに事実として描きだされているのは理想の軍隊である。またはそのように描きだすことに何のためらいも疑いもおぼえていない、全身を没入させて昂揚している素樸である」

『失われた兵士たち』はここに挙げられた五百冊の本のリストと共に永久保存されるべき本である、と私は思う。野呂自身もそうした覚悟をうちに秘めて書いていたのではないか。野呂は小説家ではあるが、狭い意味の〈文学〉にとらわれず、もっと広い、あるいは底辺の記録を読むことを心がけている。

「大多数の兵士は、私の父がそうであったように戦争目的について疑いを持たなかったと思う。だとすれば戦争文学のリストには、日本人の遺産としてつけ加えられるべき書物がまだ多くあるのではないだろうか。（略）私がこれから取りあげる戦争文学においては、芸術としての密度や文学的完成度は二の次である。（略）世人の耳目をひかなかった文章、すなわち九死に一生を得て帰って来た無名の人々が、有名になろうとかひと儲けしようとかいう下心なしで、家業の合間にこれだけは子孫に伝えたいと心血を注いで書き綴った文章を中心にこの小文を進めて行きたい。（略）本の体裁もさまざまである。自費出版した書物がある。孔版印刷のパンフレットがあるかと思えば、函入り布表紙B六判の堂々とした書物がある。外見は種々雑多であるが、中身は作者にとってかけがえのない経験である。無量の思いといってもいいであろう。表現の巧拙は問わない」

定評のある戦記類を網羅して解説した本としては次の二冊がある。**陸軍史研究会［編］『日本陸軍の本・総解説――伝記・回想録・軍事史・戦記・戦争文学の名著全展望』***（自由国民社）と、**海軍史研究会［編］『日本海軍の本・総解説――伝記・戦記・歴史・記録・回想録の名著全展望』***（自由国民社）だ。どちらも後に大家となる戦史研究者やノンフィクション・ライターが分担執筆していて、信頼がおける。以上の四冊から、自分の関心に沿って読みたい作品を探していくのがいいだろう。

戦記類よりさらに網を広げて、当時の国民の声を聞くとするならば、短歌がいいのではないだろうか。講談社が創立七十周年を記念して出版した『昭和萬葉集（全二十巻・別巻一）』は八万首を収録した巨大なアンソロジーだが、これを読むのはあまりにも大変だ。**島田修二［編］『昭和万葉集秀歌［一］戦争と人間』***（講談社現代新書）は、その中から、戦争に関する秀歌を選出して、テーマ別に配列してある。編者である歌人の島田修二は、昭和三年（一九二八）生まれで、海軍兵学校の最後の生徒（77期）だった。

「私自身のことを言えば、いまにして言うのも恥ずかしいほどの愛国少年であった。しかし、軍国少年というわけではなかった。（略）しかし、世界的に追いつめられている日本の国難を、敏感に知っているひとりではあった。海軍志望であれば、太平洋戦争への突入は望むところであったはずなのに、心の隅のどこかで、不安が湧いているのをかくせなかった。（略）私は海軍へ行くことに迷いはなかったが、死を怖れる少年であった。（略）［真珠湾の］九軍神に倣うまでもなく、私は自身が迷いなく死んでゆくための特別な力が欲しいと思った。そして、そうした力を与えてくれるのは、短歌をおいてほかにない、と思ったのである」

著名歌人から市井の人々までの作品が収められている。最初の一首と最後の一首のみを掲げる。

「はじめより憂鬱なる時代に生きたりしかば然《し》かも感ぜずといふ人のわれよりも若き」（土岐善麿）

「戦ひの後を生きのびて何せむに世に阿《おもね》りて生きむと思はず」（岡野弘彦）

早坂隆『兵隊万葉集』*（幻冬舎新書）は、昭和四十八年（一九七三）生まれで、昭和史ノンフィクションを書き続ける著者による兵隊短歌アンソロジーだ。「歴史の本当の主役は、教科書に出て来るような政治家や高級軍人ではなく、一般の庶民なのだ」、「短歌は、滋味豊かなノンフィクションであり、そして壮大な歴史的叙情詩でもある」という考えから編まれている。無名歌人の中に混じって宮柊《しゅう》二《じ》『山西省』から六首が選ばれている。その一首。

「ひきよせて寄り添ふごとく刺ししかば声も立てなくくずをれて伏す」

宮柊二は島田修二の歌の師で、島田もこの短歌を選んでいて、注釈として「詞書《ことばがき》」を引用している。

「部隊は挺身隊。敵は避けてひたすら進入を心がけよ、銃は絶対に射つなと命令にあり」。

いまとなっては一番わかりにくいのは、昭和の「思想」とか「精神」とか呼ぶほかはないものであろう。少しでもその手がかりになるのは次の二作ではないだろうか。橋川文三［著］筒井清忠［編・解説］『昭和ナショナリズムの諸相』（名古屋大学出版会）は、思想史家の橋川が生前の著書には未収録の概説、全集解説などを集めたもので、超国家主義、国防国家、日本ファシズムなどの大きな見取図を与えてくれ、読書の導きともなっている。桶谷秀昭『昭和精神史』（扶桑社）と桶谷秀昭『昭和精神史　戦後篇』（扶桑社）は、「昭和を生きた日本人の心の歴史を書きたいといふ着想」から出発している昭和史である。記述は昭和四十五年（一九七〇）までなのは、そこで昭和の精神史が終わると桶谷が考えているためだ。『戦後篇』第十六章は「三島由紀夫の死」である。

「さらにそれから数年後の夏、三島由紀夫のすぐれた理解者でもあり批判者でもあり、自身、生来のロマンティケルであった橋川文三が、あの戦争はあつたといつても、なかつたといつても同じことではないかと言ふ異様な言葉を、口から洩れるやうな口調でいつた。戦争体験の普遍化と継承を、かつてその文業の主題の一つにした人である。／それは、三島由紀夫の死が象徴する、昭和は終つたといふ予感の、じわじわと人の心をむしばむやうな実現であった」（『昭和精神史　戦後篇』）

山内由紀人『三島由紀夫vs.司馬遼太郎——戦後精神と近代』*（河出書房新社）は、大正十四年（一九二五）生まれと大正十二年（一九二三）生まれの二人の戦中派の作家を対比する。「その日本と日本人をめぐる問題、そこから生まれる天皇、軍隊、武士道、陽明学、仏教といった二人に共通するテーマは、さまざまに交錯し、対立し、時に共鳴する。そして二人は同じように日本という国の現在を憂え、明日への希望を祈りながら逝った」。

「天才」に特化するのではなく、「戦争」体験者たちの戦後を描いたのが、**福間良明『「戦争体験」の戦後史——世代・教養・イデオロギー』**☆（中公新書）と、**成田龍一『増補「戦争経験」の戦後史——語られた体験／証言／記憶』**（岩波現代文庫）である。双方とも時代を辿りながら、戦争体験の風化なり変化なりを辿り、恰好の読書案内ともなっている。**野上元・福間良明［編］『戦争社会学ブックガイド——現代世界を読み解く132冊』**（創元社）は、「戦争」に知的関心からアプローチをした内外の図書を集めて解説してあり、頼もしい読書案内本だ。**御厨貴［編著］『近現代日本を史料で読む——「大久保利通日記」から「富田メモ」まで』**☆（中公新書）は、権力に近い人々が残した「日記」の案内で、人物事典的な構成になっていて、これも良き案内役だ。

◇書評コーナー

●鳥居民『昭和史を読み解く』草思社文庫

敗戦の年の一年間三百六十五日を描き、昭和史の決定版となるはずだった鳥居民『昭和二十年』（草思社文庫）は七月二日、十三巻までで途絶した。著者の死のためである。本書『昭和史を読み解く』は死後にまとめられたエッセイ集だが、その中心は第一部の「太平洋戦争を考えるための読書案内」であろう。こんなに読む者を裨益する読書案内はない。

昭和史の膨大な資料や日記や書籍を渉猟してきた末に選ばれた本がここでは紹介される。なかでも大事な本は次の三冊だ。清沢洌『暗黒日記』、『海鳴りの響きは遠く』、『滄溟』。『暗黒日記』は文句なしの名著で、よく知られているが、他の二冊はどうか。どちらも私家版として出た。前者は宮城第一高女の女学生たちの勤労動員の回想集、後者は海軍主計科短期現役士官（短現）の回想集で、千六百頁余の大冊である。

『海鳴りの響きは遠く』は平成十九年（二〇〇七）に草思社から復刊された。鳥居の後押しがきっとあったのだろう。「もろもろの歴史書が決して教えてくれることのない、その半年の日本の姿を鮮やかに描きだしてくれている」。鳥居は彼女たちの母校である県立女学校に「日本の中産階級の母体」を見、彼女たちの「潔癖さ、負けじ魂、友情、自負、責任感」、そして「潑溂とした知性」を貴重に感じ、『昭和二十年』にも何回も引用した。

『滄溟』は大正七年（一九一八）から十年（一九二一）に生まれ、高等教育を受け、戦後は日本の企業、大学、官庁などで働いた二百人近い「短現」出身者の海軍の思い出の記である。たとえば戦艦武蔵に乗り込んだ土田国保（後の警視総監、防衛大学校校長）がいる。「生粋の海軍軍人の視野に入ることのない大艦の艦底でつらい日々を送る水兵たちに土田は深い理解を持っていた」として、鳥居は回想から引用する。

私は本書に刺激されて『滄溟』を古本屋で入手したが、いまだに読んでいない。恥ずかしい限りだ。鳥居が紹介した『日本窒素史への証言』全四十五巻は図書館の棚で見かけるたびに、いつか読まなくてはと決意するだけでそのままになってしまう。こちらは「元社員だった鎌田正二氏が編集、刊行した」本で、彼の十五年に及ぶ執念と情熱のたまものだという。鳥居は「太平洋戦争を考える二十冊」に当然入ると書いた。

「私はこれを読めとだれにも薦めない」が「太平洋戦争を考える五十冊」に入れた、という特殊な本もある。東京裁判に証拠として提出された『木戸日記』で、木戸幸一が「内大臣であったからこそ、あの大戦は起きたと私は観ているから」であった。

——「新潮45」二〇一六・七

●伊藤隆『歴史と私——史料と歩んだ歴史家の回想』中公新書

無味乾燥で、解読に手間のかかる歴史史料の山の向こうに、やけに生臭い、人間味溢れるドラマが隠れている。史料を探し、収集し、整理し、活字化し（採算にあわず活字化できないことも多い）、保存し、公開する。『歴史と私』は昭和史研究のインフラ整備をライフワークにする東大名誉教授伊藤隆の語りによる回想録である。

報われること少ない、地味な作業の連続のはずなのに、妙に愉しげで、疲れを知らない収集のさまは、驚嘆に値する。政治家、軍人、官僚、労働運動家など対象となる人種はさまざま、途中からはオーラルヒストリーという聞書きにも力を入れる。

かつて大久保利謙『日本近代史学事始め』（岩波新書）という名著があった。元勲大久保利通の孫である歴史学者が明治史の史料を収集し、国会図書館の憲政資料室を充実させていった記録である。その大久保の後継者でもある伊藤による昭和史学「事始め」が本書なのだ。

「明治期はみんな、自分たちが新しい国家を作っているという自負があったから、積極的に記録を残し」たが、敗戦を機に「都合の悪いものは捨ててよろしい」という前例ができた。「文書を捨てることの罪悪感が稀薄に」なった。史料収集には逆風の時代になったのだ。

そうした劣悪な環境下では、史料の発掘からして一苦労である。アンテナはあらゆる方向に張る。歩いている時でも油断しない。由緒ありそうな家の表札の文字に目をこらす。世田谷の住宅街で「真崎」を目にとめる。二・二六事件の黒幕と目された真崎甚三郎大将の家ではないか。ここから遺族への接触が始まり、『真崎甚三郎日記』（山川出版社）刊行へとつながっていく。NHKの番組づくりの過程からは『東條内閣総理大臣機密記録』（東京大学出版会）が誕生する。

といって大上段に構えての本ではない。本書の一番の読みどころは、たくさんの登場人物の楽屋話エピソード集、ゴシップ集であり、著者による人物寸評集成の面白さである。

戦中の東京帝大国史学教授で、皇国史観の論客だった平泉澄《きよし》を訪ねる。火の気のない部屋で正座のまま、話をうけたまわる。開口一番、「これから私が日本を指導した時代についてお話しします」とやられ、鼻白む。夫人から血圧が高いのにプロレス好きで困るという話を聞き、ご本人に確認すると、大真面目に答える。「隠忍に隠忍を重ねて、最後にパッと相手を倒す。これは日本精神に通じる」。

右翼の政界浪人で、陸軍統制派に近かった矢次《やつぎ》一夫に疑問を突きつけると、「お前みたいな机上の学問をやっている奴とは違うんだ。俺は現場でやってきたんだ」と激昂する。「右翼の連中は、自分の子分を怒鳴って相手を威嚇する」ものなのだ。その矢次は後に岸信介のインタビューをとりもってくれた。

『木戸幸一日記』に頻繁に登場する松井成勲という政界浪人がいる。松本清張が『昭和史発掘』（文春文庫）で石田検事殺しの犯人とした人物だ。松井は「俺は人殺しなんかしていない」と憤然となった。同席した人物は「あんな怖い人のところへ行くのはもう御免だ」と縮み上がった。

ハト派でも強面の人がいる。後藤田正晴はオーラルヒストリーが出版された時に、「君たちには悪かったが、密かに身元調査をさせてもらいました」と警察官僚出身の地を見せた。伊藤隆は「新しい歴史教科書をつくる会」のメンバーだったのだが、「教科書を作った時も、後藤田さんが潰しにかかったという噂があって、私は腹を立てたこともありました」とサラリと一矢を報いている。伊藤の方もなかなかの策士なのだ。後藤田の『情と理』は売れに売れた。その効果は絶大で、「後藤田さんがあんなにしゃべったのですから」を口説き文句に、元官僚たちの固い口元をほぐしていくことになる。

伊藤は疑問の人物についても容赦はしない。その代表例としては同盟通信の大ジャーナリスト松本重治がいる。会議の場での「私は終始平和主義者であった」という発言に伊藤は強い違和感を覚える。戦前戦中に松本自らが書いた文章で、松本と軍部との深い関係を知っていたからだ。松本の回想録には「自己を語らない同時代史」だと落第点をつける。

中曾根康弘の場合は微妙である。インタビューには協力的で、一次史料である日記や手帳を持参してきてくれた。そのくせ話す内容と史料がずれていたりする。結局、インタビューの後に日記を挿入し、「どちらを信じるかは読者にまかせる」スタイルになった。「人には語りたいことを語らせなければ駄目です。自慢話でいいのです。どのみち人は、他人の話を聞いたら自慢話だと思うわけで、私が何をしゃべったって自慢話と思うでしょう。それと同じです」。

こうやってさまざまな人物を紹介していってもキリがない。なかには中公版『日本の歴史』を「ご本人が一行も書かないまま、その名前で刊行」し、決定的に不信感を持った東大教授のことや、女性問題の記述がたくさんある父親の日記を、それ故に出すという息子の作家のことなど、どれも実名で登場する。多くの人物に出会った末、伊藤が「軍隊経験あるいは旧制高校の経験があって、人間の厚みがある」と結論するのは、やっぱりなと思いつつも考えさせられる。「若い頃の経験が、人間形成やのちの仕事に大きな影響を及ぼしている」。それもその通りだろう。この本で唯一残念なのは、伊藤の東大駒場の民青キャップ時代がほとんど語られていないことだ。伊藤の人を動かす力、組織力や政治力は、その時に培われたように思えてならないからだ。

●秦郁彦［聞き手］笹森春樹『実証史学への道——一歴史家の回想』中央公論新社

——「新潮45」二〇一八・九

なんとも型破りな人生の記録である。東大法学部を出て大蔵省に入ったエリート官僚とは思えない、好奇心まかせのズッコケ人生である。「朝まで生テレビ」などでおなじみの歴史家・秦郁彦は慰安婦とか南京といった刺激的なテーマでの発言が目立つが、根っからの調べ魔の昭和史家であり、この分野でのインディーズの開拓者であった。

そもそもからしてユニークである。駒場の学生だった時に一年間休学してやったことは、巣鴨プリズンに収容されているA級戦犯などを訪問して、ヒヤリングをすることだった。面会が自由なのを利用して、無聊をかこつ元軍人たちに質問をぶつける。知りたいことは、「東京裁判で被告や関係者が隠し通した」史実である。東京裁判結審後に、判決の不備や空白を調べ、一人でこつこつ歴史法廷の検事と弁護士と判事を兼ねていたのだ。

官僚的軍人の鈴木貞一からは週末に世田谷の大邸宅に招かれる。懲りない橋本欣五郎からは「おう、君も革命をやらんか」とハッパをかけられる。荒木貞夫は陸軍大臣時代と変わらず、喋り出すと話が止まらずに、とっ散らかっていて苦労させられる。司法取引に応じて検事側の証人となり被告たちを告発した田中隆吉は、ノイローゼ気味になっていた。昼なお暗い部屋で「武藤の亡霊が出てくる」と口走る。絞首刑になった武藤章は田中のライバルであった。そんな田中からは東京裁判では口を鎖していた上海事変の謀略の詳細を聞き出している。ヒヤリングの成果は本書の後半に「ノート」として収録されていて、昭和史の数々の新事実を最初に引き出したのが、ヘンな東大生だったとわかる。

秦は大蔵省入りが決まって卒業までの空いた時間を利用して、自らの成果をまとめている。河出書房の雑誌『別冊知性5号　秘められた昭和史』である。田中隆吉「上海事変はこうして起された」はこの時、活字になった。満洲事変の謀略を初証言した花谷正の原稿は秦が七回も通って聞き出して、記事にまとめた「スクープ」である。この雑誌を私は古本屋で探して入手していたが、あらためて目次の豪華さにびっくりする。東大生の秦がほとんど一人で企画し、原稿依頼し、記事を書いていると知るとなおさらだ。ところが、秦の署名があるのは「悲劇の昭和史」という巻末五ページの小さな解説記事だけなのである。

大蔵省初登庁の日、秦は缶詰めになっていた出版社の車で乗り込んだ。そんなお役人でも二十年勤まったというのは、慶賀すべきことだろう。暇なところへというので経済企画庁に出向する。仕事をしなかったわけではないようで、沖縄返還にあたり、米軍が沖縄に投資した施設の買い取りの査定をしたり、日中国交回復に備え、中国側から請求されそうな賠償金を見積もったりと、昭和史をお金に換算するような仕事もしている。周恩来は賠償請求をしないという善意を見せたが、秦によると、「タダほど高いものはない」のことわざ通りで、「三兆円の対中ＯＤＡ（政府開発援助）の総額は、私の予想した賠償額とほぼ同額」であった。防衛庁出向時には、こまめに自衛隊基地を廻り、Ｆ１０４ジエット戦闘機での音速超えも体験している。元大蔵省の先輩・三島由紀夫の試乗体験よりも早かったようであるから、これは秦の軍事おたく心を満足させたであろう。

秦は大蔵省時代にも昭和史研究に関わっている。日本国際政治学会の大型プロジェクト『太平洋戦争への道』では二十代で最年少の筆者となり、大蔵省の仕事としても占領期の戦後財政史編纂の主幹になった。この時には長岡実秘書課長（三島と同期入省で、後に事務次官）から主計局に行くか、財政史編纂にするかと聞かれ、花形の主計局を断っている。

秦との組み合わせで意外なのは丸山眞男という存在である。秦は入省八年目にハーバードに留学するが、それには丸山の推薦が決定的役割を果たした。秦は東大に入ってすぐ、丸山から一対一の個人教育を受けた。当時の丸山はとびきりの知的偶像だが、物怖じしない性格の秦は、丸山親衛隊の先輩たちの白眼視も何のその、西荻窪の家を訪問した。丸山は「十八歳の少年に対し、対等に相手をしてくれた」。「私が臆面もなくつっかかると、丸山さんも正面から反論するんですよね。そういう先生というのは、他に会ったことがない」。思想史の領域では丸山にかなわないと悟り、秦は一般の歴史に切り替えた。その事実を知ると、秦の仕事には丸山の東京裁判研究といえる論文「軍国支配者の精神形態」（『現代政治の思想と行動』所収）の影響が強くあると推察できる。丸山の研究が拠った東京裁判の膨大な「速記録」でも解き明かせない歴史の疑問点をヒヤリングで補い、ナマの元軍人たちに接し、突き止めていったのだろう。満洲事変の発火点となった柳条湖事件の全貌を明らかにするのに三十年かかったとサラリと言うが、その執念は並大抵のものではない。

満洲事変の首謀者だった石原莞爾と、対米戦争の主戦派だった田中新一、この二人がA級戦犯の被告席に座るべきだったと秦は言っている。いつものソフトな語り口の中では、その部分は突出しているると感じられる。そこには珍しく、秦の戦争体験の痕跡がうかがえるのではないだろうか。秦は昭和十八（一九四三）年から一年間広島に住み、「毎朝、今の原爆ドームの横を通り」ジョギングしていた。広島から山口県防府に引っ越したのは終戦の一年前である。鉄道マンの父がフィリピンのルソン島で自決したのは、終戦の一ヶ月前であった。

●半藤末利子《まりこ》『硝子戸のうちそと』講談社

――「週刊ポスト」二〇二一・六・一八／二五合併号

一月に九十歳で亡くなった「昭和史の語り部」半藤一利さんを特集したNHKの番組の最後で、半藤さんの「遺言」が紹介された。

「『墨子』を読みなさい」
「日本人はそんなに悪くない」

安らかな死の床で、その言葉を聞いたのが半藤末利子夫人だった。末利子夫人のエッセイ集『硝子戸のうちそと』の後半は「夫を送る」となっていて、大腿骨骨折事故から死までの一年半が克明に描かれ、感動的である。

本のタイトルからわかるように、末利子夫人は「文豪」夏目漱石の孫、ということは「女傑」鏡子夫人の孫でもある。歯に衣着せないお嬢様気質の文章は、「文豪」と「女傑」が適度にブレンドされ、巧まざるユーモアに溢れている。漱石ドラマや関連番組にも堂々と文句をつける女「坊っちゃん」だ。

その態度はわが夫ドノに対しても変わらない。酒に酔っての帰宅途中での骨折は二度目だったので、「吾が亭主は、大バカヤローのコンコンチキである」と悪態をつく。その日は「夜十時ごろ、比較的早くバカ男は帰宅した」と、「歴史探偵」も自宅では「バカ男」扱いなのだ。これは一種の愛情表現ではあるのだが。リハビリに励む夫を見て妻は思う。

「「酒がいちばん好き」だの「酒がいまいちばん飲みたい」とホザくから、この男は罰が当たったのである。「いちばん好きなのは妻です」と言っておけばよかったのに」

死を見届けた後には、「彼は夫としては優等生であった」と掌を返して（？）感謝している。頑張り続けた半藤さんも最後の五日間は気力が衰えて、死を自覚する。そして夜中に夫人に声をかけて伝えたのがあの「遺言」だった。

ベッドサイドに置かれていた自著『墨子よみがえる』は先ごろ、平凡社ライブラリーで復刊された。「非攻」と「兼愛」の思想を、半藤さんは単なる理想主義ではなく、リアリズムと拮抗する「奮闘努力」の実践として描いている。もうひとつの「遺言」は微妙に違う。本書では「そんなに」がない。「日本人は悪くないんだよ」である。

●戸高一成・大木毅『帝国軍人――公文書、私文書、オーラルヒストリーからみる』角川新書

戦後生まれなのに、旧帝国軍人の心情、気風、行動様式、人脈と派閥、本音の言葉をこれほど知悉している人たちはいないのではないか。大和ミュージアム館長の戸高一成とベストセラー『独ソ戦』（岩波新書）の大木毅が存分に語り合った本書は、隅々まで大事な知識と雑学に満ちた愉しい語らいになっている。悲惨な昭和の戦争についてだが、深刻ぶらず、こうした贅沢な語り方もあり、だ。

二人のそもそもの出会いは、中央公論社が出していた『歴史と人物』という雑誌だった。昭和史に詳しい横山恵一編集長のもと、まだ学生だった大木がバイトで手伝い、元海軍軍人たちが作った財団法人史料調査会の司書だった戸高も編集に駆り出された。まだまだ戦争体験者がたくさん生きていた時代で、話をふんだんに聞けるという状況だった。半藤一利、秦郁彦の二人もまだ壮年で、ワイワイと編集に関与したというのだから、超豪華メンバーで手作りされていた雑誌だった。横山編集長は後

に『高松宮日記（全八巻）』（中央公論社）の編集もすることになり、戸高は『[証言録]海軍反省会（全十一巻）』（PHP研究所）を完成させる。

「参謀本部や軍令部の中枢にいて偉くなる人は、基本的には役人タイプ」で、中央に縁のない人たちのほうが「我々が思うところの武将像、指揮官像に近い」というのは想像がつくが、二人の口から洩れると説得力は増す。「真面目な場所では口にしないような砕けた話や、部外者の前では決して口にはしない、海軍の暗部」を聞いている強みがあるからだ。

零戦のエースと呼ばれた角田和男（第四章参照）から聞いた話は衝撃的でもあり、いかにもだ。「戦後に用事があり、自分の書いた戦闘詳報を防衛庁（現・防衛省）の防衛研究所で見たところ、なんと内容が違っていたという。[誰かの]手が入っていたんです」。文書改竄である。「このようなメイキング文書に書かれた内容を鵜呑みにしてしまうと……」。軍隊文化の理解には、現代のお役所事情が大いに参考になりそうだ。

「戦争を知らない世代の人間が、知らない戦争をさらに知らない世代に伝えなければいけない、三重苦のような時代です」という危機感を持って、戦争を次世代に伝えようとする本だ。心強いことに巻末には二人が選んだ重要文献の親切なブックガイドもある。

●筒井清忠『二・二六事件と青年将校』吉川弘文館

二・二六事件について、いま現在最新の成果を知るには、この本しかない。以下のプロローグにも宣言されているように、なかなか怖い本でもある。

「……もっとはっきり言えば不正確な「流言蜚語」的歴史叙述には退いてもらうべく書かれたものである。すなわち、本書は今日の研究水準に基づいた過不足ない事件の全体像の解明・叙述を行うことを目標としたものである。本書を通して、読者に事件についての真実を知ってもらい、さらにそれを昭和史の正確な理解につなげてもらえればと思う」

筒井清忠は『昭和期日本の構造――二・二六事件とその時代』（講談社学術文庫、ちくま学芸文庫）以来、精力的に二・二六研究をリードし、事件の前後にも広く目配りし、何冊も本を出してきた。その上での「二・二六事件研究の成果の総整理とそれに伴う新しい考察」が本書である。結論部分を一部引用しておこう。

「これまで本書で見たようにそれは相当に緻密に計画されたクーデターであったが、クーデターの現実性を考えた中枢部の人々も「誠実性」の枠内にいたし、それが運動の原点だったのだから動かすわけにはいかなかったのである。そのことは政治的クーデターとしての成功の可能性を減じさせるが、それはそれでかまわなかったのである。／その意味では、村中の思考回路が事件全体を表わしており、そこに終始した事件であったといえよう」

青年将校については「改造主義」と「天皇主義」の二派に分けて見る。「天皇主義」派は目的を「斬奸《ざんかん》」に限定する。承詔必謹的、尊皇絶対的な天皇観を持つ。この派は北一輝『日本改造法案大綱』には馴染まない。「改造主義」派は、北一輝を熟読し、実現を目指す。村中孝次はその中で、「天皇主義と改造主義との葛藤に悩み続け、ついに政治的勝利よりも天皇主義の倫理性の側に大きく傾斜した」。いわば「甘さ」に止まったが、真の「甘さ」は天皇に達する「情報（ルート）の確認」だった。

本書の巻末には研究史上で重要な二十六冊をコメント入りで挙げ、北博昭『二・二六事件全検証』（朝日選書）を「本書執筆にあたっても多くを負った」と特筆する。「あとがき」で、二・二六研究の出発点が中高生の時に見た映画「叛乱」だったという告白とともに印象に残った。

●加藤陽子『歴史の本棚』毎日新聞出版

他人の書斎、他人の本棚をちらり覗き見するスリリングな愉しさは何ともいえない。その人の頭の中や思想傾向、趣味嗜好までが想像できた気になるからだ。

本書『歴史の本棚』のカバーは、著者の書斎か、東大の研究室の本棚の写真である。ぎっしり並んだ本の書名を確認する。『昭和天皇実録』『昭和天皇拝謁記』『日本外交文書』『宇垣一成日記』、二・二六事件や五・一五事件の資料集など、昭和史の根本史料がずらりと並ぶ。

著者の加藤陽子は、昭和史研究の第一人者だから当たり前か。それにしても、オーソドックスでつけ入る余地がない鉄壁さ。整然と並び、積み重ねられた本棚は、著者の頭の中もまた、かくの如く隙なく整理整頓されているのだろうと推測させる。

『歴史の本棚』は、著者の定評ある書評や戦争文学論を収めた、恰好の歴史入門書である。取り上げた本を国家、天皇、戦争、歴史、人物といったパートに分け、一冊のまとまった書物に仕上げてある。

著者の書評本としては十五年前に『戦争を読む』（勁草書房）があった。その中で、「採りあげた本は、時代を画するに足ると私が信じた本であるから、書き手の大切な声を聴きとり、現代における意義を明らかにすべく努めた」と宣言していたが、『歴史の本棚』でも、その方針は貫かれている。

短い書評であっても、その本の何が大切か、どこが新しいかが明記され、本の位置づけが、昭和史全体の中で目配りよくなされる。相当の自信と年季がないと書けない書評なのである。

それでいて、著者は書評を書くのを愉しんでいる気配が強い。この本をどうやって紹介しようかと、舌なめずりしながら構想を練っている姿が自ずと浮かんでくるのだ。

『歴史の本棚』で紹介される本は五十七冊に及ぶ。私としては、かなり注意しているジャンルの本な

――「東京新聞」二〇二二・一〇・一

のだが、それでもそのうちの十一冊は、これから読まずばなるまいと思わされた。読者にしてみれば、有難くもあり、有難迷惑でもある『歴史の本棚』である。

――共同通信配信二〇二二・一〇・五

●高橋源一郎『ぼくらの戦争なんだぜ』朝日新書

かつて「戦争を知らない子供たち」という反戦フォークソングがあった。『ぼくらの戦争なんだぜ』は、いまや古稀を超えた「全共闘世代」を代表する作家の高橋源一郎が、「戦争を全然知らない子供たち」に向けて贈る、「戦争」を知るための新しい戦争文学アンソロジーの試みといえる。「八月ジャーナリズム」という形で定型定番となった「戦争」への「正しい」見方への本能的な疑いが、根っこにはありそうだ。

その疑いは大胆にも、「世界の戦争小説の中でも屈指の傑作」と認めてきた大岡昇平『野火』にも向けられる。何度も繰り返し読んだ末に、『野火』は「彼らの戦争」――世界の「外」に抜け出ていった者たち――について描かれているという違和感を持つ。「彼らの戦争」は悲しい。が、どこか魅了する恐ろしさがある。いま読む必要があるのはむしろ、「最後まで世界の「内」にとどまる「ぼくらの戦争」なのかもしれないのだ」。

高橋シェフが選び直した「ぼくらの戦争」メニューは新鮮で、食欲をそそる。まず向田邦子のエッセイ「ごはん」(『父の詫び状』所収)。歩行者天国の居心地の悪さから、東京大空襲の夜を思い出し、生き残った翌日、家族は秘蔵の白米を炊いて「最後の昼餐」をする。

「向田さんにとって「戦争」は、説明するものでも、抗議すべき対象でもない。一つの家族が出会わなければならなかった風景としてのみ存在しているのだ」

こうして、読むべき「小さな声」がチョイスされる。林芙美子の戦争協力懺悔の記録、高橋が「ぼくのいちばん好きな戦争小説を書いた」と入れ込む古山高麗雄のダメ兵隊小説、植民地育ちの記憶を探る後藤明生、戦時にあっても秘密のメッセージを大胆に発し続けた太宰治。

『ぼくらの戦争なんだぜ』は、才人「インテリ源ちゃん」らしい軽さで、ぐいぐい読ませる。今までよく顔を出していた軽さを超えた軽薄さは、この本からは感じられない。

●佐藤彰宣『〈趣味〉としての戦争――戦記雑誌『丸』の文化史』創元社

「戦争社会学」という分野の新しい成果である。戦争オタク雑誌と見られがちな月刊誌「丸」の誌面の変遷をバックナンバーから炙り出すと、戦後の日本の変化も読めてくる。

雑誌「丸」は敗戦の三年後に創刊され、現在まで続いている。「戦争の総合雑誌（?・）」というイメージがいまはあるかもしれないが、初期の八年間はほんとうに「総合雑誌」だった。戦後の人気雑誌「リーダーズ・ダイジェスト」を模してはいたが、マイナーな雑誌だった。版元の聯合プレス社は、GHQの民間情報局（CIE）が仕掛けたラジオ番組の書籍化『真相はこうだ』で注目を集めた会社だった。後の「丸」とはずいぶんかけ離れている。

戦記雑誌に生まれ変わるのは昭和三十一年（一九五六）四月号からで、版元は潮書房となる。「丸」リニューアルの前年には、「特集文藝春秋　日本陸海軍の総決算」が四十万部を売り上げるなど、戦記物の需要は大きかった。そこに参入したのだ。リニューアル号の編集後記にはこう書かれていた。

「戦争を謳歌するのでもなく、再軍備問題をウ呑みにしているわけでもなく、日本の国力を挙げて戦った、あの第二次世界大戦において、あたら若い生命を、陸に海に、そして空に、雄々しく落していった若人たちの真剣さと純粋さを、戦後十年の今日、ふたたび改めてみつめ直すことは決して意味のないことではないと確信したからである」

この時点でのメインターゲットは遺族と元兵士だった。読者から圧倒的な支持を集めたのは「撃墜王」坂井三郎の航空戦記だ。

「丸」の戦記雑誌化を担った高城《たかぎ》肇（自らも戦記物をいくつも書いている）は昭和四十九年（一九七四）には、こう述べるまでになっていた。

「私は、日本敗戦の日を、いわば初心と考えて今日まで生きてきた。それが、あの戦争で死んだ人達へのせめてもの償いであり、未来への責任であると考えてきたんです。だからこそ、ばかの一つおぼえのように、戦争の雑誌をずうっと出版しつづけてきたんです。ところが、いまやその初心が、残念なことに、日本人の心の中から消えかかっているんです」

著者の佐藤彰宣は「丸」の歴史をメカニズム少年の登場、保守論壇への接点、戦後民主主義への違和感を梃子にしての「軍事総合誌」化、戦記とメカの断絶などと跡づけていく。単純にはくくれない雑誌の生態がよくわかる本だ。

第十章　敗戦から七十八年――昭和史は終わらない

◆定本コーナー

「私たちは今、「長い戦後」を生きている。まもなく八〇年になろうとしている。それは未曾有の大戦争に起因する「歴史問題」の対応に奔走した「敗者の戦後」でもあった。歴史問題が残る限り、「戦後」は終わらない」

波多野澄雄『日本の歴史問題――「帝国」の清算から靖国、慰安婦問題まで　改題新版』（中公新書）は、右の引用で始まる。十一年前に出た『国家と歴史――戦後日本の歴史問題』を最新の状況に合わせて全面改稿したもので、戦後は「過去の清算」という国際関係の面でも終わっていない。本書は「われわれ」を代表するはずの政府、国会、司法、政党といった公的部門とその指導者が、噴出する歴史問題にどのように対応し、どのような解決をめざしたのか、その経緯をたどっている」。揺るがせにできない事実とその経過を記述した信頼できる本だ。たとえば東京裁判などの国際軍事裁判の「受諾」問題についての記述は以下の通りだ。

「その受諾は、国際裁判が正しいものとして受け入れたわけではなかった。これまで政府（外務省）は、軍事裁判の効力は認めても、裁判全体を正当なものとして受け入れている、という見解を示したことは一度もない。（略）戦犯者の罪と量刑は国内法上も有効とされ、この解釈はしばらく踏襲されたが、講和条約の発効とともに撤回される。／「戦勝国」からは戦争犯罪人とされているものの、「国内的に見れば犯罪者と認める根拠がない」との理由によって、戦犯はもはや犯罪者ではなく、刑死者の遺族とともに「戦争によって生じた犠牲者」とみなされ、未帰還者給与法の対象となり、国家補償に準ずる処遇が与えられていく。選挙権も回復され、実際、巣鴨刑務所では不在者投票が実施されている」

著者の波多野はずっと公的な歴史事業に関わってきた。最近では日中歴史共同研究、外交文書欠落問題調査委員会などの委員で、本書に掲載されている二〇〇六年の日中歴史共同研究の初会合の写真にはわずかに横顔が写る。会合は三年がかりで行なわれた。とてつもなく根気がいる作業だったろうと、まずは同情するしかない。

靖国問題、慰安婦問題、尖閣問題、竹島問題といった「難問」の事実経過は本書でわかるが、道遠しの感は否めない。中韓の存在は、むしろ日本人の「戦争」「戦後」の忘却を防いでくれているとでも感謝すればいいのか。「歴史認識」については、ふつうの国民が国家と歩調を合わす必要はない。面倒ではあるが、ひとりひとりの個人が考えていくべき性質のものではないか。

本書の「おわりに」で、波多野は福田恆存の半世紀前の文章を引用している。私もここで再引用する。

「真の日本の崩壊は、敗ける戦争を起こしたことにあつたのではなく、また敗けた事にあつたのではなく、その後で間違つた過去を自ら否定することによつて今や新しい曙が来ると思つた事に始まつたといへます」（「「世代の断絶」といふ事」）

竹島や尖閣について、波多野は「当事国の対応を難しくしている要因の一つは、アメリカが明確な立場を示していないことにある」とし、ウクライナ戦争が「アメリカの曖昧な姿勢を変える」かもしれないとする。やはり、アメリカの動向で決まる日本なのか。そのテーマについてはたくさんの本がある中で、**吉見俊哉『親米と反米――戦後日本の政治的無意識』***（岩波新書）は、政治・軍事とカルチャーを等分で描き、バランスがとれている。

江藤淳『閉された言語空間――占領軍の検閲と戦後日本』（文春文庫）は、占領下で日本人に与えられた「アメリカ製の義眼」を問題にした。検閲者である占領軍が被検閲者側と検閲の秘匿を共有する。検閲の対象となった中では以下の二点は特に重要である。

「ＳＣＡＰ（連合国司令部）が憲法を起草したことに対する批判／日本の新憲法起草に当ってＳＣＡＰが果した役割についての一切の言及、あるいは憲法起草に当ってＳＣＡＰが果した役割に対する一切の批判」

「検閲制度への言及／出版、映画、新聞、雑誌の検閲が行なわれていることに関する直接間接の言及がこれに相当する」

この「配給された義眼」から解放されることは、むしろいよいよ難しくなっているのではないか。せめて、第七章で取り上げた鵜飼信成『憲法』の引用部分を右の「検閲指針」の二つの項と並べて鑑賞するのは一興であろう。**竹内洋『革新幻想の戦後史（上下）』**（中公文庫）は、その「義眼」の老眼化を防止するのに貢献したともいえる東大、朝日新聞、岩波書店の「世界」、日教組といった花形「革新」の戦後史である。

戦後五十年の一九九五（平成七）年前後に、戦後生まれによる戦後日本批判が出揃ってくる。昭和二十三年（一九四八）生まれの**加藤典洋『敗戦後論』**（ちくま学芸文庫）、昭和二十五年（一九五〇）生まれの**坂本多加雄『天皇論――象徴天皇制度と日本の来歴』***（文春学藝ライブラリー）、昭和三十二年（一九五八）生まれの**坪内祐三『靖国』**（文春学藝ライブラリー）の三冊だ。刊行は坂本の本のみが一九九五年で、加藤は表題作を発表（刊行は九七年）、坪内は書下ろしを執筆中（刊行は遅れて九九年）。どれも刺激的な、幾つもの論点を含む。坂本は「国家の来歴」「三百万の自国の死者はいわば日陰者の位置」に置かれている「ねじれ」を問題にした。加藤は「国家の来歴は、過去の公的犠牲者についても、その意味を与えねばならない」、「もの言わぬ無数の死者達に、しかるべき意義ある場所を与えねばならない」と書く。坂本の言う「来歴」とは、「人々が自らについて語る物語」で、フィクションとは区別される。坪内は靖国神社の境内を散歩していて、戦死者たちの御魂《みたま》が招かれた「招魂斎庭」がいつのまにか駐車場に変わってしまったことに衝撃を受ける。そこから靖国「問題」に縮小されない坪内文化史が構想された。加藤、坂本、坪内の三人がすでに故人となってしまったのは、チト淋しい。

もっと若い世代では、昭和四十八年（一九七三）生まれの**早坂隆『祖父が見た日中戦争――東大卒の文学青年は兵士になった』**（育鵬社）と、昭和五十四年（一九七九）生まれの**稲泉《いないずみ》 連《れん》『ぼくもいくさに征くのだけれど――竹内浩三の詩と死』**（中公文庫）がある。早坂は癌で余命半年の祖父の家に足繁く通って、「祖父の戦争」（二〇〇五年、初刊時のタイトル）の取材ノートを取る。祖父は「人生の最後に、あの戦争のことを孫に話す。いい幕切れかもしれないね」と笑みを浮かべる。「祖父から滔々と発せられる言葉の一つひとつが、僕の眼前にこの国の昔の姿をゆっくりと映し出していく。／昔、と言っても、大した昔じゃない」。この後、早坂は戦記ノンフィクション、戦時ノンフィクションを書き始める。稲泉は二十三歳で戦死した映画監督志望の詩人・竹内浩三の詩「日本が見えない」に、まもなく二十三歳という時点で出会う。稲泉は竹内のふるさと伊勢を訪れ、八十歳を過ぎた浩三の姉に話を聞き、浩三の死んだフィリピンのダバオに向かう。戦無世代による戦争の伝承の二つのケースがここにはある。

早坂が祖父の話を聞いたのも、稲泉が取材を始めたのも、もうかれこれ二十年も前であった。当事者に話を聞くのはほとんど不可能になった。そうなると、基本に戻って、その人たちの書き遺したものを読む、という正攻法が残る。読むとしたら、戦場体験をした大正生まれの戦中派が一番望ましい。大正九年（一九二〇）生まれの**古山高麗雄『兵隊蟻が歩いた』***（文春文庫）は、東南アジア五ヶ国の戦地を三十年後に再訪した紀行文で、「プレオー8の夜明け」でその五年前に芥川賞を受賞していた。古山一等兵は「軍隊が嫌いで、大東亜戦争を是とする考えを否定し」、「日本軍の赫々たる戦果や怒濤の進撃に感銘することのない青年」で、「なにもかも、仕方がないと観念し、投げやりで狷介《けんかい》に生きた」兵隊だった。地面すれすれの一番低い視点を意識的に選んでいたといえる。大正十年（一九二一）生まれの**上山春平《うえやましゅんぺい》『憲法第九条――大東亜戦争の遺産――元特攻隊員が託した戦後日本への願い』**（明月堂書店）は、古山とは精神も環境もまったく違う。上山は京大哲学科を卒業し、海軍で人間魚雷「回天」の特攻隊員となった。

「戦争体験への固執は、いわゆる「戦中派」に共通な現象であるが、私のばあい、回天特攻隊への参加によって、その固執がやや根深いものとなったように思われる。（略）当時、海軍は艦隊決戦の能力をほとんど失っており、敵の本土侵寇部隊を洋上に阻止しうるのは空からと水中からの特攻あるのみ、と言われていたし、私たちはそう信じていた。すでに命を賭する覚悟のできていた私たちにとって、特攻を選ぶということは、自分の死を最高度に意義あらしめたいという青年らしい自負の自然の発露にすぎなかった、と言えないことはない」

本書は『大東亜戦争の意味』（昭和三十九年）、『大東亜戦争の遺産――不戦国家の理念』（昭和四十七年）などの上山の著作を読み、上山を「心から尊敬」する解題者・たけもとのぶひろ（昔の筆名は「滝田修」！）が六十頁に及ぶ長い解題を書いている。

長々と読書案内を続けてきたが、総花的になり過ぎたかもしれない。昭和の全体像に近づくには総花的でいいのだが、最後に小林秀雄流の「全集を読め」を実践するとしたらと考えるとやはり、大正十二年（一九二三）生まれの戦中派・吉田満を選ぶ。『吉田満著作集（上下一括函入り）』*（文藝春秋）はほぼ著作を網羅し、書翰もかなり集めている。すべて読むに値する。本業は日銀マンだったので、作品が少ないのは利点でもあるが、五十六歳の死は早過ぎた。戦艦大和に関しては、徹底調査をした吉田満・原勝洋『ドキュメント戦艦大和』☆（文春文庫）があり、戦艦大和の副長で生き残った能村《のむら》次郎『慟哭の海――戦艦大和死闘の記録』（中公文庫）があり、二〇〇七年に生存者二十三人に取材した栗原俊雄『戦艦大和――生還者たちの証言から』☆（岩波新書）がある。

◇書評コーナー

●渡辺浩平『吉田満　戦艦大和学徒兵の五十六年』白水社

――「週刊ポスト」二〇一八・六・二二

無名の一青年を、吉川英治と小林秀雄という二文豪が励まして出来た『戦艦大和ノ最期』は戦争文学の名著である。青年は日銀のエリート行員となり、敬虔なクリスチャンとして生きた。本格的な文筆活動を再開するも、わずか数年の時間しか残されていなかった。本書はその「無名の一青年」吉田満の無念に満ちた伝記である。

戦後七十年以上が経過して、「戦中派」はもはや絶滅寸前である。その肉声を親しく聞くことはほとんど不可能になった。吉田の著作を読み、生涯を知ることは「戦中派」をもっともよく知る手がかりであろう。著者の渡辺浩平は、吉田の人柄を偲び、遺された著作を徹底的に読み込むことで、「戦中派」の遺言を聴き取ろうとしている。「戦中派」では漠然としている。吉田満の言葉に従えば、「散《さん》華《げ》の世代」「死者の身代りの世代」である。粛然とならざるを得ない。

『戦艦大和ノ最期』は占領軍の検閲で発売禁止となったためもあって、八種類のバージョンがある。渡辺は発売禁止の版と独立回復直後の版を慎重に読み比べて、吉田の思いを探っていく。本書の読みどころのひとつだ。吉田の執筆再開のきっかけを作った評論家・江藤淳の説も参照しながら、寡黙な文語体の背後を想像する。

戦艦大和は米軍の攻撃を左側に集中して受け、浸水する。回復には数百人の機械科員を犠牲にする「注水」の措置が必要である。注水指示が能村次郎副長から出る。指示の伝達は死刑執行に近い。躊躇する中で、一人が「急ゲ」と電話を督促した。最初の版では主語はない。後の版で「ワレ」と主語が加筆された。渡辺はこれに気づいて、沈没した大和から生還した吉田の再度の特攻志願、戦後の入信に思いを馳せる。二つの版の間には吉田の結婚があった。結婚によって、吉田は死者たちの「愛恋ノ焔」の加筆にも力を注いだのではとも、渡辺は思い至る。

吉田は大和と運命を共にした『提督伊藤整一の生涯』を書下ろした後、生き残った水兵たちの本を準備中だった。無念は深い。

●志垣民郎［著］岸俊光［編］『内閣調査室秘録――戦後思想を動かした男』文春新書

「内調」と聞くと、それだけで実態不明な謀略機関を想像する。『内閣調査室秘録』の著者・志垣民郎は、その内調に創設期から三十年間ずっと勤め、地味な仕事に携わり、世論工作を続けてきた。一番の眼目は日本の共産化を防ぐという使命感であった。

志垣の中にずっとある使命感はなんなのだろうか。「志垣民郎」という名前は記憶にあった。「戦艦大和ノ最期」を書いた吉田満の旧制東京高校、東大法学部時代からの友人として。『吉田満著作集』

には、志垣宛の手紙がたくさん収録されていた。『内閣調査室秘録』の編者・岸俊光の「解題」によると、昭和十八年（一九四三）の雨の神宮外苑での学徒出陣の行進で、志垣はニュース映像に映し出されているという。

東大法学部を出るも、裏方に徹してきた志垣（大正十一年生まれ）の回想は、自身の詳細な日記に基づき、学者文化人とのつながり、研究費、委託費のやりとり、夜の会合のさまざまなどを明かしている問題の書である。志垣を内調に誘ったのは、吉田茂総理の秘書官もやった村井順だった。日本にもCIAのような情報機関が必要であると具申した村井に、吉田は「それでは、お前やれ」となった。

有望な学者にテーマと研究費を与え、政府に味方する言論人を確保するのが志垣の仕事だった。志垣は日記に誰とどこで何を食べ、何軒飲んだかを詳細に記録した。

典型的な例は「時事放談」の藤原弘達。丸山眞男門下の政治学者の藤原は志垣とは東大で同級生だった。「藤原氏は当初、左に行くか右に行くか分らない存在であった。しかし、岸信介首相との会談を経てから次第に保守色を強めていったのである」。藤原への接待は昭和二十九年（一九五四）から四半世紀に及ぶ。高級店をハシゴする記録は眺めているだけでも壮観で、二日酔いになる。

「委託研究を担った人々」という章では、百二十七人とのやりとり、お金の記録が記される。我々が知っている名前が次々と出てきて、興味は尽きない。委託研究費を受け取らなかった人も出てくる。京大の上山春平はその一人。上山は志垣より一歳年上で、回天特攻隊員の生き残りだった。

鶴見俊輔らの『共同研究　転向』（平凡社東洋文庫）に協力して、当時内調にあったパージ（追放）の資料を渡したりもしている。どのページを開いても生々しい「秘録」となっている。おそらく著者の強い憂国の念が書かせた回顧録なのだろう。志垣が別に書いたエッセイには、「総括なき戦後日本に対する志垣氏の割り切れない思いが切々とつづられている」（「解題」）という。夜の銀座の華やかな世界が嫌いだったにもかかわらず、ここまで言論界の夜の部につき合った生涯は稀有だ。

――「週刊ポスト」二〇一九・三・二九

●井上義和『未来の戦死に向き合うためのノート』創元社

「市ヶ谷・九段・知覧」は日本の近現代史にとって、なかなか剣呑な場所である。それぞれの地名は「自衛隊・戦死・特攻」を象徴する。三ヶ所を経めぐって、「このいびつな三角形の意味」を問いかけたのが井上義和・帝京大准教授の『未来の戦死に向き合うためのノート』である。

「市ヶ谷」の防衛省の敷地には殉職自衛官慰霊碑があり、そこには千九百六十四柱が眠っている。一般国民が訪れることもなく、ひっそりと。自衛隊がさまざまな救援活動によって認知されたとはいえ、やはり所詮は「日陰」の存在である。それでいいのだろうか。

際どいテーマなのに、著者の筆致はむしろ飄々としている。力瘤は一切入っていない。押しつけがましさもない。目を瞑って祈ればいいといった戦後の「平和」観だけではすまされないのではありませんか。一緒に考えませんか、と誘っている。自衛官に「命を賭け（させ）る任務を与えておきながら、戦死を想定外に押しやる思考のほうが、よっぽど危険で無責任」だと思いませんか、と。

著者も属する戦争社会学研究会が編んだ『戦争社会学ブックガイド』という本がある。戦争を「歴史」や「反省」の枠に限定するのではなく、知的関心のもとに可視化する柔軟な試みで、その延長上に本書は成っている。

著者は戦争体験者が総退場する時代の「戦争」に向かい合う。その最も顕著な例として、二十一世紀に入って、陸軍の特攻基地だった鹿児島県の知覧が「自己啓発」「活入れ」の聖地となったことに注目する。『人生に迷ったら知覧に行け』が定着し、ネット空間では、特攻隊員の遺書が百万回以上再生されている。こうした現象を「右傾化」として簡単に片づけず、「平和教育的な特攻受容と『永遠の0』的な特攻受容」が、「ひとりの人格」の中で「対立」ではなく「両立」している点を指摘する。ここから「穏健な戦死観」を育て、国家による「犠牲の論理」を牽制する力とできるのではないか。新しい「戦争と平和」論を予感させる書の出現である。

●中島岳志《たけし》『保守と大東亜戦争』集英社新書

竹山道雄、田中美知太郎、猪木正道、福田恆存、池島信平、山本七平、会田雄次、林健太郎といった保守派言論人の、おもに戦後の回想を手がかりに、彼らが大東亜戦争を如何に見ていたかを照射する。「リベラル保守」を宣言する著者・中島岳志は、祖父が「大東亜戦争に出征し、戦後、何とか生き延びて帰って」きたというから、孫の世代が祖父の世代の目を通して大東亜戦争を見つめた書といえる。

「私は戦前・戦中の時代を成人として生きた保守主義者たちの回想を読み漁りました。／すると驚いたことに、その多くの人たちが、戦前期の軍国主義的な風潮と政治プロセス、超国家主義という思想に批判的で、大東亜戦争に対する懐疑的な考えを共有していました。（略）彼らが概ね共通認識としていたのは、超国家主義と保守思想は相容れないというものでした」

中島が選んだ八人を論壇に位置づければ、「リベラリスト右派」と呼べる。昭和の論壇にあって、戦後民主主義、空想的平和主義といった主流の進歩派言論人への批判者であり、左派全盛の戦後論壇では少数派だった。山田宗睦《むねむつ》『危険な思想家』（光文社）という昭和四十年（一九六五）のベストセラーで、批判の対象となった保守言論人は九人いたが、その中に入っている（「危険」と認定されている）のは、七人のうち竹山道雄だけだ。

本書で一番に論じられるのも竹山道雄である。竹山は旧制一高教授のドイツ文学者で、学窓から教え子たちを戦場に送り出さなければならない立場だった。竹山は昭和十二年（一九三七）に岩波の「思想」誌に軍人批判を書く。その原稿は「出版社の自己検閲により」掲載されなかった。硬骨の言論人だった竹山は東京裁判をいちはやく批判し、昭和三十一年（一九五六）には『昭和の精神史』（講談社学術文庫）を世に問うた。「ここに保守派が超国家主義を嫌悪したエッセンスが示されています。保守派の歴史認識を探求する際、最も重要な一冊」と中島は推している。

中島は保守派の世代交代による劣化を、本書で示したかったのであろう。

●西法太郎『三島由紀夫事件　50年目の証言――警察と自衛隊は何を知っていたか』新潮社

――「東京新聞」二〇二〇・一一・一五

半世紀も前の出来事なのに未だに色褪せないのが「三島事件」である。私兵「楯の会」の学生四人を引き連れ、市ヶ谷の自衛隊で檄文を発し、決起を促し、総監室で切腹して果てた。マスコミ界最強の人気者であり、ノーベル文学賞候補作家の「憂国」は、その血なまぐさい肉体と共にいまも甦えってくる。

本書はその事件の全貌に迫ろうとした。しかも、その探究は動機や影響、思想性や文学性にとどまらない。自らの計画通りに事件を起こし、希望通りに死ねたのはなぜか。自衛隊という武装集団の真っ只中で、三島の「完璧主義」がなぜ可能だったのかという「謎」、いや、国家権力の「闇」に迫ろうとしている。

事件当時、著者の西法太郎はまだ中学生だった。在野の三島研究者として書き始めるのは約十年前、本書は三冊目である。どの本にも足で集めた新情報が詰まっている。本書は最初の本『死の貌《かたち》――三島由紀夫の真実』（論創社）第三章を発展させたものである。裁判記録の閲覧を申し出て読み込み、自衛隊と警察の関係者に直《ぢ》かあたりし、当時の防衛庁長官・中曽根康弘の回想を逐一検討し、さまざまな文献資料に露頭する事実も手がかりに、事件の生々しい現場と、事件を可能にした大きな背景の双方を描き出そうとしている。

三島と家族ぐるみで親しかった警察官僚・佐々《さつさ》淳行《あつゆき》の「あれは戦後の歪みが出た異様な事件です」という証言は重い。死を賭した戦後日本への三島の問いかけは、著者の推論によれば、国家権力に利用され、周到に封印された。

著者の前作『三島由紀夫は一〇代をどう生きたか』（文学通信）の中に、熊本の神風連資料館を訪れたことが書かれていた。明治九年（一八七六）の神風連の乱は、晩年の三島に大きな影響を与え、『奔馬』に描かれた。「反近代」の士族反乱である。資料館には警察学校ＯＢ等が作った厚手の資料集『神風党の変』があった。公的記録と報道を網羅した本で、「神風連を貶める記述はなく、崛起《くつき》の志に配慮した内容」だった。おそらく本書はその志を受け継いでいる。

――「新潮45」二〇一四・八

●杉井敦・星野了俊『防衛大学校で、戦争と安全保障をどう学んだか』祥伝社新書

三島由紀夫から愛好され、大江健三郎から嫌悪されたのが、かつての防衛大生だった。自衛隊がまだ日陰の身だった何十年も前の話である。その頃の若武者のいま現在が、都知事選で六十万票をとった自称〝危険人物〟の田母神《たもがみ》俊雄閣下であり、民主党政権下で民間人初の防衛大臣となった森本敏である。

集団的自衛権行使容認のニュースに接して、彼らのはるか後輩である防大卒業生の書いた本を読ん

だ。『防衛大学校で、戦争と安全保障をどう学んだか』である。朝日新聞的な危機感煽りまくりの喧噪にも、上気気味な安倍政権の前のめりにも、ともに違和感があったからだ。

いざ「戦争」となった時に、実際の任務に携わるのは、当然のことながら自衛隊員である。現役の自衛官が政治向きについて発信することは許されない。しかし、彼らの胸の内を少しでも覗くことはできないか。「防大卒業生が書いた日本でいちばんわかりやすい安全保障の教科書」という帯の文句は、それに応えてくれそうだった。

二人の著者はまだ二十代半ば、北朝鮮が日本に向けて弾道ミサイルを発射したまさにその日が入校式であった。昨春、防大の国際関係学科を卒業したが、たった一年で自衛隊の制服を脱いでいる。任官拒否組とさして変わらないのではないかという疑問も湧く。シビリアンとなって「制約のない立場から」、安全保障を語り、ミリタリーを見つめたいというのが本人たちの説明である。著者近影の写真を見るかぎり、二人はさわやかな好青年で、合コンではモテそうなタイプだ。「在学中から日本の戦争と平和について真剣に考えてきた変わり者どうし」という自己紹介には、相手が引いてしまうかもしれないが。

本書を一貫しているのは、防大の四年間に学んだことを一般人に還元するというスタンスである。「日本は戦争に巻きこまれないか」「尖閣で戦争は起きるのか」「アメリカは日本を守ってくれるのか」「積極的平和主義とは」といった疑問にわかりやすく答えようとしている。浮わついた議論が横行する防衛論議を地に足がついたものに変えたいのだろう。

「安全保障の教科書」という側面以上に興味深いのは、やはり防大ではいかなる教育がなされているのかというところである。防大教官陣が執筆した著名な本としては『失敗の本質』(中公文庫)がある。戦史研究がマネジメント書として読まれているロングセラーで、防大発信の数少ない一般書だろうか。

防大教授の中には、親中反米を売りにする孫崎亨《うける》のような人物も混ざっていた。外交官からの横滑りとはいえ、いかがなものかという人物が防大で要職をつとめていたのだから、油断ならない。防大、大丈夫なのか。

著者たちの受けた教育の内容を読むと、その点は杞憂のようだった。国防、戦略、戦史、リーダーシップを学ぶ全学生必修の防衛学は現役か退官した自衛官が受け持つ。専門科目では、軍事や戦争を深く学ぶほど「平和とは何か」が実感をともなってくること、新聞三紙を比較して読めという教え。教官たちから受けた刺激の数々により、「良識と教養をともなった有用な社会の一員」である真の武人となることが目標として設定されている。

著者は防大の教育をこう要約する。「右でも左でも中道でもなく」、「論理的に、科学的に思考し」、あるべき姿でなく、「ありのままの世界を見ようと努力しつづけること」。歴代学校長の訓話からは、初代の槇智雄（吉田茂、小泉信三とともに防大創立の「三恩人」のひとり）と第三代の猪木正道の言葉が引かれる。本書巻頭に置かれた猪木の言葉は「本当の平和主義とにせの平和主義」の違いを強調している。著者たちが共感する言葉なのであろう。ちなみに、二人が学生だった時の第八代学校長・五百旗頭真《いおきべまこと》は固有名詞では出てこない。過去に卒業式に来賓として出席したことのある塩野七生の言葉が二度引用されるのとは対照的である。

防大は戦前でいえば士官学校であるから、体育、集団生活、訓練は重要である。その中では、三年生の冬季訓練がハイライトのようだ。硫黄島の戦場跡をめぐる研修である。冬とはいえ、常夏の暑さの硫黄島を汗だらけになって行軍し、硫黄ガスが充満する真っ暗な地下壕にも入る。そこで部隊指揮官の鑑《かがみ》になっている栗林忠道中将の統率を思い、「飢えと渇きに耐えながら、圧倒的なアメリカ軍の攻撃をしのぎつづけた兵士たちに、驚嘆と哀傷の念」を感じる体験である。いまだに戦没者の遺骨が残る硫黄島で、「自己の人生観や死生観を変えてしまうほどの衝撃」を防大生は受けるという。

日本の平和と繁栄が多くの犠牲の上に築かれていること、それを「幸運にも平和な時代を生きてきた私たちは、防大に入校することがなければ」意識しなかったかもしれないと思い、「あの悲惨な歴史をゆがめることなく直視し、その教訓と平和の尊さを語りついでいくことが重要だ」と意識する。と同時に、この平和と安全を守るには、自衛隊の存在と国民ひとりひとりの強固な「意思」が重要だという結論にと至っていく。

この他にも、戦時国際法は難解だという率直な感想、日本では一人でも死者が出れば大問題になること、そこが中国とは大きな戦争観の違いであることなど、さまざまな論点を提供してくれる。

集団的自衛権の論議では、行使は憲法を改正してからにしろという護憲派の声も多かった。憲法改正論議がタブーではなくなり、国民ひとりひとりの「意思」が問われる時代が確実にやってくる。

――「新潮45」二〇一五・一〇

●辻田真佐憲『ふしぎな君が代』幻冬舎新書

はて、「君が代」を一番最近歌ったのはいつだったろうか。『ふしぎな君が代』の描く国歌「君が代」の紆余曲折に富んだ来歴を読みながら、そのことが頭の隅にひっかかっていた。ごく普通の日本人が「君が代」の意味と歴史をゼロベースで知ることを目ざした本書は、「君が代」へのこそばゆい思いを刺激するところがあるからだ。

「君が代」は長年、文部省と日教組の対立の構図の中に置かれていた。多くの人にとって、「君が代」が「面倒くさい歌」になってしまったゆえんである。本書で知ったのだが、日教組は村山富市政権下の戦後五十年の年に、「日の丸」「君が代」闘争から撤退を宣言した。後には散発的な抵抗があっただけで、国旗国歌法が成立し、公立学校卒業式での「君が代」斉唱率は九十九パーセントを超えているという。

著者の辻田真佐憲は一九九七年に大阪府下の市立小学校を卒業したというから、まだ三十歳そこそこである。そんな年齢でも「君が代」で一冊の本を書くのか。正直、不思議だった。忽然と了解できたのは、著者の小学校の卒業式は、一パーセント以下の稀少な抵抗の現場となり、著者は否応なく、当事者にされていたのだった。

担任の女教師は「君が代」反対の意思表示として、演奏時に着席した。あらかじめ着席を宣言し、受持ちの児童たちに強制はせず、自主的判断にまかせた。「周りの同級生たちはあっという間に座り始めた。ここで立っていては気まずいので、私もすぐに座った」。隣のクラスは全員立ったままだった。

本書の終わりの方に出てくる挿話である。「何も知らない小学生を巻き込むべきではなかったと思う。私は小学校の退屈な卒業式をこうして本のネタにできているのでよいが」。著者はそう韜晦しているが、「気まずいので、すぐに座った」幼い日の自身の動作を、二十年近く考え続けてきたがゆえの本なのだと思われる。著者が想定している読者は、座った級友たちと、立ったままの隣のクラス、彼ら同級生全員なのではないだろうか。つまり普通の日本人全員だ。

著者は世界中の軍歌のコレクターで、『日本の軍歌』『たのしいプロパガンダ』といった、大衆文化史に潜む「宣伝」の威力に着目した本を書いている。おたく的資質と研究者的バランスを兼ね備えていて、その位置から「君が代」の歴史も解体していく。「君が代」はありがたがられも、嫌われもしない。あいまいな成立の事情から筆を起こし、戦争の時代も平和の世をものりこえて、サバイバルしてきた生命力を解き明かそうとしている。筆致はあくまでも軽快だ。荘重な「君が代」はリミックスされて、ポップになっている。

松本健一は『「日の丸・君が代」の話』（ＰＨＰ新書）で、幕末のおなじみの進軍歌「宮さん宮さん」が国歌になっていてもおかしくなかった、と書いていた（「国歌とすれば、気品に欠けるが」と断っている）。なかなか愉快な想像である。国歌があの軽快な「宮さん」だったならば、近代日本の歩みは別物だったかもしれない。

「君が代」についても、明治の途中までは、五つの曲が競い合っていた。文部省、陸軍省、海軍省、宮内省といった官庁の縄張りあらそいの中で、意外にも海軍省が宮内省を味方に抱き込んで勝利をつかんだ。それには和洋折衷の曲づくりの妙味があった。

現行の「君が代」普及に力があったのは、なんといっても文部省であった。祝祭日用の歌として「唱歌科」が必修となり、楽譜や歌い方が統一されていく。その歌が神聖不可侵なシンボルとなるのは、ずっと時代が下がって、昭和十二年（一九三七）、「修身科」の国定教科書に現代語訳付きで、詳しく紹介されてからだった。敗戦までの以後わずか十年足らずが、「君が代」の戦争協力の時代といえる。その間、国民に親しまれたのは、むしろ準国歌といえる「愛国行進曲」と「海ゆかば」という二つの新曲だった。

昭和二十二年（一九四七）、日本国憲法施行記念式典では「君が代」は歌われなかった。それどころか、天皇退場の際に演奏されたのは「星条旗よ永遠なれ」だった。瀬戸際の「君が代」を救ったのは、吉田茂内閣の天野貞祐文相だった。天野は昭和二十五年（一九五〇）の国会答弁で、「君が代」は「天皇というシンボルを讃えることを通じて、日本国や日本国民をも讃える歌と解釈できる。従って、主権在民の原則と「君が代」は矛盾しない」と解釈した。この解釈は後々、「君」とは「象徴天皇」であるという政府見解につながっていく。

明治二年（一八六九）の英国王室来日の際、外国交際の儀式用の曲として、急場しのぎで作られたのが「君が代」事始めだった。それ以来、国歌に決まり定着するまで、「君が代」は歴史の荒波をくぐりぬけてきた。それは日本の近現代史そのものと見える。日本という国柄を考える時に、世界最古の歌詞をもつ国歌である「君が代」は、実に恰好の対象なのではないか、と本書を読んで思った。「平和」といった固定観念が付着してしまった憲法よりも、それは生きた歴史の教材なのではないだろうか。

若い著者は本書の最後で二十一世紀型「君が代」を提言している。百戦錬磨の「君が代」を国歌として認めるが、斉唱までは要求しない。「聴く国歌」として運用しよう、と。

それを読んで私は、一年前に大相撲千秋楽で歌ったことをやっと思い出した。国技館では裏声ではなく、地声で歌った。それもずいぶん小声だったことを。

――「新潮45」二〇一三・八

●先崎彰容《せんざきあきなか》『ナショナリズムの復権』ちくま新書

「六畳一間の被災者借りあげ住宅から、勤務先へ通った数ヵ月、ほとんどとりつかれたように文字を刻んでいた。確かに逃げまどい、自宅を探す日々は辛いものだったが、こうした状況で文字を書かずして、どうして丸山眞男を批判し、吉本隆明や柳田国男の言葉を写す権利があるか、そう思い続けていた」

『ナショナリズムの復権』という挑発的なタイトルの本の終わりに記された、ずいぶん「熱い」ことばである。その熱さは、3・11後の日本に対する切実な著者の問いかけゆえなので、けっして暑苦しくはない。

福島県いわき市にある東日本国際大学に勤める著者の先崎彰容准教授は、近代日本思想史の専門家である。被災地と東京を往還し、剝き出しにされた大地と、あっさりと日常に復帰していった東京との落差を肌で受けとめる。国家と東電という声高に批判、罵倒できる対象を得て、「絶対の正義」を握りしめた知識人への懐疑を隠さない。いわき市民に毎年出る四千円の謝礼金を東電から軽い気持ちで受け取ってきた自分を抜きにしては、原発の是非を語らない。騒々しい議論からいったん身を引き離して、3・11の衝撃を引き受けようとする姿勢は、むしろ清々しい。

ナショナリズムを論じることは日本では厄介なことである。否定にせよ、肯定にせよ、妙にボルテージが上がり、うわずった議論になる。そんな中で、萱野《かやの》稔人《としひと》『ナショナリズムは悪なのか』（NHK出版新書）は切れ味鋭く、「ナショナリズムはファシズムをもたらしたからダメ」という反ナショナリズムを論理的に批判した快著だった。それに対して、先崎のこの本は、国家を考え抜いた先人たちの思索を、先人たちそれぞれが時代の要請に全身で応えた書として捉え、そこから学ぼうとしたものだ。

著者が「真剣に格闘する」対象として選んだのは、ハンナ・アーレント『全体主義の起源』、吉本隆明『共同幻想論』、柳田国男『先祖の話』、江藤淳『近代以前』、丸山眞男『日本政治思想史研究』である。そのかたわら、橋川文三、網野善彦、柄谷行人、高坂正堯、オルテガ、ポール・ヴァレリーなども参照される。それらの本や著者は、「知の意匠」として持ち出されるのではない。著者の思索の必要によってひもとかれている。

「ナショナリズムは誤解されっぱなし」というのが著者の問題意識である。その誤解は三つある。全体主義、宗教、デモクラシー（ポピュリズム）。それらと等式で結びつくとされたことで、ナショナリズムは危険なものとして不当に貶められてきた、という立場である。

その誤解を慎重に（慎重すぎるかもしれない）解きほぐしていく過程は面白いが、この本を独特なものにしているのは、その根底に「死」への誤解が据えられている点だろう。「第二次大戦が世界中で大量の犠牲者を出した以上、戦後のこの誤解は確かに本質的で、納得がいく」「しかしだからこそ、死の匂いすべてを否定する必要はない」「むしろ勇気をもって匂いの差に敏感でありたい」

「死」がもっとも露出した昭和二十年の春に、柳田国男は『先祖の話』を書いた。その時、柳田は超人的な民俗学者から稀有な思想家になった、と著者は考える。大量の死者、それも無念を残したままの若い死者、家の崩壊により宙をさまよう霊魂を前にして、柳田は「数千年にわたるこの国の家と死、人々は霊魂をどう理解し扱ってきたのか、その慣習に思いをめぐらし」た。

たしかに『先祖の話』は柳田のいつもの晦渋さが弱まって、ストレートに響いてくる本である。「死者の側から」日本の姿を見ている切実さにあふれている。柳田のような天才であっても、「自分の足元が崩れ去るような巨大な変化」が反省の大きな糧になったのだろうか。

「戦争は思想家を生む」という一語が、本書の中に出てくる。著者が本書で「格闘」した先人たちは皆、一九四五年の心の衝撃をことばに刻んだ思想家である。それ故に、その思想を批判するにしても、たとえば丸山眞男の内実に最大限に寄り添って、その上での否定となる。そこには快哉はない。

柳田と対比的に登場する網野善彦の場合でも、斬新な中世史家としてでなく、思想家・網野として批判される。一九六八年を抽象化し、移動と流動性と拡張を重要視する「土地から離れた」思想家としての網野が、「定住」を重くみた吉本・柳田と鋭く対峙する。しかし、移動する漂泊者中心の網野史観では、「死」は解決不能で残されたままで、死者との交流はないではないか、と。

「定住の暮らしとそこで営まれる信仰、家について考え、自分の力よりも背負ってきたものを受けいれること。これが明治以来忘れられつつあった本当のこの国の死生観であり、倫理観だったのである」

「死者は死んで後もなお、家を見守るという責任＝倫理を課されていること、これが柳田のナショナリズムを支えている思想である」

これらのことばには、明らかに3・11の「死」の反響がある。津波の傷跡、放射能への不安、それらに現実的に対処することだけでは済まされない、もっと根源的な問いを導き出そうとする志が潜んでいる。

二〇一一年が、一九四五年に匹敵する日本人の経験になるためには、まだまだ時間が必要だろう。その前に、二〇一一年は風化しないとも限らない。そうならないように言っておこう。二〇一一年の思想家、誕生せよ、と。

●原武史『歴史のダイヤグラム――鉄道に見る日本近現代史』朝日新書

――「週刊ポスト」二〇二一・一二・一〇

鉄道愛あふれるオモシロ話と蘊蓄でギュウ詰め満員の朝日新書『歴史のダイヤグラム』を読んでいたら、大昔の中公新書『列車ダイヤの話』を思い出した。前回の東京オリンピックの年、つまり東海道新幹線開通の年に出た本で、列車運行表づくりのプロ「スジ屋」国鉄マンの職業苦労話だったと記憶する。その本の担当編集者は、後に『時刻表二万キロ』で有名になる宮脇俊三であった。

本書でも宮脇については触れられる。敗戦の日、玉音放送もなんのそのと、恙《つつが》なく運行されていた鉄道風景が宮脇の名著『時刻表昭和史』（中公文庫）から引用され、その前後には永井荷風と吉村昭が見た戦時下の鉄道が配される。

「鉄道に見る日本近現代史」と副題された本書の著者・原武史は、内田百閒、阿川弘之、宮脇俊三の衣鉢を継ぐだけではない。乗る、撮る、書く、だけでなく、調べる、推理する、「啓示」を受けて生き方を変えると、全身「鉄」まみれなのだ。

関心の対象も、文学者が記録した鉄道にとどまらない。天皇、学者、革命家、庶民と幅広い乗客を網羅し、車窓風景、車体、駅弁、駅そば、駅名、駅員など鉄道に関わる森羅万象を味わい尽くす。掲載される新旧の鉄道写真も楽しいが、その中には著者自身がかつて撮った思い出フォトも紛れ込んでいる。遠い日の父と子、母と子の会話も再現され、鉄道仲間だった同級生の自死も回想される。鉄道の記憶には人生も詰まっている。

この本一冊あれば、「タモリ倶楽部」の鉄オタ企画が百本くらい軽く作れるのではないか。ただし、テレビ放送にするには差し障りがありそうな話題も本書には多い。第一部「移動する天皇」の諸篇は、私たち国民が乗ることが許されない御召列車や皇族車両の秘密も満載されている。

三種の神器も乗せた御召列車が走る時、すれ違う列車や途中駅の便所は使用禁止となったり、天皇の視界に入らないように幕で覆われた。まさに「御不浄」として扱われたのだ。

――「週刊ポスト」二〇一七・一・一／六合併号

●河西秀哉『平成の天皇と戦後日本』人文書院

二〇一七年は平成二十九年である。新しい年に西暦よりも年号を意識する日本人はもはや少数派だ。年号を意識することもっとも強いのは、おそらく天皇皇后両陛下であろう。「生前退位」を望む平成三十年は刻一刻と近づいている。

八月の「ビデオメッセージ」は「平成の玉音放送」といわれ、世論調査では圧倒的支持を得た。共感の後に、冷静になってみるとどうか。憲法及び皇室典範との兼ね合い、「公的行為」とは何か、天皇の御位と能力との相関関係、皇室の権威の巨大化など、軽々しく判断するのを躊躇させる幾多の難問が横たわっている。近代日本の制度設計全体に関わってくるからだ。「熟議」という言葉が安保法制論議の時、ヤケに口にされたが、熟議はむしろこのテーマにふさわしい。日本という国家が、溶けていくかもしれないからだ。

神戸女学院大准教授の河西秀哉『明仁天皇と戦後日本』（初刊時のタイトル）は、NHKが変則的な大スクープをした時に、新刊で店頭に並んでいた。予見的な本であった。今上天皇（著者は「明仁天皇」と表記する）の個人史を辿りながら、国民がその時々にどう皇室を受けとめたかに焦点を合わせていく。独立直後の昭和二十七年、立太子の礼は最大級の扱いで報道された。影が薄くなった「孤独の人」の時代、ミッチー・ブーム、沖縄での毅然とした姿、皇后バッシングなど、山あり谷ありだった。

著者の河西が注目したのは、天皇の実像はそれほど変わらなくても、マスメディアが提供するイメージによって、国民の感じ方に差が出てくることだった。民主主義が深化しても、メディアの柔らかな自主規制は強まっていないか、という問題提起と私は受け取った。昭和末のような「自粛」の空気を繰り返すことは、今上天皇（現、上皇）にとっても避けたい事態であろう。

——「東京新聞」二〇二一・九・一八

●與那覇潤《よなはじゅん》『平成史——昨日の世界のすべて』文藝春秋

同時代日本をいま最も鋭利に、隈なく全方位で批判できる能力を持っている書き手は、「元歴史学者」を自称する與那覇潤であろう。

六月に出た時論集『歴史なき時代に』（朝日新書）は、コロナ下の言論のいかがわしさと日本社会の脆弱を、軽やかな筆致をもって批判した、手強い本だった。その與那覇がおそらく満を持して書いた、重量感溢れる必携の同時代史が『平成史──昨日の世界のすべて』である。

バブル崩壊から天皇「生前退位」までの平成三十年間には、阪神・淡路大震災、オウム事件、3・11があり、政権交代もインターネット覇権も、数々の知識人の失墜もあった。言論はお手軽になり、あらゆる来歴は忘却され、「インフルエンサー」主導の騒々しい現在だけが消費されていった。崩れと炎上の果てに荒廃しきった日本の表情を、著者は高度な整理能力と辛口エピソードの摘出で描き切っている。

與那覇は一九七九年生まれなので、平成元年には十歳である。早熟な少年だったから、彼にとって「平成史」とは頭と目と身体で経験してきたすべてだ。その強みを十二分に生かしているので、誰でもが読める史書となっている。

與那覇の史眼が並みでないのは、「平成史」を描くために一九七〇年にまでさかのぼった点だ。三島の自決があり、翌々年にはあさま山荘事件が起きた。與那覇はその時期を「後期戦後」と名づけ、「平成」も含め五十年のスパンで歴史を遠望する。その五十年は戦争経験者が次々と退場する過程だった。彼らの肉体が下支えしていた「歴史」が失われると、その後には「いまさえ勝ち抜ければ後はどうでもいい」という「瞬間」至上主義がはびこった。それは与野党、左右、老若を問わずだ。

本書を読んでいると、この一年半、幾つもの行けなかった葬儀を痛切に思い出す。コロナのせいで、何人もの先輩知人友人を葬祭場でねんごろに送ることができなかった。本書はその空虚感をいささかでも埋めてくれる。死者との対話をうながす、鎮魂の書でもある。

●古市憲寿《のりとし》『誰も戦争を教えられない』講談社+α文庫

優秀な社会学者なのか、チャラいテレビタレントなのか。正体不明の若者代表・古市憲寿による世界各地の戦争博物館巡りである。

「2011年お正月。芸能人でもないのに、僕（＋40）はハワイにいた。芸能人でもない僕にとってハワイは退屈な場所だった」

「僕（＋40）」という表記は、「1945年を起点としてその人がいつ生まれたかを示す」便利な表示で、「半藤一利（－15）」「田原総一朗（－11）」「櫻井よしこ（±0）」「池上彰（＋5）」「小林よしのり（＋8）」「三浦瑠璃（＋35）」となる。「僕（＋40）」は軽い気持ちで、パールハーバーの戦争博物館を見学する。

「アリゾナ・メモリアルでも「やったぜ！　俺ら勝ったぜ！」というアメリカの勝利の物語が描かれていた。国家のために死んでいった者たちが「ヒーロー」として弔《とむら》われている。展示に湿っぽさはない。／さらに、そこは「楽しい」場所だった。来訪者を楽しませるような仕掛けが溢れていたからである。／ハイライトは、アメリカ海軍の兵士が操縦する船に乗って、沖合に浮かぶ記念碑を訪れるクルージングだ。（略）あ、ディズニーランドのジャングル・クルーズみたいだ」

これをきっかけに中国、韓国、ポーランド、ドイツから沖縄、関ケ原まで行く。興味は「戦争の残し方」の違い。「また「死」の存在を意識することが少ない現代社会において、負の遺産を展示した博物館は、宗教とは違う形で自分の存在を認識させてくれたり、過去との対話を促したりしてくれる場所でもある」。

巻末には「博物館レビュー」があり、エンタメ性、目的性、真正性、規模、アクセスを五段階評価し、点数に換算してある。一位は88点でベルリンのザクセンハウス記念館・博物館、最下位が36点で新宿の平和祈念展示資料館となる。茨城県の予科練平和記念館には特別賞が与えられている。「展示では、予科練の若者たちの一生を追体験できる。空を大胆に取り入れたデザインの建物が印象的。とても気持ちのいい場所」という寸評だ。本文にはこんな評価も。

「展示メッセージにも配慮が行き届いている。「国家のために散った英霊のおかげで今の日本の繁栄がある」なんて保守系政治家のようなことは言わない」

——「週刊ポスト」二〇一八・一・一／五合併号

●有馬哲夫『こうして歴史問題は捏造される』新潮新書

いまや大新聞からネット言論、Twitterの発信まで、すべての情報が等価に享受されるようになった。ありがたいご時世になったものだ。「等価」というのは褒めているわけではない。どれもが同レベルの悪貨が溢れる、「トンデモな言語空間」に堕してしまった事態に呆然となるのだ。

事実の確定は隅に置かれ、声のデカい言論が幅を利かせる。えげつないオピニオンが喝采される。誰もが勝利宣言をしている。不都合があったら、黙《だ》んまりをきめ込めばいい。「正しい」言論人に簡単になりすませる時代がやってきた。

このめくるめく世界をどうやって生き抜くか。なまじのメディアリテラシーを磨く程度ではとても追いつかない。思い切って愚直な基本に戻るしかないのではないか。

有馬哲夫の『こうして歴史問題は捏造される』は慰安婦、南京、原爆などの歴史認識問題のゴタゴタをすっきり整理し、「事実」とは何かを教えてくれる、歴史問題だけでなく、広く応用のきく実用書である。かつては信頼度の高かったNHKの番組や朝日新聞の記事を俎上に載せて、大メディアの劣化の実情が暴かれる。

長年アメリカで公開された公文書資料発掘に携わってきた著者の方法は、「反証可能」な「一次資料」によって議論が組み立てられているかどうかを見抜くことだ。それなら左右のイデオロギーとは関係なく、判断できる。例えば、国連人権委員会のクマラスワミ報告書である。5W1Hのない、信用できるかどうか検証しようのない証言が堂々と採用されている。「反証可能性のない」言いっ放し証言で構成されているのだ。文句なく、落第である。「国連」とか「人権」といった美名は、ここでは隠れ蓑にならないのだ。

「無理に結論を引き出さない」ことも大事だと著者は言う。そんなまどろっこしいことには耐えられないからの捏造大流行である。事実か否か、ひと呼吸判断を遅らせる冷静さが有効だろう。

●半藤一利『戦争というもの』PHP研究所

「歴史探偵」半藤一利が自ら企画し、担当編集者には孫娘を特に指名し、病床で書き綴ったのが『戦争というもの』である。本が出たのは死の四ヶ月後で、文字通りの遺著となった。「指名」を受けた孫の北村淳子が「編集後記」で書いている。

「けれど、本も読めないほど気持が落ち込んでいた祖父が、再び本を書くために動きだした。何十冊も書いてきた祖父が、病院のベッドの上にいてもなお、書きたいことがある。(略)改めて話を聞きに行くと、私が病院につくなり祖父は、「今年は数え年でいうと、太平洋戦争開戦八十年で」と、企画主旨を滔々とプレゼンし始めました。その時の声は、とても力強く聞こえました」

早坂隆の『祖父がみた日中戦争』(「定本コーナー」参照)は、孫から祖父へというアプローチだったが、本書は祖父から孫へという逆方向にある。息子と娘の世代を飛び越えて孫とつながるというのは、語りにくいあの戦争を伝えるには、ふさわしい経路なのだろうか。

『戦争というもの』は半藤が敬愛する山本五十六の日米開戦直前の名言で始まる。「百年兵を養うは何のためだと思っているのか！　一《いっ》に国家の平和を守らんがためである」。ハワイへ向かう機動部隊へ、もし途中で日米交渉成立の報が届いたら反転、帰投せよと山本は訓示したのだった。山本は戦争に反対し、最後まで避戦の道を探っていた。

『戦争というもの』はベストセラー『昭和史』のジュニア版といった性格があるが、それだけではない。太平洋戦争の開戦を主として海軍側から見ているために、アメリカの対日石油全面禁輸を歴史の流れの中で重視している。

今までの半藤昭和史ではあまり語られなかったアジア主義の側面も顔を出す。岡倉天心の「アジアは一つ」（『東洋の理想』）も取り上げられる。「若いころ天心は中国、インド、マレー半島などを歴遊して、アジアの民が植民地の屈辱にいかに苦しんでいるかを身をもって実感しました。（略）もし、当時の日本人に、岡倉天心や高村光太郎のように、苦しんでいるアジアの民を自分の苦しみの一つとして、流す涙があったのであれば、戦時下にあれほど傲慢な、のちのちまで憎悪されるような圧政で、アジアの人々を苦しめることはなかったのに、と思うのです」。

選ばれた十四の名言のうち、大田実海軍少将の「沖縄県民斯く戦へり」など、沖縄作戦が三つもあるのも特徴的だ。

読了しての印象は、半藤末利子夫人の「解説」で明かされる、夫人に言い遺した最後の一言「日本人はそんなに悪くないんだよ」と共振する。

あとがき

昭和史の本の森への匍匐前進が、やっと終わった。想定した以上に苦しい半年間だった。やってもやっても、先が見えなかった。こちらの見通しが甘かったせいもある。「第四章　陸海軍と銃後と総動員」の「定本コーナー」は書き出すと膨らんでしまうので、陸軍、二・二六事件、陸軍軍人、兵士と戦場、海軍、特攻、総動員と戦時統制、と七つの小見出しを立てて記述した。いかにもバランスが悪いのだが、致し方なかった。

もともと頭の中も、自分の身のまわりも、乱雑なままで生きてきた。整理能力はゼロに近い。その上、昭和史関係の本を読むときには、あらかじめの見取り図をできるだけ放棄して読むようにしていた。そうしないと、既成の歴史観に絡めとられてしまう虞《おそれ》が多分にあるからだ。

本書の成り立ちは「まえがき」に記したように、私が「新潮45」と「週刊ポスト」に書いてきた書評から昭和史関係だけをピックアップし、『昭和史を読み解く100冊』といった本にならないかという草思社の木谷東男さんの提案で始まった。それがだんだん大がかりになり、タイトルこそ『昭和史百冊』だが、ゴシック文字で紹介した本は「定本コーナー」と「書評コーナー」を合わせると四百冊を超えている。これではますます昭和史の森で迷子になりかねないが、それぞれの興味と関心のあるところから入ってもらえれば、それで十分だと思う。

企画段階で木谷さんの脳裡にあった本は、鳥居民『昭和史を読み解く』だった。『昭和史を読み解く』については、「第九章　昭和史本評判記」で取り上げている（306ページ）。その部分を読んでもらえればわかるように、清沢洌『暗黒日記』といった定評ある絶対の名著と、関係者以外にはほとんど読まれない自費出版本が、なんら区別されることなく、評者の目と舌によって吟味され、選書されていた。

同じく第九章で取り上げた野呂邦暢『失われた兵士たち――戦争文学試論』（301ページ）も、「無名」の人々の「これだけは子孫に伝えたいと心血を注いで書き綴った文章」に重点を置いている。野呂邦暢がビルマ戦線の数ある本から一冊だけ抽出した丸山豊『月白《つきしろ》の道――戦争散文集』については、私も「第四章　陸海軍と銃後と総動員」で取り上げた。どうしても引用しておきたくなった文章は、野呂邦暢が『失われた兵士たち』で引用したのと同じ箇所だったが、ためらわずに引用した（109ページ）。その引用部分だけでもぜひ記憶に留めてもらいたかったからだ。野呂邦暢が『失われた兵士たち』を書いた時には『月白の道』は絶版だったが、いまは幸いにも中公文庫で読めるようになっている。それには『失われた兵士たち』の存在が大きかったのではないだろうか。

話が逸れてしまった。鳥居民『昭和史を読み解く』はもともと「太平洋戦争を考えるための100冊」という企画だったが、完成を見ないうちに著者は急逝した。残された原稿をそもそもの企画者の木谷さんが編集して一冊の本にしたのが『昭和史を読み解く』である。木谷さんは鳥居民の未完となったライフワーク『昭和二十年』（全十三巻）の担当編集者でもある。『昭和二十年』から、鳥居さんご本人から多くのことを学ばせてもらった私としては、木谷さんの提案には否も応もなかった。亡き鳥居さんからハッパをかけられている気分で、原稿に向かった。

木谷さんの当初の計画は、鳥居さんの歿後十年にあたる二〇二三年一月に原稿をあげるというものだった。私は、それでは遅いのではないか、歿後十年のその日には、本になっていなければいけないのではと、自ら進んで締切りの繰り上げを提案した。身の程知らずにもほどがある。無謀な提案であり、恥ずかしい読み違いであった。原稿を書き始める決心がつかず、ずるずると締切りを伸ばし続けたのだから。鳥居さんの命日である二〇二三年一月四日には、まだ「第二章　日本はなぜ開戦したか」までしか書き上げていなかった。その後も、遅れに遅れ、昭和史物、戦争物の年中行事「八月ジャーナリズム」に間に合わせるというのが絶対の締切りとなった。一時はそれも危うくなり、自分は八月十五日よりも、十二月八日を重視しているのだから、十二月に間に合わせればいいかと、勝手に仕切り直しを考えたが、さすがにそれは許されなかった。

『昭和史百冊』の四百冊の中に、鳥居民『昭和二十年』（草思社文庫）は入っていない。当然入っていておかしくないのだが、さすがに全十三巻というヴォリュームには躊躇せざるを得なかった。他にもそのヴォリュームゆえに、「百冊」から外した本がいくつもある。たとえば原田熊雄［述］『西園寺公と政局（全八巻別巻一）』（岩波書店）は、「元老」西園寺公望の政治秘書・原田熊雄が残した口述記録で、昭和史の最重要史料であることは間違いない。ただ、この本を読みこなすにはかなりの固有名詞と彼らの人物像が頭に刻みこまれていないと難しいので、やはり割愛した。

巻数が多いけれども「百冊」に入れたのは、『太平洋戦争への道　開戦外交史（全七巻別巻一）』（41ページ）と『入江相政日記（全十二巻）』（189ページ）くらいではなかろうか。双方ともに現在は新刊書店で入手不可能だが、前者は基本図書として、後者は気楽に読める侍従日記として残した。

必読書とわかっていても、意図的に省いた本もある。たとえば昭和十七年（一九四二）夏に行なわれた大座談会『近代の超克』（冨山房百科文庫）は、近代日本の運命を考えるための基本書だが、広く勧めるにはやはり躊躇してしまう。この中で話し合われている「近代」「歴史」「神」「日本精神」などは、当時の文脈をよく把握した上でないと、その場で話している言葉をうまく咀嚼できないのではと怖れたからだ。もっと正直に言えば、私自身、何度か読んではいるのだが、いまだに歯が立たないからという単純な理由でだ。

自分のうっかりミスや怠慢で、「百冊」に入れそこねた本も少ないがある。初校ゲラを読んでいて、入れたはずの二人の人物のかなり有名な日記を落としていることに気づいた。それらはゲラに加筆して、「百冊」から漏れるのをまぬがれた。しかし再校ゲラで気づいたかなり有名なある本は、「百冊」に入れることを断念した。その作業を始めてしまうと、あれもこれもと加筆したくなる危険があったからだ。本が何であるかは読者の想像にまかせる。

一方で、有名な本であっても、そこまでの本だろうかと私には思えた本は「百冊」に入れていない。その類の本は意外と多いかもしれない。それらの本が何か、これも読者の想像にまかせたい。

自分にとって意外だったのは、こうやって並べてみると岩波書店の本がかなりある、ということだった。木谷さんからは「岩波の本が多過ぎませんか」と指摘されたが、読んでいいと思った本が多かったのだから、仕方ない。版元の名前を色眼鏡をつけて見ることはしていないつもりだから、あくまでもたまたまそうなったというべきか。やはり岩波の底力というべきか。四百冊の版元をいちいちチェックはしていないが、おおよその勘では、中公文庫が一番多くなっていそうである。そうしたカウントをやって下さる奇特な読者がいれば、これもおまかせしたい。

自分の目を信じて選ぶ、書くということに徹したので、世評については触れないようにし、賞の受賞といったデータも出さないようにした。これはブックガイドとしては不親切だったかもしれない。そんなことを思ったのは、「第一章　まずは十二冊で昭和史を掴む」の十二冊のうち二冊が本書執筆中に賞を受賞したと知ったからだ。多胡吉郎『生命《いのち》の谺《こだま》　川端康成と「特攻」』（27ページ）が第三十五回和辻哲郎文化賞を、太田奈名子『占領期ラジオ放送と「マイクの開放」――支配を生む声、人間を生む肉声』（33ページ）が第九回内川芳美記念メディア学会賞を、それぞれ受賞した。新刊で手にして、昂奮して読み、書評に書いた二冊だった。私が昂奮したほどには、新聞や文芸誌の書評欄ではあまり取り上げられなかったと記憶する。あんないい本が、このまま忘れられてしまうのかと残念に思っていた矢先の受賞だったので、著者たちとは何の関係もないのに我が事のように嬉しかった。「十二冊」のうち、小山俊樹『五・一五事件――海軍青年将校たちの「昭和維新」』（26ページ）はサントリー学芸賞を、堀川惠子『暁の宇品――陸軍船舶司令官たちのヒロシマ』（30ページ）は大佛次郎賞を、それぞれ受賞している。この二冊は世評も高く、当然の受賞だったが、それでも受賞によって、少しでもその本が注目されることは昭和史本の世界にとっては大事なことであろう。

この十年間、新刊書をずっとウオッチできたのは、書評という場が与えられたからだった。おかげで、新刊書を積《つ》ん読《どく》で済ませるのではなく、まだイキのいい新刊のうちに読んで、自分なりの評価をすぐに下すという習慣が形成できた。「新潮45」の三重博一さん、風元正さん、「週刊ポスト」の飯田昌宏さんには感謝しかない。好きでやってきたこととはいえ、十年の積み重ねは大きかった、といま思う。選書に関しても、フリーハンドで選べたのは幸運だったし、遣り甲斐もあった。今は亡き「新潮45」では、西山奈々子さん、羽田祥子さん、太根祥羽さんのお世話になり、「週刊ポスト」では山田義知さん、判治直人さんのお世話になっている。また「東京新聞」の中村信也さんにも何度もこれはという本の書評を書く機会を与えられた。中村さんには『生命の谺』の書評の延長線上で、川端康成の戦中の文章「英霊の遺文」についても書く機会を貰えたのは有難かった（28ページ）。二本の短い原稿を立て続けに書くことで、ノーベル文学賞作家の像は相当違って見えてきたからだ。書評をそれだけで完結させず、次のステップへと活用できる可能性を感じることもできた。

思えば、最初に書いた書評が森山優『日本はなぜ開戦に踏み切ったか――「両論併記」と「非決定」』(47ページ)だったのも何か運命的なものを感じる。この後に、自分が初めて書く本『昭和天皇「よもの海」の謎』が、まったく同じテーマを別の側面から扱っており、同じ新潮選書の一冊として世に出たからだ。そんなことになるとは、当時はまったく知らず、ただ何冊か読んだ書評候補の新刊で一番面白かったからという理由で、この本を選んでいた。

思い起こせば、この時にはまだ原稿を手書きで書いていた。今でも冷や汗とともに思い出すのだが、駿河台の明治大学図書館の地下書庫の机に『日本はなぜ開戦に踏み切ったか』と二百字詰め原稿用紙を拡げて、悪戦苦闘していた。どう書いても納得できず、やたらと消しゴムを使った。地下書庫の机は、かつての職場だった週刊誌の「書き部屋」の机に似ていて、それを一回り大きくしたといったものだった。夜明けになっても原稿が書けず、掌に汗が滲んできた遠い日の記憶がよみがえり、こんな書評の仕事をうけるんじゃなかったかなと後悔しながら、机に向かっていた。さすがに翌月からは手書きをやめ、パソコンで書くことにした。そのうちに、いつのまにか書評を書くことは、苦痛というより日常的な感覚になっていった。

本書『昭和史百冊』の四百冊のうちから、どれか一冊をきっかけにして、昭和史への関心を持ったり、関心を拡げたりしてもらえたら、こんな嬉しいことはない。この本を書いているうちに思ったのは、この本は誰かに「バトン」を渡すために書いているのでは、ということだった。あまりにも沢山の、よりどりみどりの「バトン」が用意されているので、かえって鬱陶しいかもしれないが、一冊でも二冊でも見つけてもらえれば有難い。

あるいは、この本で選び漏らした本の中に、その大事な一冊があるかもしれないし、これから書かれる本の中に、その大事な一冊があるのかもしれない。あるいは、既に書かれ、今はまだ埋もれている大事な一冊がどこかに存在しているかもしれない。つい最近までの『昭和天皇拝謁記』のように。
この本は「バトン」なのだと最初から気づいていれば、「バトン」は四百冊ではなく、もっと多くてもよかったのかなとも思う。いまとなって後悔しても遅いのだが。

平山周吉

二〇二三年六月二十六日

『倫理御進講草案』（上中下）』杉浦重剛　やまと文庫1984（原本は杉浦重剛先生倫理御進講草案刊行会1936。抄本として『昭和天皇の学ばれた「倫理」――倫理御進講草案抄』勉誠出版2016がある）　187

れ

『歴史と私――史料と歩んだ歴史家の回想』伊藤隆　中公新書2015　307
『歴史のダイヤグラム――鉄道に見る日本近現代史』原武史　朝日新書2021　341
『歴史の本棚』加藤陽子　毎日新聞出版2022　317
『連合艦隊――参謀長の回想』草鹿龍之介2021　中公文庫2021（原本は光和堂1979）　112

わ

『私が最も尊敬する外交官――ナチス・ドイツの崩壊を目撃した吉野文六』佐藤優　講談社2014　67
『(完本）私の昭和史――二・二六事件異聞』末松太平　中央公論新社2023（原本はみすず書房1963）　76
『わたしの渡世日記（上下）』高峰秀子　文春文庫1998（原本は朝日新聞社1980）222
『私の中の日本軍（上下）』山本七平　文春学藝ライブラリー2022（原本は文藝春秋1976）　111
『私の二・二六事件』河野司　河出書房新社1976　102
『渡辺錠太郎伝――二・二六事件で暗殺された「学者将軍」の非戦思想』岩井秀一郎　小学館2020　225
『我は苦難の道を行く――汪兆銘の真実（上下）』上坂冬子　文春文庫2002（原本は講談社1999）　150

本『古風庵回顧録』は読売新聞社1950） 16
『明治大帝』飛鳥井雅道　文春学藝ライブラリー2017(原本はちくまライブラリー1989) 187
『明治天皇の一日――皇室システムの伝統と現在』米窪明美　新潮新書2006 188

も
『もう一人の彼女――李香蘭／山口淑子／シャーリー・ヤマグチ』川崎賢子　岩波書店2019 167
『物語　岩波書店百年史２「教育」の時代』佐藤卓己　岩波書店2013 88
『物語「京都学派」――知識人たちの友情と葛藤』竹田篤司　中公文庫2012（原本は中公叢書2001） 79

や
『靖国』坪内祐三　文春学藝ライブラリー2022（原本は新潮社1999） 324
『山本五十六（上下）』阿川弘之　新潮文庫1973（原本は新潮社1965） 43
『山本五十六の乾坤一擲』鳥居民　草思社文庫2019（原本は文藝春秋2010） 43

ゆ
『幽囚回顧録』今村均　中公文庫2019（原本は秋田書店1966） 152
『有法子――十河信二自伝』十河信二　ウエッジ文庫2010(原本は交通協力会1959) 149

よ
『揚子江は今も流れている』犬養健　中公文庫1984（原本は文藝春秋新社1960） 150
『吉田謙吉が撮った戦前の東アジア――1934年満洲／1939年南支・朝鮮南部』塩澤珠江〔著〕松重充浩〔監修〕草思社2020 166
『吉田茂とその時代（上下）』ジョン・ダワー〔著〕大窪愿二〔訳〕中公文庫2014（原本は阪急コミュニケーションズ1981） 258
『吉田満　戦艦大和学徒兵の五十六年』渡辺浩平　白水社2018 326
『吉田満著作集（上下）』吉田満　文藝春秋1986 326

り
『陸軍将校の教育社会史――立身出世と天皇制（上下）』広田照幸　ちくま学芸文庫2021（原本は世織書房1997） 104
『陸軍中野学校――「秘密工作員」養成機関の実像』山本武利　筑摩選書2017 134
『李香蘭　私の半生』山口淑子・藤原作弥　新潮文庫1990（原本は新潮社1987） 149
『(全文) リットン報告書』渡部昇一〔解説・編〕ビジネス社2014（英文付き原本はビジネス社2006） 148
『臨時軍事費特別会計――帝国日本を破滅させた魔性の制度』鈴木晟　講談社2013 50

『松岡洋右と日米開戦――大衆政治家の功と罪』服部聡　吉川弘文館歴史文化ライブラリー2020　51
『マッカーサー大戦回顧録』ダグラス・マッカーサー［著］津島一夫［訳］　中公文庫2014　258
『抹殺された日本軍恤兵部の正体――この組織は何をし、なぜ忘れ去られたのか？』押田信子　扶桑社新書2019　132
『（定本）丸山眞男回顧談（上下）』松沢弘陽・植手通有・平石直昭〔編〕　岩波現代文庫2016（原本は岩波書店2006）　223
『満洲国と国際連盟』臼井勝美　吉川弘文館1995　149
『満州事変――政策の形成過程』緒方貞子　岩波現代文庫2011（原本『満州事変と政策の形成過程』は原書房1966）148
『満洲難民――北朝鮮・三八度線に阻まれた命』井上卓弥　幻冬舎文庫2020（原本は幻冬舎2015）　179
『満洲暴走　隠された構造――大豆・満鉄・総力戦』安冨歩　角川新書2015　163
『満蒙開拓団――国策の虜囚』加藤聖文　岩波現代文庫2023（原本『満蒙開拓団――虚妄の「日満一体」』は岩波現代全書2017）　171

み

『未完のファシズム――「持たざる国」日本の運命』片山杜秀　新潮選書2012　100
『三島由紀夫事件　50年目の証言――警察と自衛隊は何を知っていたか』西法太郎　新潮社2020　331
『三島由紀夫 vs. 司馬遼太郎――戦後精神と近代』山内由紀人　河出書房新社2011　305
『密室の戦争――日本人捕虜、よみがえる肉声』片山厚志　ＮＨＫスペシャル取材班　岩波書店2016　142
『見果てぬ夢――満州国外史』星野直樹　ダイヤモンド社1963　149
『未来の戦死に向き合うためのノート』井上義和　創元社2019　329
『ミンドロ島ふたたび』大岡昇平　中公文庫2016（原本は中央公論社1969）　122

む

『麦と兵隊・土と兵隊』火野葦平　角川文庫2021（原本は『麦と兵隊』改造社1938、『土と兵隊』改造社1938）　78
『夢声戦争日記　抄――敗戦の記』徳川夢声　中公文庫2001（原本『夢声戦争日記』は中央公論社1960）　218
『夢声戦中日記』徳川夢声　中公文庫2015（原本は同上）218

め

『明治・大正・昭和政界秘史――古風庵回顧録』若槻禮次郎　講談社学術文庫1983（原

版2021　276
『俳優と戦争と活字と』濱田研吾　ちくま文庫2020　236
『橋川文三　日本浪曼派の精神』宮嶋繁明　弦書房2014　237
『橋本夢道の獄中句・戦中日記――大戦起るこの日のために獄をたまわる』殿岡駿星〔編著〕勝どき書房2017　250
『(増補)八月十五日の神話――終戦記念日のメディア学』佐藤卓己　ちくま学芸文庫2014（原本はちくま新書2005）　259
『八代目正蔵戦中日記』八代目林家正蔵　中公文庫2022（原本は青蛙房2014）　252
『花々と星々と』犬養道子　中公文庫1974（原本は中央公論社1970）　75
『花森安治伝――日本の暮しをかえた男』津野海太郎　新潮文庫2016（原本は新潮社2013）　229
『馬場恒吾の面目――危機の時代のリベラリスト』御厨貴　中公文庫2013（原本は中央公論社1997）　225
『林芙美子の昭和』川本三郎　新書館2003　225
『原節子の真実』石井妙子　新潮文庫2019（原本は新潮社2016）　233
『「萬世一系」の研究――「皇室典範的なるもの」への視座（上下）』奥平康弘　岩波現代文庫2017（原本は岩波書店2005）　192
『半生の記』松本清張　新潮文庫1970（原本は河出書房新社1966）　222

ひ
『光の領国　和辻哲郎』苅部直　岩波現代文庫2010（原本は創文社1995）　260
『批評メディア論――戦前期日本の論壇と文壇』大澤聡　岩波書店2015　91
『非凡なる凡人将軍　下村定――最後の陸軍大臣の葛藤』篠原昌人　芙蓉書房新社2019　138
『秘密のファイル――ＣＩＡの対日工作（上下）』春名幹男　新潮文庫2003（原本は共同通信社2000）　264
『秘録東京裁判』清瀬一郎　中公文庫2002（原本は読売新聞社1967）　263
『ヒロシマ日記』蜂谷道彦　平和文庫2010（原本は朝日新聞社1955）　264
『広田弘毅――「悲劇の宰相」の実像』服部龍二　中公新書2008　77

ふ
『フィリピンＢＣ級戦犯裁判』永井均　講談社選書メチエ2013　294
『不許可写真』草森紳一　文春新書2008　121
『ふしぎな君が代』辻田真佐憲　幻冬舎新書2015　335
『不思議な宮さま――東久邇宮稔彦王の昭和史』浅見雅男　文春文庫2014（原本は文藝春秋2011）　189
『藤田嗣治――「異邦人」の生涯』近藤史人　講談社文庫2006（原本は講談社2002）　225
『藤田嗣治　戦時下に書く――新聞・雑誌寄稿集1935~1956年』藤田嗣治〔著〕林洋子

ね

は

な

に

『鉄の棺——最後の日本潜水艦』齋藤寛　光人社ＮＦ文庫2023(原本は三栄出版社1953)　114
『天皇機関説事件——史料は語る（全二冊)』宮沢俊義　有斐閣1970　77
『天皇と侍従長』岸田英夫　朝日文庫1986(原本『侍従長の昭和史』は朝日新聞社1982)　190
『天皇の学校——昭和の帝王学と高輪御学問所』大竹秀一　ちくま文庫2009（原本は文藝春秋1986)　187
『天皇の近代——明治150年・平成30年』御厨貴〔編著〕　千倉書房2018　210
『天皇の戦争宝庫——知られざる皇居の靖国「御府」』井上亮　ちくま新書2017　194
『天皇百話（上下)』鶴見俊輔・中川六平［編］　ちくま文庫1989　186
『天皇・伏見宮と日本海軍』野村実　文藝春秋1988（中公文庫1996では『山本五十六再考』と改題)　188
『天皇論——象徴天皇制度と日本の来歴』坂本多加雄　文春学藝ライブラリー2014（原本『象徴天皇制度と日本の来歴』は都市出版1995)　323
『天路の旅人』沢木耕太郎　新潮社2022　180

と

『同期の桜——かえらざる青春の記録』豊田穣　光人社ＮＦ文庫1994（原本は光人社1981)　114
『同期の桜　完結編——かえらざる青年士官銘々伝』豊田穣　光人社1985　114
『東京裁判』日暮吉延　講談社現代新書2008　263
『東京裁判　フランス人判事の無罪論』大岡優一郎　文春新書2012　273
『東京裁判への道』粟屋健太郎　講談社学術文庫2013(原本は講談社選書メチエ2006)　263
『東京裁判までの五十五日——極東国際軍事裁判中国代表判事の日記』梅汝璈〔著〕吉田慶子〔訳〕　銀河書籍2022　277
『東京焼盡』内田百閒　中公文庫2004（原本は大日本雄弁会講談社1955)　217
『東京の戦争』吉村昭　ちくま文庫2005（原本は筑摩書房2001)　122
『トーキョー・レコード——軍国日本特派員日記（上下)』オットー・D・トリシャス〔著〕鈴木廣之・洲之内啓子〔訳〕　中公文庫2017　63
『慟哭の海——戦艦大和死闘の記録』能村次郎　中公文庫2017(原本は読売新聞社1973)　326
『桐後亭日録——灰の季節と混沌の季節』野田宇太郎　ぺりかん社1978　219
『東條英機と天皇の時代』保阪正康　ちくま文庫2005（原本は伝統と現代社1979)　43
『東條英機　歴史の証言——東京裁判宣誓供述書を読みとく』渡部昇一　祥伝社黄金文庫2010（原本は祥伝社2006)　43
『東南アジア占領と日本人——帝国・日本の解体』中野聡　岩波書店2012　174
『ドキュメント戦艦大和』吉田満・原勝洋　文春文庫1986（原本は『日米全調査戦艦大和』文藝春秋1975)　326
『閉された言語空間——占領軍の検閲と戦後日本』江藤淳　文春文庫1994（原本は文藝春秋1989)　323

『太平洋戦争への道　開戦外交史（全七巻別巻一）』日本国際政治学会太平洋戦争原因研究部〔編〕　朝日新聞社1988（原本は朝日新聞社1963）　41
『大本営が震えた日』吉村昭　新潮文庫1981（原本は新潮社1968）　46
『大本営参謀の情報戦記――情報なき国家の悲劇』堀栄三　文春文庫1996（原本は文藝春秋1989）　107
『太陽と鉄・私の遍歴時代』三島由紀夫　中公文庫2020（原本『太陽と鉄』は講談社1968、『私の遍歴時代』は講談社1964）　220
『たたかう映画――ドキュメンタリストの昭和史』亀井文夫　岩波新書1989　78
『多田駿伝――「日中和平」を模索し続けた陸軍大将の無念』岩井秀一郎　小学館2017　54
『田辺聖子　十八歳の日の記録』田辺聖子　文藝春秋2021　24
『堕落論』坂口安吾　新潮文庫2000（原本は銀座出版社1947）　264
『誰も戦争を教えられない』古市憲寿　講談社＋α文庫2015（原本『誰も戦争を教えてくれなかった』は講談社2013）　344
『（摘録）断腸亭日乗（上下）』永井荷風〔著〕磯田光一〔編〕　岩波文庫1987　215

ち

『治安維持法小史』奥平康弘　岩波現代文庫2006（原本は筑摩書房1977）　120
『父のこと』吉田健一　中公文庫2017　259
『父の詫び状』向田邦子　文春文庫2005（原本は文藝春秋1978）　75
『秩父宮――昭和天皇弟宮の生涯』保阪正康　中公文庫2000（原本『秩父宮と昭和天皇』は文藝春秋1989）　189
『秩父宮と二・二六』芦澤紀之　原書房1973　103
『地ひらく――石原莞爾と昭和の夢（上下）』福田和也　文春文庫2004（原本は文藝春秋2001）　148
『超国家主義の論理と心理 他八編』丸山眞男〔著〕古矢旬〔編〕　岩波文庫2015　17
『散るぞ悲しき――硫黄島総指揮官・栗林忠道』梯久美子　新潮文庫2008（原本は新潮社2005）　111

つ

『月白の道――戦争散文集』丸山豊　中公文庫2021（原本は創言社1970）　109
『辻政信の真実　失踪60年――伝説の作戦参謀の謎を追う』前田啓介　小学館新書2021　139
『妻たちの二・二六事件』澤地久枝　中公文庫2017（原本は中央公論社1972）　102
『鶴見俊輔』村瀬学　言視舎評伝選2016　240

て

『帝国軍人――公文書、私文書、オーラルヒストリーからみる』戸高一成・大木毅　角川新書2020　314

そ

た

『新聞と戦争（上下）』朝日新聞「新聞と戦争」取材班　朝日文庫2011（原本は朝日新聞出版2008）　120
『親米と反米――戦後日本の政治的無意識』吉見俊哉　岩波新書2007　323

す
『枢密院――近代日本の「奥の院」』望月雅士　講談社現代新書2022　201

せ
『政治家の文章』武田泰淳　岩波新書1960　17
『責任　ラバウルの将軍今村均』角田房子　ちくま文庫2006（原本は新潮社1984）　106
『零式戦闘機』柳田邦男　文春文庫1980（原本は文藝春秋1977）　114
『零戦の子――伝説の猛将・亀井凱夫とその兄弟』武田頼政　文藝春秋2014　129
『戦下のレシピ――太平洋戦争下の食を知る』斎藤美奈子　岩波現代文庫2015（原本は岩波アクティブ新書2002）　123
『戦艦大和――生還者たちの証言から』栗原俊雄　岩波新書2007　326
『戦艦大和ノ最期』吉田満　講談社文芸文庫1994（原本『戦艦大和の最期』は創元社1952）　18
『1932年の大日本帝国――あるフランス人記者の記録』アンドレ・ヴィオリス〔著〕大橋尚泰〔訳〕　草思社2020　82
『1937年の日本人――なぜ日本は戦争への坂道を歩んでいったのか』山崎雅弘　朝日新聞出版2018　84
『1941　決意なき開戦――現代日本の起源』堀田江理　人文書院2016　20
『一九四六年憲法――その拘束』江藤淳　文春学藝ライブラリー2015（原本は文藝春秋1980）　262
『戦線』林芙美子　中公文庫2014（原本は朝日新聞社1938）　79
『「戦前」という時代』山本夏彦　文春文庫1991（原本は文藝春秋1987）　74
『戦前日本のポピュリズム――日米戦争への道』筒井清忠　中公新書2018　79
『（増補）「戦争経験」の戦後史――語られた体験／証言／記憶』成田龍一　岩波現代文庫2020（原本は岩波書店2010）　305
『戦争社会学ブックガイド――現代世界を読み解く132冊』野上元・福間良明〔編〕　創元社2012　305
『戦争責任は何処に誰にあるか――昭和天皇・憲法・軍部』山本七平　さくら舎2016　209
『戦争体験――一九七〇年への遺書』安田武　ちくま学芸文庫2021（原本は未来社1963）　220
『「戦争体験」の戦後史――世代・教養・イデオロギー』福間良明　中公新書2009　305
『戦争調査会――幻の政府文書を読み解く』井上寿一　講談社現代新書2017　70
『戦争というもの』半藤一利　ＰＨＰ研究所2021　347
『戦争と検閲――石川達三を読み直す』河原理子　岩波新書2015　94

『昭和十年代の陸軍と政治——軍部大臣現役武官制の虚像と実像』筒井清忠　岩波書店2007　100
『昭和16年夏の敗戦』猪瀬直樹　中公文庫2020（原本は世界文化社1983）　47
『昭和精神史』桶谷秀昭　扶桑社2020（原本は文藝春秋1992）　304
『昭和精神史　戦後篇』桶谷秀昭　扶桑社2021（原本は文藝春秋2000）　304
『昭和戦争史講義——ジブリ作品から歴史を学ぶ』一ノ瀬俊也　人文書院2018　21
『昭和天皇語録』黒田勝弘・畑好秀〔編〕　講談社学術文庫2004（原本『天皇語録』は講談社1974）　185
『昭和天皇　最後の侍従日記』小林忍＋共同通信取材班　文春新書2019　213
『昭和天皇伝』伊藤之雄　文春文庫2014（原本は文藝春秋2011）　186
『昭和天皇独白録』文春文庫1995（原本『昭和天皇独白録・寺崎英成御用掛日記』文藝春秋1991）　185
『昭和天皇と戦争——皇室の伝統と戦時下の政治・軍事戦略』ピーター・ウエッツラー〔著〕森山尚美〔訳〕　原書房2002　191
『(天皇の歴史８）昭和天皇と戦争の世紀』加藤陽子　講談社学術文庫2018（原本は講談社2011）　186
『昭和天皇とその時代』升味準之輔　山川出版社1998　10
『昭和天皇のゴルフ——昭和史を解く意外な鍵』田代靖尚　主婦の友社2012　193
『昭和天皇の時代——「文藝春秋」にみる昭和史　別巻』文藝春秋1989　186
『昭和天皇拝謁記——初代宮内庁長官田島道治の記録・第一巻』田島道治　岩波書店2021　18
『昭和天皇・マッカーサー会見』豊下楢彦　岩波現代文庫2008　192
『昭和東京ものがたり（１・２)』山本七平　日経ビジネス人文庫2010（原本は読売新聞社1990）　73
『昭和ナショナリズムの諸相』橋川文三〔著〕筒井清忠〔編・解説〕　名古屋大学出版会1994　304
『昭和のことば』鴨下信一　文春新書2016　86
『昭和の宰相』有竹修二　朝日新聞社1967　119
『昭和の将帥——回想の軍人宰相たち』高宮太平　図書出版社1973　105
『昭和の大戦とあの東京裁判』平川祐弘　河出書房新社2022　272
『昭和の反乱——三月クーデターから二・二六事件まで（上下)』石橋恒喜　高木書房1979　102
『昭和万葉集秀歌［一］戦争と人間』島田修二〔編〕　講談社現代新書1984　303
『昭和陸軍の軌跡——永田鉄山の構想とその分岐』川田稔　中公新書2011　99
『昭和陸軍秘録——軍務局軍事課長の幻の証言』西浦進　日本経済新聞出版社2014　55
『真珠湾攻撃総隊長の回想——淵田美津雄自叙伝』中田整一〔編・解説〕　講談社文庫2010（原本は講談社2007）　46

し

『ＧＨＱ特命捜査ファイル　軍事機密費』渡辺延志　岩波書店2018　269
『四月七日の桜――戦艦「大和」と伊藤整一の最期』中田整一　講談社文庫2021（原本は講談社2013）　228
『指揮官と参謀――コンビの研究』半藤一利　文春文庫1992（原本『コンビの研究――昭和史のなかの指揮官と参謀』文藝春秋1988）　106
『敷島隊の五人――海軍大尉関行男の生涯　改訂版』森史朗　潮書房光人社2016（原本は光人社1987）　115
『侍従長の回想』藤田尚徳　講談社学術文庫2015（原本は講談社1961）　190
『侍従武官城英一郎日記』野村実〔編〕　山川出版社1982　190
『思想検事』荻野富士夫　岩波新書2000　120
『実証史学への道――一歴史家の回想』秦郁彦　〔聞き手〕笹森春樹　中央公論新社2018　310
『事典　昭和戦前期の日本――制度と実態』伊藤隆〔監修〕百瀬孝〔著〕　吉川弘文館1990　300
『シベリア鎮魂歌　香月泰男の世界』立花隆　文春学藝ライブラリー2023（原本は文藝春秋2004）　223
『清水文雄「戦中日記」――文学・教育・時局』清水明雄〔編〕　笠間書院2016　245
『終戦史――なぜ決断できなかったのか』吉見直人　ＮＨＫ出版2013　32
『終戦日記』大佛次郎　文春文庫2007（原本『大佛次郎　敗戦日記』草思社1995）　217
『十七歳の硫黄島』秋草鶴次　文春新書2006　110
『〈趣味〉としての戦争――戦記雑誌『丸』の文化史』佐藤彰宣　創元社2021　319
『修羅の翼――零戦特攻隊員の真情』角田和男　光人社ＮＦ文庫2020（原本は光人社2002）　116
『蔣介石の外交戦略と日中戦争』家近亮子　岩波書店2012　154
『蔣介石を救った帝国軍人――台湾軍事顧問団・白団の真相』野嶋剛　ちくま文庫2021（原本『ラスト・バタリオン――蔣介石と日本軍人たち』講談社2014）　295
『証言・私の昭和史（全６巻）』テレビ東京〔編〕〔聞き手〕三國一朗　旺文社文庫1984～1985、文春文庫1989（原本は学藝書林1969）　11
『象徴天皇制への道――米国大使グルーとその周辺 』中村政則　岩波新書1989　45
『昭和経済史（上）』有沢広巳〔監修〕　日経文庫1994　73
『昭和史1926―1945』半藤一利　平凡社ライブラリー2009（原本は平凡社2004）　10
『昭和史　戦後篇1945―1989』半藤一利　平凡社ライブラリー2009(原本は平凡社2006)　10
『昭和史講義』筒井清忠〔編〕全九巻　ちくま新書2015～2022　11
『昭和史と私』林健太郎　文春学藝ライブラリー2018（原本は文藝春秋1992）　223
『昭和史の決定的瞬間』坂野潤治　ちくま新書2004　77
『昭和史の謎を追う（上下）』秦郁彦　文春文庫1999（原本は文藝春秋1993）　11
『昭和史を読み解く』鳥居民　草思社文庫2016（原本は草思社2013）　306

こ

『五・一五事件――海軍青年将校たちの「昭和維新」』小山俊樹　中公新書2020　26
『(完本)皇居前広場』原武史　文春学藝ライブラリー2014（原本は光文社新書2003）　259
『皇国史観』片山杜秀　文春新書2020　204
『皇室をお護りせよ！――鎌田中将への密命』鎌田勇　ＷＡＣ　ＢＵＮＫＯ2021（原本はＷＡＣ2016）　268
『こうして歴史問題は捏造される』有馬哲夫　新潮新書2017　346
『皇太子の窓』Ｅ・Ｇ・ヴァイニング〔著〕小泉一郎〔訳〕　文春学藝ライブラリー2015（原本は文藝春秋新社1953）　191
『獄中手記』磯部浅一　中公文庫2016（原本は河野司［編］『二・二六事件――獄中手記・遺稿』河出書房新社1972）　102
『(新編)国民統合の象徴』和辻哲郎　中公クラシックス2019（原本は勁草書房1948）　192
『「国民の天皇」論の系譜――象徴天皇制への道』伊藤晃　社会評論社2015　206
『孤高の国母　貞明皇后――知られざる「昭和天皇の母」』川瀬弘至　産経ＮＦ文庫2020（原本は産経新聞出版2018）　198
『五色の虹――満州建国大学卒業生たちの戦後』三浦英之　集英社文庫2017（原本は集英社2015）　168
『古代オリエント史と私』三笠宮崇仁　学生社1984　189
『国家とは何か』福田恆存〔著〕浜崎洋介〔編〕　文春学藝ライブラリー2014　262
『子どもたちの太平洋戦争――国民学校の時代』山中恒　岩波新書1986　122
『近衛文麿と日米開戦――内閣書記官長が残した『敗戦日本の内側』』川田稔〔編〕　祥伝社新書2019（原本の富田健治『敗戦日本の内側――近衛公の思い出』は古今書院1962）　44
『この国のかたち　一』司馬遼太郎　文春文庫1993（原本は文藝春秋1990）　77

さ

『最後の御前会議／戦後欧米見聞録』近衛文麿　中公文庫2015（原本『最後の御前会議――近衛文麿公手記』時局日報社1946、同『戦後欧米見聞録』外交時報社出版部1920）　15
『最終戦争論』石原莞爾　中公文庫2001（原本は立命館出版部1940）　147
『宰相　吉田茂』高坂正堯　中公クラシックス2006（原本は中公叢書1968）　258
『齋藤史歌文集』齋藤史　講談社文芸文庫2001　103
『左京・遼太郎・安二郎――見果てぬ日本』片山杜秀　新潮文庫2023（原本『見果てぬ夢――司馬遼太郎・小津安二郎・小松左京の挑戦』新潮社2015）　130
『作家太宰治の誕生――「天皇」「帝大」からの解放』斉藤利彦　岩波書店2014　230

『海軍の日中戦争――アジア太平洋戦争への自滅のシナリオ』笠原十九司　平凡社2015　128
『海軍めしたき物語』高橋孟　新潮文庫1982（原本は新潮社1979）　46
『回顧七十年』斎藤隆夫　中公文庫1970（原本は民生書院1948）　77
『回思九十年』白川静　平凡社ライブラリー2011（原本は平凡社2000）　221
『開戦と新聞――付・提督座談会』後藤基治　毎日ワンズ2021（原本は新人物往来社1975）　45
『傀儡政権――日中戦争、対日協力政権史』広中一成　角川新書2019　173
『学習院』浅見雅男　文春新書2015　202
『革新幻想の戦後史（上下）』竹内洋　中公文庫2015（原本は中央公論新社2011）　323
『華族――明治百年の側面史』金沢誠・川北洋太郎・湯浅泰雄〔編〕　北洋社1978（原本は講談社1968）　44
『語られざる占領下日本――公職追放から「保守本流」へ』小宮京　ＮＨＫブックス2022　292
『哀しすぎるぞ、ロッパ――古川緑波日記と消えた昭和』山本一生　講談社2014　248
『蝦蟇の油――自伝のようなもの』黒澤明　岩波現代文庫2001（原本は岩波書店1984）　223
『紙の中の戦争』開高健　岩波同時代ライブラリー1996（原本は文藝春秋1972）　301
『硝子戸のうちそと』半藤末利子　講談社2021　313
『漢奸裁判――対日協力者を襲った運命』劉傑　中公新書2000　151

き

『菊と刀――日本文化の型』ルース・ベネディクト〔著〕長谷川松治〔訳〕　講談社学術文庫2005（原本は社会思想社1948）　262
『貴族の退場――異端〈民間大使〉の反戦記録』西園寺公一　ちくま学芸文庫1995（原本は文藝春秋新社1951）　120
『期待と回想』鶴見俊輔　ちくま文庫2022（原本は晶文社1997）　223
『木戸幸一――内大臣の太平洋戦争』川田稔　文春新書2020　53
『キメラ――満洲国の肖像　増補版』山室信一　中公新書2004（初版は中公新書1993）　148
『キャンパスの戦争――慶應日吉1934―1949』阿久澤武史　慶應義塾大学出版会2023　141
『［宮中取材余話］皇室の風』岩井克己　講談社2018　212
『玉音放送をプロデュースした男　下村宏』坂本慎一　ＰＨＰ研究所2010　259
『極光のかげに――シベリア俘虜記』高杉一郎　岩波文庫1991（原本は目黒書店1950）　224
『玉砕と国葬――1943年５月の思想』櫻本富雄　開窓社1984　123
『挙国の体当たり――戦時社説150本を書き通した新聞人の独白』森正蔵　毎日ワンズ2014　243
『清沢洌評論集』山本義彦［編］　岩波文庫2002　16
『清沢洌 ――外交評論の運命　増補版』北岡伸一　中公新書2004（初版は中公新書1987）　225

書名索引

本書でゴシック表記した書名のみを掲載しています。

あ

い

装幀　関口聖司

著者略歴――――
平山周吉 ひらやま・しゅうきち

1952年東京都生まれ。雑文家。慶応義塾大学文学部国文科卒。雑誌、書籍の編集に携わってきた。昭和史に関する資料、回想、日記、雑本の類を収集して雑読、積ん読している。著書に『昭和天皇「よもの海」の謎』(新潮選書)、『戦争画リターンズ――藤田嗣治とアッツ島の花々』(芸術新聞社、雑学大賞出版社賞)、『江藤淳は甦える』(新潮社、小林秀雄賞)、『満洲国グランドホテル』(芸術新聞社、司馬遼太郎賞)、『小津安二郎』(新潮社)がある。boid/VOICE OF GHOST より刊行中のkindle 版『江藤淳全集』責任編集者。

昭和史百冊

2023年8月2日　第1刷発行

著　者　平山周吉
発行者　碇　高明
発行所　株式会社 草思社
〒160-0022　東京都新宿区新宿1-10-1
電話　営業 03(4580)7676　編集 03(4580)7680

本文組版　株式会社 キャップス
本文印刷　株式会社 三陽社
付物印刷　日経印刷 株式会社
製本所　大口製本印刷 株式会社

ISBN978-4-7942-2670-9 Printed in Japan　検印省略